pal

Nationalparks und Wildreservate Nepals

(siehe auch Seite 153)

1) Königliches Suklaphanta-Wildreservat
2) Königlicher Chitwan-Nationalpark
3) Langtang-Nationalpark
4) Rara-Nationalpark
5) Sagarmatha(Everest)-Nationalpark
6) Koshi-Tappu-Wildreservat
7) Königlicher Bardia-Nationalpark
8) Shey-Phoksumdo-Nationalpark
9) Khaptad-Nationalpark
10) Parsa-Wildreservat
11) Annapurna-Nationalpark
12) Makalu-Barun-Nationalpark
13) Dhorpatan-Jagdreservat
14) Shivapuri-Wildreservat und Wasserschutzgebiet

Tibet / China

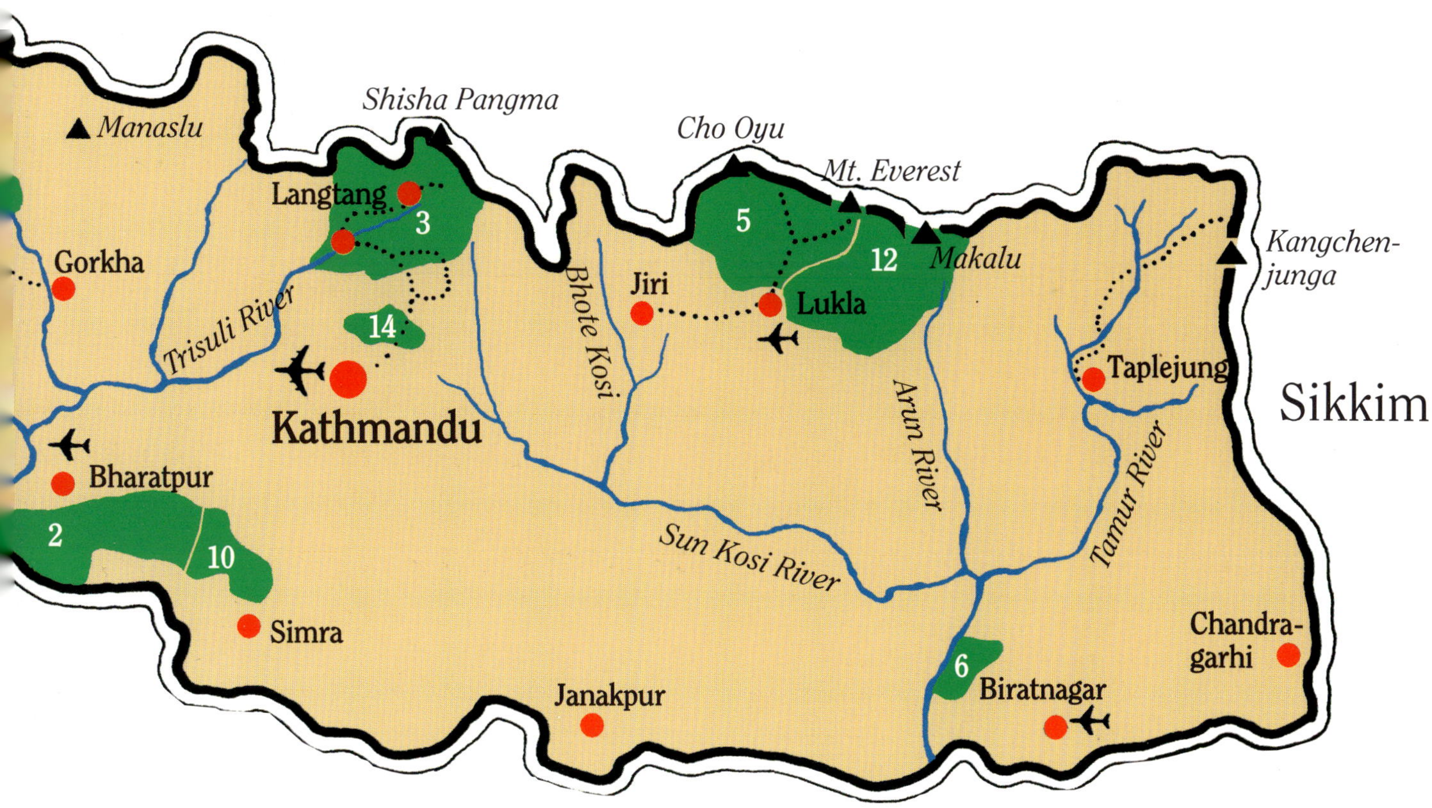

Hilde und Willi Senft

Nepal

der
Sherpas und Bothia

Trekking zwischen Dolpo und Kangchenjunga

Vielleicht liebe ich den Himalaya, weil er ein „religiöses“ Gebirge ist. Es gibt kaum einen bedeutenden Gipfel, der nicht zum leuchtenden Thron erhoben wurde, von dem aus eine Gottheit die umliegenden Täler schützt.
Seine Berge ragen mit besonderer Eindringlichkeit in den Himmel, und jedes Tal strahlt seinen eigenen Liebreiz aus. Die Bewohner haben den Himalaya vergöttlicht und zu einer Bühne himmlischer Handlungen gemacht. – Im Himalaya lernte ich zu begreifen, daß in dieser spirituellen Stille alles Platz hat. Manchmal spürte ich sogar das große Glück der Wunschlosigkeit, jene große Stille, die alle Schönheit der Erde einschließt.

Herbert Tichy (1912 – 1987)

Hilde und Willi Senft

Nepal der Sherpas und Bothia

Trekking zwischen Dolpo und Kangchenjunga

Weishaupt Verlag

Terrassenlandschaft zwischen Syabru und Dunche.

Großes Titelbild: Kangchenjunga-Südseite von Oktang.
Kleines Titelbild: Lopa-Familie, unterwegs in Mustang.
Umschlag-Rückseite: Die beiden Autoren am French-Paß (5.360 m) mit Dhaulagiri im Hintergrund.

Bildnachweis:
Sämtliche Bilder, die nicht gesondert bezeichnet sind, stammen von den Autoren.
Die Abbildungen auf Seite 166 unten, 170, 171 und 173 wurden dem Buch von
Hans Först, **Tibet** – Reiseführer, Weishaupt-Verlag, entnommen.

ISBN 3-7059-0044-7
1. Auflage 1997

Druck: Theiss, A-9400 Wolfsberg. Printed in Austria.

Inhalt

Mount Everest, Nuptse und Lhotse am „Panoramaweg“ zwischen Namche und Tengboche

Warum wir immer wieder nach Nepal kommen

Wir kennen schon die halbe Welt, aber das Ziel unserer Vorstellungen und Wünsche ist immer wieder der Norden des Landes, das „Nepal der Sherpas und Bothia" – seine großartige Bergwelt, seine liebenswerten Menschen mit ihrer Gastfreundschaft und Toleranz, seine tibetische Kultur!

Das Trekking in Nepal, diese Art des unbeschwerten Wanderns im Gebirge, betreut und umsorgt von den Sherpas, gibt es sonst nirgends auf der Welt. – Im Rhythmus der Jahreszeit und der Natur ist man mit diesen „treuen Freunden" unterwegs und wird von den nepalischen Trägern so unterstützt, daß man selbst nur leichtes Gepäck trägt. (Man braucht sich deshalb nicht zu schämen, denn im „Land der Fußgänger" verdienen mehrere Millionen Menschen ihren Lebensunterhalt durch das Tragen von Lasten.)

Man kann sich die schönsten Berggegenden des Landes nicht mit dem Hubschrauber „erkaufen" – die Höhenkrankheit schlägt sonst unbarmherzig zu. Man muß ein gewisses Maß an körperlicher Leistung erbringen; aber gerade das macht das Wandern und Trekken erstrebenswert.

Wie selten sonst wo auf der Erde entsteigen die prachtvollsten Eisriesen hier der subtropischen Landschaft mit ihren schon vor uralten Zeiten in unendlicher Mühe angelegten Terrassenfeldern; dem Land abgerungen von der zähen nepalischen Bevölkerung.

Höher oben, direkt zu Füßen der Eisriesen, in den Dörfern der Sherpas und Bothia, gelangen wir dann in den tibetisch-buddhistischen Kulturkreis – oft noch in ein „erlebtes Mittelalter".

Viel Geheimnisvolles, Mystisches und Esoterisches lernen wir in den abgelegenen Hochtälern kennen und befriedigen dabei manche Sehnsucht nach solchen Erfahrungen, die uns im techischen Zeitalter des Westens verloren gegangen sind.

Hilde und Willi Senft

Die beiden Autoren am French-Paß (5.360 m) mit Dhaulagiri im Hintergrund

Bis 1951 war Nepal geheimnisvoll geblieben

Zusammen mit Bhutan eines der beiden letzten Königreiche im Himalaya, ist Nepal 141.000 km² groß (d. i. etwa die Größe von Österreich plus Schweiz) und liegt auf der geographischen Breite des nördlichen Ägypten. Das 800 km lange, an der engsten Stelle 144 km, an der weitesten 244 km breite Land ist zwischen der Autonomen Region Tibet der Volksrepublik China und den Staaten Uttar Pradesh, Bihar und Westbengalen der Indischen Union eingezwängt.

Das schmale Land, das von 150 m über dem Meer bis auf die Höhe des Mount Everest von 8.848 m ansteigt, birgt alle Klimazonen unserer Erde. Acht der vierzehn Achttausender stehen auf nepalischem Boden.

Bis 1951 war Nepal verbotenes Land. Lediglich ein paar Europäer hatten bis dahin vom Maharadscha die Erlaubnis erhalten, nepalischen Boden zu betreten (abgesehen von den wenigen Beamten der britischen Gesandtschaft). Während schon viele Jahrzehnte vorher Forscher Tibet durchquerten, blieb Nepal bis in die Mitte des 20. Jhdts. ein Land der Geheimnisse.

Der Himalaya hat nur wenige natürliche Durchlässe. Die wichtigsten sind die Täler des Karnali in Westnepal, des Kali Gandaki und Marsyandi in Mittelnepal sowie des Arun in Ostnepal. Die Flußtäler sind tief eingeschnitten. An seiner tiefsten Stelle ist z. B. das Tal des Kali Gandaki nur 1.200 m hoch, obwohl es die beiden Achttausender Dhaulagiri und Annapurna mit 35 km Luftlinie trennt.

80 % des jährlichen Niederschlages von 1.000 bis 1.250 mm in den Zonen der mittleren Berglagen bringt der Südwestmonsun von Juni bis Ende September. Die Niederschläge sind auf der Südseite der Himalaykette weit stärker als in den nördlich davon gelegenen Tälern des inneren Himalaya oder gar in den wüstenhaften Randgebieten der tibetischen Grenzberge. Mai, Juni und Juli sind die heißesten Monate.

Nur 47 % der Bevölkerung hat Nepali als Muttersprache

Mehr als 20 Stämme besiedeln Nepal; sie lassen sich zwei großen Sprach- und Volksgruppen zurechnen. Die im inneren Himalaya Lebenden gehören zur tibetoburmesischen, die südlich davon Wohnenden zur indoarischen Gruppe. Im Zentralland treffen beide Gruppen aufeinander, wobei die älteren tibetoburmesischen Gruppen von den jüngeren indoarischen teilweise überlagert werden.

Verkehrssprache ist in ganz Nepal seit dem Entstehen des Gurkhareiches im 18. Jhdt. das „Nepali" (Gorkhali), ein indoarischer Dialekt, der dem Hindi sehr nahe verwandt ist.

Das Alphabet ist auch das in Indien benützte „Devanagari". Das Nepali ist die Muttersprache von nur 47 % der Bevölkerung; 22 % sprechen tibetoburmesische, der Rest indoarische Dialekte.

Die tibetoburmesischen Volksstämme gliedern sich in zwei Gruppen. Eine ältere, deren Angehörige seit Urzeiten im Zentralland von Nepal siedeln (Newar, Thamang, Gurung, Magar, Rai und Limbu) und eine jüngere, deren Einwanderung aus Tibet in die Täler des inneren Himalaya im Mittelalter erfolgte und bis in die jüngste Zeit hinein fortdauerte (Bothia und Sherpas).

Trotz zweifellos gegebener religiöser Toleranz ist übrigens in Nepal eine christliche Missionierung nicht erlaubt. Die wenigen christlichen Missionare, die zu Beginn des 18. Jhdts. nach Nepal gekommen waren, mußten nach Eroberung des Tales von Kathmandu durch die Gurkha das Land verlassen. (Von 1715 bis 1769 gab es eine Kapuzinermission mit königlichem Privileg, die aber wenig Erfolg hatte.)

Die heitere Gelassenheit der Nepali

Besonders den Sherpas und Bothia wird eine „Gelassenheit der Seele" nachgesagt, man kann dies aber auf alle Nepali erweitern. Sie sind mit dem Unabänderlichen einverstanden und wehren sich nicht fanatisch gegen das Leid in seinen verschiedenen Formen. Umsomehr freuen sie sich aber am Schönen und Angenehmen, das ihnen der einzelne Tag bietet.

Ihre Lebensbejahung, ihre Freude und Ausgelassenheit bei Tanz und Spiel wirkt auf uns Westliche förmlich ansteckend. Es kümmert die Nepali nicht, wie alt sie sind und wie lange sie noch zu leben haben. Sie zählen weder die geschwundenen, noch die verbleibenden Jahre und leben in der Gegenwart wie in einem Fluß. *„Es ist leicht zu sterben, wenn es die Ordnung des ewigen Kreislaufes so bestimmt."*

Über dem ländlichen Nepal liegt trotz der immer näher rückenden „technischen Zivilisation" noch immer eine einzigartige Harmonie von Natur und Kultur. Die Menschen finden Geborgenheit und Orientierung in ihrem Glauben, der sie in die kosmischen Abläufe einbindet.

Man kann nur aus ganzem Herzen wünschen, daß die neue Zeit mit ihrem „Fortschritt" zwar das Leben der Nepali leichter macht, dabei aber nicht die wunderbare Natur und die uralte Kultur des Landes zerstört.

Nuptse und Mount Everest

Die Sherpas

Der Ursprung des Sherpa-Volkes

Freiheitsliebe und das Festhalten an ihren alten Bräuchen war das Motiv zum Auswandern aus ihrer alten Heimat.

Ganz im Osten Tibets, schon zwischen den Quellflüssen von Yangtsekiang und Hoangho liegt die tibetische Provinz Kham. Schon seit uralten Zeiten sind die Khampa als besonders kriegerisches Volk bekannt. Mit den angrenzenden Chinesen von Szetschuan haben sie ebenso ständig Kleinkriege geführt, wie sie sich auch gegen alle Hegemoniebestrebungen tibetischer Adeliger aufgelehnt haben. Auch in unserer Zeit, nach der endgültigen Besetzung Tibets durch China im Jahre 1959, waren sie die ausdauerndsten Träger des Widerstandes gegen die Chinesen.

Um 1420 leitete in Tibet der große geistliche Führer Tsongkhapa eine umwälzende Reform ein und gründete die „Gelbmützenkirche", die „Gelukpa", mit ihrem zölibatären Mönchstum. Gleichzeitig begründete er aber auch die Hierarchie der Dalai Lamas mit ihrem zentralen Machtanspruch über ganz Tibet.

Die freiheitsliebenden Khampa wollten sich keinesfalls neuen Glaubensformen und schon gar nicht politischer Bevormundung unterwerfen. So machten sich bereits um 1450 drei große Familiensippen, die Chakpa, Minyang und Thimmi (deren Nachfahren heute noch im Sherpaland anzutreffen sind) auf, um nach Westen zu ziehen.

Sie verkauften ihre gesamte Habe und zogen über Lhasa weiter in westliche Richtung. In der Nähe von Rotmützenklöstern, die ja längst nicht alle sofort (und manche überhaupt nicht) zu Gelbmützenklöstern wurden, ließen sie sich meist einige Jahre nieder. Sie suchten nach Gebieten, die dem Einfluß Lhasas voll entzogen waren.

So kamen sie auch nach Rongphu an der Nordseite der Chomolungma, des Mount Everest, wo sie sich in der Nähe dieses „altgläubigen" Klosters ebenfalls einige Zeit niederließen. Schließlich gelangten sie auch noch ein kleines Stück weiter nach Tingri – ein bißchen von der hohen Himalaya-Kette abgesetzt. Hier blieben sie wieder mehrere Jahre und erkundeten natürlich auch die weitere Umgebung.

Inzwischen waren schließlich zwei Generationen vergangen und weitere Sherpa-Sippen sozusagen nachgekommen.

Südlich von Tingri fällt ein flach aussehender Paßübergang, der 5716 Meter hohe Nangpa La, hinüber nach Nepal besonders auf. Ihn überschritten die Sherpas öfters auf ihren Streifzügen und fanden jenseits fruchtbare, relativ flache und völlig unbesiedelte Gegenden an der wesentlich wärmeren Südseite der Himalayakette.

Der Druck der geistlich-weltlichen Zentralregierung auf Kham verstärkte sich mit den Jahrzehnten noch mehr, ja man ging sogar mit großer Grausamkeit gegen die Unabhängigkeitsbestrebungen der Khampa vor. So wanderten immer mehr von ihnen nach Westen, wußten sie doch durch Händlerkontakte, daß viele ihrer Landsleute im Raum von Tingri Zwischenquartier bezogen hatten. Dort wurde aber der Bevölkerungsdruck so groß, daß man sich schließlich gemeinsam zum Übertritt in das verheißungsvolle neue Land jenseits der Himalaya-Hauptkette zu Füßen der heiligen Tseringma und Langsama entschloß.

Alle Auswanderer überschritten nun im Verlauf mehrerer Jahre den Nangpa La, der in einer damals etwas wärmeren Periode offensichtlich weniger vereist war als heute.

Einer ihrer Anführer hatte mehrere Visionen, wo sich die einzelnen Sippen niederlassen sollten; so berichtet die Legende. Einige zogen daraufhin von Khumbu weiter nach Süden in das heutige Solu, wo sie den „Ort des Mondlichtes", der noch heute „Junbesi" heißt, gründeten. Andere ließen sich, der Prophezeiung nach, in Thami nieder.

Alle, die sich im neuen Land angesiedelt hatten, nannten sich aber „Sherpa", was „Leute aus dem Osten" heißt.

Die neue Landnahme im Nordosten Nepals wurde natürlich auch in Kathmandu bekannt. Die Sherpas wollten sich dem König ursprünglich nicht unterwerfen. Schließlich einigte man sich aber auf eine fast vollkommene Autonomie, die auf Grund der Abgeschiedenheit des Gebietes praktisch bis in unsere Zeit, als die neuen Verkehrsmittel eingeführt wurden, Gültigkeit hatte.

Die Verbindungen hinüber nach Tibet blieben aber bis in unsere Zeit auf mannigfaltige Art aufrecht. Viele Sherpas begaben sich so bis 1950 hinüber nach Tibet, um dort zum Beispiel einen Rechtsstreit zu erledigen, anstatt die lange Reise zur Provinzverwaltung nach Okhaldunga oder gar nach Kathmandu zu machen. Dort hätten sie es nämlich nur mit nepalischen Gerichtsbeamten zu tun gehabt, die außerstande waren, ein gerechts Urteil zu fällen, weil ihnen die Bräuche und Weiderechte der Sherpas unbekannt waren.

Die Sherpa wurden in der westlichen Welt bereits im Jahre 1921, bei der „1. Mount Everest-Erkundungsexpedition", bekannt. Diese Expedition startete in Darjeeling, wo durch alte Handelsbeziehungen schon seit dem vorigen Jahrhundert Sherpas seßhaft waren.

Die Sherpas berufen sich auf ihre Sippenzugehörigkeit

Mit Ausnahme der für das Sherpaland gültigen besonderen Gebiets- und Namensbezeichnungen gilt das Nachfolgende auch für die Bothia in den anderen Teilen Nepals.

Es gibt in dieser Gesellschaft kein Kastensystem, und die Menschen sind tatsächlich gleich in ihren Möglichkeiten, miteinander zu verkehren und vor allem zu heiraten. Die einzige kleine Ausnahme sind im Sherpagebiet spät

Ama Dablam

zugewanderte „Khampa“ aus Tibet, die einen erkennbar sozial niedrigeren Status haben.

Alle Sherpas leiten sich von den zwei Ursippen, den „Minyagpa“ und „Thimmi“ ab, die sich dann in weitere Sippen aufgespalten haben, die heute noch im Solu-Khumbu bestimmend sind.

In alten Dokumenten wird das Gebiet an der Südseite des Nangpa La als vollkommen menschenleer mit Ausnahme einiger Rai-Hirten beschrieben, die gelegentlich einige Weideflächen im Sommer nutzten.

Die Leute der Minyagpa-Sippe siedelten zuerst im östlichen Khumbu und gründeten die Dörfer Phortse und Pangboche, welche somit die ältesten Siedlungen in Khumbu sind; ähnliches geschah in Pharak und Solu.

Heute finden sich in den Dörfern aber praktisch die Nachfahren fast aller verschiedenen Sippen gemischt, und solche gibt es genau achtzehn. Zwischen den Sippen gibt es keine Rangordnung. Die Sippenmitgliedschaft ist lediglich zur Feststellung von Bedeutung, ob man sich als „echter“ Sherpa bezeichnen kann. Sie dient zur Abgrenzung später aus Tibet Eingewanderter und auch von Gurung-, Newar- und Chetri-Siedlern, die heute im Sherpagebiet wohnen und sich in Sprache und Kultur von den Sherpas nicht unterscheiden.

Manisteine und Rhododendronblüte (zwischen Namche und Thami)

In einem besonders wichtigen Punkt ist die Zugehörigkeit zu einer Sippe zur Vermeidung von Inzucht allerdings von großer Bedeutung: Sippenmitglieder dürfen untereinander nicht heiraten!

Zugewanderte Tibeter, die Khampa, können in Khumbu Grund und Boden erwerben und sobald sie sich eines gewissen Wohlstandes erfreuen, auch in Sherpafamilien einheiraten. Ebenso können sie alle geistlichen Ämter erreichen und sogar Abt in einem der Klöster werden; oft sind sie ja schon als Lama-Priester eingewandert. – Anders ist dies in Solu, wo solches nach wie vor unmöglich erscheint.

Neuerdings gibt es auch bereits einige Heiraten zwischen Sherpas und westlichen Frauen. Solche Paare wohnen aber ständig nur in Kathmandu oder überhaupt im Ausland.

Das Land der Sherpas

Drei nepalische Regionen sind das Hauptwohngebiet der Sherpas, nämlich Solu, Pharak und Khumbu; sie sind unter der kollektiven Bezeichnung Solu-Khumbu bekannt. Obwohl die Solu-Khumbu-Sherpas an sich eine geschlossene Gesellschaft in ihren Sitten und Gebräuchen darstellen, unterscheiden sich doch jene der Landschaft Solu von denen von Khumbu durch die unterschiedliche Sippen- und Clanstruktur mit strengen Heiratsvorschriften und besonders auch durch die sehr unterschiedlichen klimatischen Bedingungen der beiden Gebiete.

Mit einer durchschnittlichen Seehöhe von 2.500 bis 2.800 Metern ist die Landschaft Solu durch eine gemäßigtes Klima mit der Möglichkeit zweier Ernten pro Jahr ausgezeichnet. Weite Täler mit sanft geneigten Hängen für die Viehzucht und die Ackerbaukultur von Weizen, Gerste, Mais und Kartoffeln sowie ausgedehnte Wälder machen Solu zu einem bevorzugten Landstrich.

Pharak ist ein verhältnismäßig schmaler Landstreifen beiderseits des Dudh Kosi, eingeschlossen von steilen Bergflanken, die nach oben zu schon in die Eisriesen übergehen. Sherpasiedlungen haben sich auf kleinen Schwemmterrassen gebildet.

Hier werden Gerste, Buchweizen, Kartoffeln, Rettich und etwas Mais angebaut. Durch Pharak verlief auch einer der wichtigen alten Handelswege zwischen Tibet und Indien. Heute ist dies freilich eine für die Wirtschaft des Landes ebenso wichtige Route, denn im Zentrum von Pharak liegt Lukla mit seinem kleinen Flugplatz, wo sehr viele Touristen ankommmen.

Gleich nördlich davon, wo sich Dudh Kosi und Bhote Kosi vereinen, beginnt die Region Khumbu. Nur wenige Stunden sind es von hier hinauf nach Namche Bazar, dem Hauptort von Khumbu.

Khumbu ist auch für nepalische Begriffe ein rauhes Hochland, zwischen 3.000 und 5.000 Meter hoch gelegen. Die bewohnten Gebiete liegen fast alle oberhalb der Waldgrenze, die normalerweise etwas unterhalb von 4.000 Metern anzusetzen ist. Einige der höchsten Gipfel der Erde, einschließlich des Mount Everest, liegen hier, und Schnee bedeckt von November bis März den Großteil des Gebietes. Wenig Ackerland, mit der Möglichkeit Gerste und Kartoffeln zu kultivieren (beide Früchte gedeihen bis auf 4.000 Meter), größere Weideflächen und sehr viel Ödland aus Fels und Eis bilden die Region.

Vereinzelte Sherpasiedlungen sind über das Zentrum von Solu-Khumbu hinaus aber noch weit verstreut. So leben westlich von Khumbu, im Gebiet von Rolwaling, zu Füßen des heiligen Berges Gaurisankar, Sherpas. Weiter westlich gibt es Sherpasiedlungen in den Tälern des Likhu Khola und Khimti Khola sowie noch weiter westlich – schon nördlich von Kathmandu – beiderseits des Sun Kosi.

Östlich von Solu-Khumbu finden sich verstreute Sherpasiedlungen im Aruntal und im Bereich von Taplejung, angesichts des Kangchenjunga. Überall siedeln die Sherpas hier auf Seehöhen von über 2.500 Metern. In direkter Fallinie unterhalb sind es häufig Gurung und andere Völkerschaften.

Winter- und Sommersiedlungen sind in Khumbu häufig

In Khumbu besitzen viele Familien drei Wohnsitze in entsprechenden Siedlungen. Man spricht so von der Hauptsiedlung, der Sommer- und der Wintersiedlung. Die Sommersiedlung (Yersa) befindet sich im Bereich der höheren Almen und wird von den Betreuern der Yak- und Schafherden bewohnt. Die Wintersiedlungen (Gunsa) befinden sich in tieferen, geschützten Lagen mit Sonneneinstrahlung und werden nur während der kältesten Monate besiedelt. Der – von der Höhenlage her gesehen – meist in der Mitte liegende Hauptwohnsitz wird auch oft ganzjährig bewohnt.

Während viele der Zweit- und Drittwohnsitze über ganz Khumbu verstreut sind, gibt es nur wenige Hauptdörfer. Im Dreieck zwischen Dudh Kosi und Bhote Kosi sind es Namche Bazar, Khumjung und Kunde; im oberen Dudh-Kosital Phortse und im Imja-Kholatal das alte Dorf Pangboche. Im Bhote-Kosital sind es die Dörfer Thamo, Thami und Thamote.

Alle diese Dörfer benötigen in ihrer Nähe neben Ackerland auch genug Trinkwasser und Feuerholz. Dingboche, am Fuß des Lhotse, wird zum Beispiel wegen des Fehlens jeglichen Strauch- und Waldwuchses nicht ganzjährig bewohnt; die Sherpas haben die harte Methode ihrer Vorfahren in Tibet abgelegt, ausschließlich mit getrockneten Yakfladen zu heizen.

In jedem größeren Dorf gibt es eine Ghompa, oder zumindest ein kleines Gebäude, das „Mani" genannt wird und einen riesigen Gebetszylinder mit genügend Raum zur Umrundung enthält, so daß eine Person den Zylinder in Bewegung setzen kann; dabei ertönt nach jeder Umrundung ein Glockensignal. Gleich wie bei den Ghompas sind auch die Wände der „Manis" mit religiösen Fresken bedeckt.

Andere religiöse Objekte sind in den Dörfern die stupaähnlichen Tschorten (Baudha) und die geschichteten Manimauern, meist verziert mit dem heiligen Mantra *„Om mani padme hum"*. Einige Dörfer besitzen auch am Zugangsweg einen tschortenähnlichen freistehenden Torbogen (Kani), dessen Inneres mit religiösen Fresken bemalt ist.

Vor dem Einsetzen des Tourismus gab es in den Dörfern keine Rasthäuser, denn jede Sherpafamilie hat Handelspartner oder einzelne Durchreisende im eigenen Haus untergebracht. Seit dem starken Anwachsen des Tourismus schießen aber überall „Lodges" aus dem Boden.

Neben dem persönlichen Eigentum an Garten- und Ackerland gibt es in den Dörfern das gemeinsame Weideland (ähnlich der Allmende in der alten deutschen Dorfstruktur), dessen Nutzung nach altem Brauch genau geregelt ist.

Die Sommer- und Wintersiedlungen bieten den großen Vorteil, die landwirtschaftlichen Arbeiten über längere Zeiten aufzuteilen. In der Wintersiedlung können z. B. die Kartoffeln früher gepflanzt und auch früher geerntet werden als in der Sommersiedlung.

Seit der Tourismus mit seinen höheren Einnahmen als sie die Landwirtschaft bieten kann in den letzten 20 Jahren massiv im Sherpaland Einzug gehalten hat, werden vor allem die Wintersiedlungen aufgelassen, weil die Arbeitskraft nicht mehr vorhanden ist. Die Sommersiedlungen müssen aufrecht bleiben, denn ein großer Teil des Tourismusgeschäftes besteht in der Bereitstellung von Yaks als Tragtiere für die Trekker samt dem Yakbesitzer als Betreuer. Die Yakzucht geschieht auf den Sommerweiden, und neuerdings müssen – völlig entgegen der bisherigen Tradition – sogar die Frauen die Aufsicht auf den Yakweiden samt der nötigen Sennereiwirtschaft übernehmen.

Schmucke, zweigeschoßige Häuser sind die Regel

Alle Sherpahäuser sind solide aus Stein und Holz gefertigt. Die meisten Häuser sind zweigeschoßig, waren aber in alten Zeiten durchwegs nur einstöckig. Heute sind nur noch die Häuser ausgesprochen armer Familien eingeschoßig.

Die Häuser sind aus roh behauenen Steinen aufgemauert, wobei diese meist zwischen einem Rahmen hölzerner Pfosten geschlichtet sind. Die Fugen werden mit Lehm verschmiert, und die Häuser sind außen gekalkt. Ein schwerer hölzerner Dachstuhl trägt das holzschindelgedeckte Satteldach, das – ähnlich wie in den Alpenländern – gegen die Stürme mit Steinen beschwert wird.

Praktisch alle Häuser haben zwei ebenerdige Eingangstüren. Eine führt in einen Lagerraum für Kartoffeln, Brennholz und Gerätschaften; die andere in den Stallraum, wo während der Nacht und bei Schlechtwetter ein, zwei Milchkühe und vor allem die Kälber auf Laubstreu gehalten werden. Von hier führt auch eine steile Treppe in das Obergeschoß mit dem Hauptraum des Hauses.

Bei wohlhabenden Familien ist dieser Raum gute 15 mal 3 Meter groß. Hier wird gekocht, gegessen, geschlafen und werden Gäste empfangen. Bei Festlichkeiten finden hier bis zu 100 Gäste Platz. An der Frontseite sind zwei oder drei Fenster vorhanden; sie waren noch vor einigen Jahrzehnten nur durch Holzläden und allenfalls einem mit Papier bespannten Holzgitter verschlossen. Seit etwa 15 Jahren hat aber die Glasscheibe ihren Siegeszug angetreten, und nun gibt es auch bei stürmischem Winterwetter Tageslicht in den Häusern.

Die Einrichtung besteht aus einer langen, niedrigen Fensterbank mit einem oder mehreren niedrigen Tischchen davor. Diese Sitzgelegenheit ist nur den männlichen Bewohnern vorbehalten; die Frauen sitzen traditionell rund um die Feuerstelle.

Die Kochgelegenheit besteht aus einem gebrannten Lehmsockel mit darauf befindlicher offener Feuerstelle sowie einem Lehmaufbau mit Steinen zum Warmhalten der Töpfe. Unter eisernen Dreifüßen wird das Holzfeuer entfacht. Heute finden sich häufig auch aus Blech gefertigte primitive Öfchen, welche die Flamme besser konzentrieren und so das immer knapper werdende Brennholz sparen helfen.

An der Rückseite und den Seitenwänden sind – oft hübsch verzierte – hölzerne Regale angebracht. Auf ihnen stehen lange Reihen blankgeputzter Kupfer- und Messinggefäße. Mit Ausnahme von zwei oder drei großen Kesseln für Trinkwasser werden die Gefäße selten benützt und dienen nur der Dekoration. Hölzerne Truhen vervollständigen die Einrichtung.

Am Ende des Raumes befindet sich eine Nische mit einer Bettstatt für die Eltern, während alle anderen Familienmitglieder und Gäste entweder auf der Fensterbank schlafen oder ihr Bettzeug am Boden ausbreiten.

In großen Häusern schließt an den Wohn-, Koch- und Schlafbereich noch ein kleinerer Raum an, der „Lha-Khang“, der „Götter-Raum“. Es ist die Privatkapelle der Familie. Hier gibt es immer einen Altar mit den üblichen sakralen Gegenständen und mehrere Statuen von Buddhas und Boddhisatvas. An den Wänden reicher Häuser hängen auch Thankas, und die Wände gar nicht weniger Kapellen sind auch mit – oft künstlerisch wertvollen – Fresken geschmückt. Es ist charakteristisch für die traditionellen Werte der Sherpas, daß an sich fast ärmlich lebende Familien viel Geld für das Ausschmücken der Hauskapellen ausgeben.

Die Baukosten für neue Häuser sind in Khumbu durch den angewachsenen Tourismus sehr stark gestiegen, und man spricht davon, daß an manchen günstigen Plätzen gleich hohe Kosten für einen Neubau wie in Kathmandu anfallen.

Die wichtige Ackerfrucht ist die Kartoffel

Während der letzten 30 Jahre hat sich die landwirtschaftliche und allgemeine wirtschaftliche Situation der Sherpas gravierend verändert.

Schon einmal, nämlich vor etwa 150 Jahren, als die ersten Kartoffeln nach Khumbu kamen, wandelte sich die wirtschaftliche Situation dort ganz nachhaltig zum Positiven. Im Jahre 1896 wurden z. B. in Khumbu ganze 169 Haushalte gezählt; 1957 waren es 596. Die

Wissenschafter führen das auf die sehr ertragreiche und auch in rauhesten Klimaten leicht kultivierbare Kartoffel zurück. Durch die verschiedenen Höhenlagen im Sherpagebiet kann auch zu unterschiedlichen Zeiten gepflanzt und geerntet werden, was sehr günstig für die Arbeitsverteilung ist.

Wie die Kartoffel ins Sherpaland kam, ist nicht bekannt, aber sie dürfte einerseits aus Darjeeling, wo immer schon ausgewanderte Sherpas siedelten, und auch aus Kathmandu selbst eingeführt worden sein. Im Garten der britischen Botschaft in Kathmandu waren schon im vorigen Jahrhundert ständig Kartoffeln zu Demonstrationszwecken angebaut, und jeder britische Offizier, der im Bergland Nordindiens unterwegs war, hatte den Auftrag, an jedem Lagerplatz einige Kartoffeln auszupflanzen.

Die Kartoffelernten in Khumbu waren in diesem Jahrhundert so gut, daß getrocknete Kartoffeln sogar bis 1959 nach Tibet exportiert wurden. Seit die Wirtschaftsbeziehungen mit Tibet/China drastisch eingeschränkt wurden, begann man sich der eigenen südnepalischen Nachbarn zu besinnen und verkaufte viele Traglasten bis hinunter ins Terai.

Durch die guten Einnahmen aus dem Tourismus leisten sich viele Sherpafamilien nun regelmäßig Reis als Hauptnahrungsmittel, so daß weitere Kartoffelüberschüsse entstanden sind, die ins Tiefland verkauft werden können. Meist bringen die Tragtierkarawanen im Gegenzug Reis nach Norden.

Gastarbeiter auch schon im Sherpaland

In jedem Sherpadorf gab es schon immer einige Unterprivilegierte, meist arme Zuwanderer aus Tibet (von den Sherpas „Khampa" genannt), welche die unangenehmsten Arbeiten verrichteten. Dazu zählt bis heute das Ausräumen der Latrinen. Nun gibt es diese Leute nicht mehr, und es sind Magar aus Mittelnepal an ihre Stelle getreten.

Aus Tibet kamen aber auch Saisonbeschäftigte zur Unterstützung der Feldarbeiten jährlich ins Sherpaland. Seit dies nicht mehr möglich ist, sieht man sogar die Frauen wohlhabender Sherpahaushalte, die früher nur die Arbeiten beaufsichtigten, selbst bei der Arbeit. Allerdings werden nun langsam auch hier immer mehr nepalische Gastarbeiter beschäftigt. Sehr verschärft ist die Arbeitssituation durch die touristische Hauptsaison im Oktober / November (Kartoffel- und Buchweizenernte usw.), wo sehr viele Männer gut verdienen und nun die Frauen häufig schwer überlastet werden, da man sich den Lohn für Gastarbeiter doch sparen möchte.

Die Kartoffeln werden nach der Ernte im Oktober eingemietet (Portse /Khumbu)

Die meisten „Yaks", die der Fremde sieht, sind Kreuzungen

Alle Sherpas sind auch Viehzüchter, wenngleich auch einige Familien den Schwerpunkt ihres Interesses nur den Handelsgeschäften widmen.

Nur das männliche Tier wird „Yak" genannt, das weibliche hingegen „Nak"; Yaks werden aber sehr häufig mit einem ebenfalls schwarzweißen Rind, dem tibetischen „Lang" (lat. bosaunus typicus) gekreuzt. Die daraus resultierenden männlichen Tiere heißen „Zopkiok" und die weiblichen „Zhum".

Vor etwa 15 Jahren wurden in Khumbu 470 Yaks, 1.260 Naks, 370 Zopkioks und 370 Zhums gezählt. Die Yaks als besonders wichtige Tragtiere, die Höhen von 5.000 Metern und große Kälte spielend ertragen, werden für den Transport von Expeditions- und Trekking-Traglasten heute ganz besonders geschätzt. Ihre Zahl nimmt daher weiter zu.

Ein Zhum gibt viel mehr Milch als ein Nak und kann sich auch in tieferen Lagen aufhalten. Yak und Nak können unterhalb von 2.800 Metern kaum längere Zeit existieren. Zhum und Zopkiok sind besonders wichtig für die Landwirtschaft in Solu. Ein Zhum gibt hier jährlich 20 bis 25 kg Butter, in Khumbu nur 10 bis 15 kg, und in Khumbu produziert ein Nak

Die Naks werden hauptsächlich von den Sherpani gemolken (Pangboche / Khumbu)

lediglich an die 7 kg Butter pro Jahr (Nak- und Zhummilch hat übrigens 6 % Fett, verglichen mit 4 % bei Tieflandrassen).

Butter wird von den Sherpas in größeren Mengen konsumiert; nicht zuletzt als Bestandteil des berühmten Buttertees. Sie wird aber auch als Brennstoff für die Opferlampen und als Bestandteil der „Torma"-Opferkuchen verwendet.

Ein wichtiges Produkt der Yaks und ihrer Verwandten sind auch die Haare. Die langen Außenhaare werden zu Zeltbahnen, groben Decken und Seilen verwebt bzw. geflochten. Die Haare werden nicht geschoren, sondern – wenn die Yaks ihr Winterkleid wechseln – ausgekämmt.

Die Sherpas essen Fleisch, aber als fromme Buddhisten töten sie keine Tiere, obwohl davon gelegentlich Ausnahmen gemacht werden, wie wir uns auf Trekkingtouren selbst überzeugen konnten. Seinerzeit kamen eigene Metzger aus Tibet (sie standen auf einer sozial tiefen Stufe) nach Solu und Khumbu. Seit 1959 ist dies unterbunden, und nun verrichten Magar oder tiefkastige andere Nepali diese Arbeit, weil der höherkastige Hindu zwar ohne weiters Schafe und Ziegen, aber kaum Rinder töten will.

Die Sherpas sind geborene Händler

Durch Ackerbau und Viehzucht konnten die Sherpas ihren relativ hohen Lebensstandard – verglichen mit anderen nepalischen Regionen – nicht halten. Sie nutzten schon seit alten Zeiten ihre geographische Situation als Handel-Mittelsmänner zwischen Tibet und dem nepalischen Süden.

Nur die höhen- und kältegewohnten Sherpas konnten den über 5.000 Meter hohen Nangpa La, den Paß hinüber nach Tibet, mit ihren Yaks oder Zopkioks überqueren. Die Waren, die sie nach Tibet brachten, waren Getreide, getrocknete Kartoffeln, Butterfett, unraffinierter Zucker, Pflanzenfarben, Räucherstäbchen, handgeschöpftes Papier, Büffelhäute und Baumwollstoffe. Im Gegenzug brachten sie Salz, Schaffelle, Pelze, Teppiche, Seide, Porzellantassen, Hüte, Stiefel und verschiedene religiöse Ritualinstrumente nach Nepal herüber. Darüber hinaus bestand ein ständiger Austausch von Zopkioks nach Tibet gegen Naks von dort.

Es bestand immer ein Unterschied zwischen den Geschäften, welche die Handelsherren von Namche Bazar mit ihren Yakkarawanen durchführten und jenen der normalen Bauern, welche zwei bis dreimal persönliche Tauschgeschäfte in Tibet abwickelten und dabei lediglich geringen Profit erwarteten. Die Händler hatten drüben in Tibet ihre ständigen Geschäftspartner und oft sogar Verwandte in Tingri (das ist der erste größere Ort nach dem Nangpa La), Shigatse und Lhasa.

Nach 1959 brach dieses System vollkommen zusammen. Die tibetischen Partner verloren ihren Besitz und mußten oft selbst fliehen. Nach einigen Jahren öffneten die Chinesen die Grenze über den Nangpa La wieder, aber seither dürfen die Sherpas nur bis Tingri und müssen dort ihre Waren zu festgesetzten Preisen an das staatliche Lagerhaus verkaufen.

Zufällig begann sich fast gleichzeitig mit diesem Geschehen der Tourismus im Sherpagebiet zu entwickeln, und heute kann man sagen, daß die restriktiven Handelsnachteile mit Tibet ausgeglichen sind. Die Kaufleute von Namche Bazar bauten Lodges und füllten ihre Geschäfte mit allen möglichen Gütern, welche die Touristen und Bergsteiger benötigen.

Während früher Reis nur an Festtagen gegessen wurde, ist er jetzt ein üblicher Bestandteil der Mahlzeiten. Manche Kaufleute spekulieren auch mit Reis und anderen Gütern, lagern sie nach echt kapitalistischer Manier in größeren Mengen ein und verkaufen sie im Frühjahr mit ziemlichem Profit. Als z. B. 1979 in Ostnepal eine Mißernte zu verzeichnen war, charterten sie Flugzeuge mit Reis und Weizen von Kathmandu nach Lukla und setzten von dort Tragtierkarawanen nach Osten in Marsch.

Die alte traditionelle Wollkleidung der Tibeter wurde einerseits durch den Ausfall der tibetischen Wollprodukte nach 1959 verdrängt,

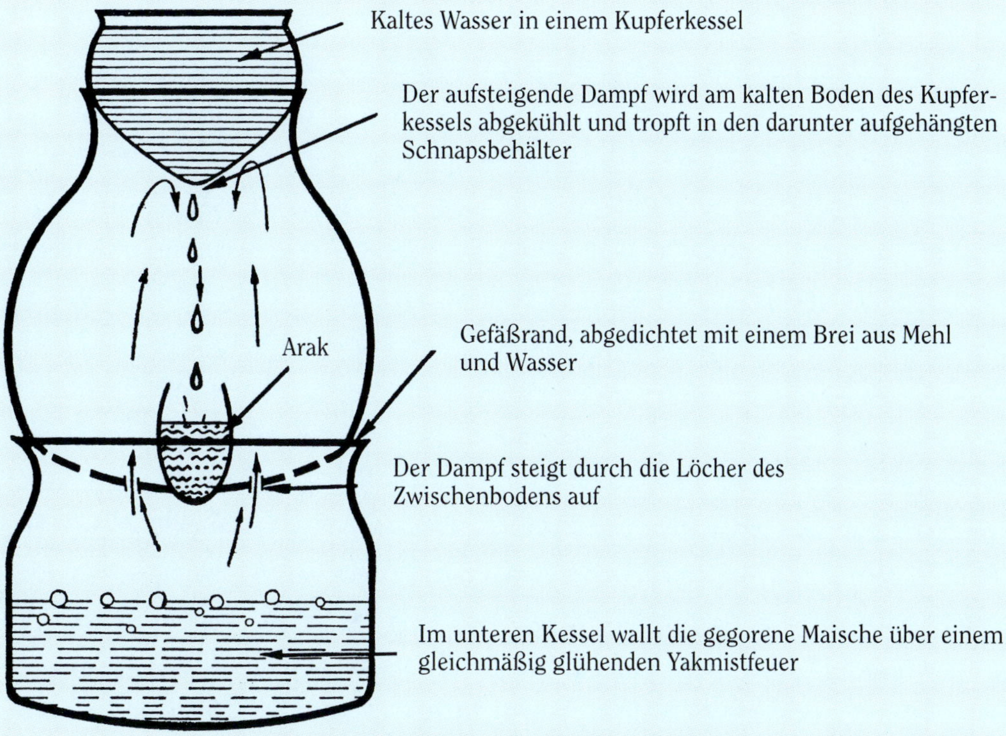

Graphische Darstellung einer Schnapsbrennerei

andererseits wohl auch durch den Einfluß der Touristen. So tragen die Männer heute eine bunte Mischung von Daunenjacken und Bergsteigerhosen. Die Frauen kleiden sich noch eher traditionell, wobei zumindest die gestreifte Sherpaschürze nach wie vor ein Muß ist.

Gute und böse Taten bestimmen die Art der Wiedergeburt

So wie alle anderen Buddhisten, glauben die Bothia und Sherpas, daß jede gute Tat und tugendhaftes Verhalten den Vorrat an Verdiensten vermehrt, während schlechte Taten und sündhaftes Verhalten den Vorrat an Verdiensten entsprechend mindert. Nach dem Tod wird die Rechnung „bilanziert" und es ergibt sich entweder eine günstige oder unerwünschte Form der Wiedergeburt.

Verdienstvoll sind Wohltätigkeit und Nächstenliebe, besonders Geschenke an die Lamas und die Armen. Das betrifft auch die Freigiebigkeit bei der Bewirtung während der Dorffeste oder das Bauen einer neuen Brücke oder eines Rasthauses, das der Allgemeinheit zugute kommt, und natürlich besonders die Errichtung von Tschorten oder gar die finanzielle Mithilfe beim Bau einer neuen Ghompa.

Der „Sündenkatalog" sieht folgend aus:

- das Töten von Menschen und Tieren;
- das Schlachten von Haustieren ist für den Metzger sündhaft, aber nicht das Essen des Fleisches;
- das Streiten;
- das Bedrohen oder gar das Schlagen von Kindern;
- Verleumdung von Personen;
- ein Mädchen gegen ihren Willen zu heiraten;
- sexueller Kontakt mit Verheirateten;
- Stehlen;
- Betrügen beim Handel;
- das Fällen von Bäumen;
- Trunkenheit bei den Lamas (aber nicht bei den Laien).

Ein typisches Merkmal der Sherpa-Moral ist die Einstellung, daß bestimmte Sünden nicht vermieden werden können. „Muß" man sie also begehen, dann kann das nur durch gleichzeitige vermehrte Anhäufung guter Taten wettgemacht werden.

Ein andere wichtige Tatsache, um das Glaubensleben der Sherpas zu verstehen, ist die völlige Freiheit von irgendwelchen Kasten – Beschränkungen, wie sie im benachbarten Nepal noch überall anzutreffen sind – obwohl heute gesetzlich abgeschafft. Es war dies offensichtlich schon immer ein großer Vorteil der Sherpa-Händler, die sich in allen Bevölkerungskreisen ohne Einschränkungen bewegen konnten.

Rotmützen und Gelbmützen

Wenn das augenblickliche Wohlergehen berührt ist, dann ruft man den Schamanen zu Hilfe. Er vermag erzürnte Geister zu beruhigen und schlechte Einflüsse zu verbannen. Alles, was den Menschen aber außerhalb des Alltagslebens betrifft, vor allem Tod und Wiedergeburt, gehört nach Meinung der Sherpas und Bothia in die Hand der Lamapriester.

Die Sherpas und praktisch alle Bothia sind Anhänger der Ningmapa, der „Rotmützen“, der vorreformatorischen buddhistischen Religionsgemeinschaft, wie sie vom großen Magier Padmasambhava im 8. Jhdt. begründet wurde (von den Sherpas und Bothia wird er Guru Rimpoche genannt).

Die Rotmützen-Lamas sind verheiratet und in der Regel im Hauptberuf Bauern. Sie vollziehen in ihren Dorf-Ghompas, im „Lhakhang“, im Haupttempel, die Zeremonien. Im Lhakhang („Haus der Götter“) stehen ihre Idole in Form von Statuen des buddhistischen Religionskreises, aber auch vereinzelt aus der Bön-Zeit.

Die erst in unserem Jahrhundert gegründeten vier reformierten Klöster im Sherpaland, Anhänger der „Gelukpa“, der „Gelbmützen“, mit ihren zölibatären Mönchen, sind untypisch für die ursprüngliche Sherpakultur. Sie sind praktisch Gründungen des bei den Sherpas immer sehr angesehenen Abtes von Rongphu an der Nordseite des Mount Everest. Offensichtlich machte die besonders „fromme“ Lebensweise dieser Mönche auf die Sherpas im Verlaufe der Zeiten besonderen Eindruck; schließlich waren ja ihre Vorfahren nicht wegen der Einführung des Zölibates in den Klöstern im 15. und 16. Jhdt. aus dem osttibetischen Kham ausgewandert, sondern wegen des gleichzeitigen zentralen Machtanspruches der Dalai Lamas aus Lhasa.

So wurde das Kloster Thami im Jahre 1920 und Tengboche zwei Jahre später gegründet. Sie waren bis 1959 Außenstellen des Klosters Rongphu und sind erst seither voll selbständig. Daß das zölibatäre Leben aber dort nicht so streng genommen wird, wie in den meisten anderen Gelukpaklöstern Tibets, zeigt die Tatsache, daß in Thami heute Laien-Lamas und Mönche nebeneinander leben und in Tengboche fast jeder zweite junge Mönch Kloster und Zölibat verläßt, um zu heiraten.

Das dritte Mönchskloster im Sherpaland befindet sich in Thaktu im Gebiet Solu. Es wurde erst 1958 von einem reichen Tibeter aus der Gegend von Lhasa gegründet, was ebenfalls auf die ständigen starken Kontakte zwischen Tibet und dem Sherpagebiet vor 1959 hinweist. Hier leben an die sechs Mönche, von denen aber nur der Abt im Zölibat lebt.

Das vierte Kloster ist schließlich jenes von Chiwong, südlich von Lukla. Es wurde um 1910 von einem der reichsten Sherpa gegründet. Er war als Wucherer weitum verrufen und hat das Kloster angeblich zum Ausgleich für seine vielen schlechten Taten – er soll sogar hübsche Sherpamädchen an die Rana nach Kathmandu verkauft haben – ins Leben gerufen. Heute leben im Kloster aus Tibet geflohene Mönche.

An sich gibt es auch noch ein fünftes Kloster. Es liegt auf der Paßhöhe von Tragsindu (Takshindo) in Solu, und die durch das Solugebiet trekkenden Wanderer kommen hier vorbei. Es diente in den letzten drei Jahrzehnten gelegentlich auch als Nonnenkloster, war aber meist nur von tibetischen Flüchtlingen zeitweilig bewohnt.

Die Laienpriester, die Dorf-Lamas, beherrschen im gesamten übrigen Sherpagebiet das gesamte geistliche Leben; auch das Totenritual. Es wird allerdings als nützlich angesehen, wenn man aus den vier Gelbmützenklöstern Mönche zum Rezitieren der Totentexte anwerben kann.

Zur Junbesi-Ghompa, dem größten und bedeutendsten Dorftempel im Sherpaland, gehören mehr als 15 Lamas. Ihre Funktion ist eigenartigerweise erblich, was doch auf verhältnismäßig gute Einnahmen schließen läßt. Ihre Einkünfte stammen aus der eigenen Landwirtschaft sowie aus den Beiträgen an Geld und Nahrungsmitteln für die Feste und Totenrituale.

Es gibt bei den Sherpas auch noch eine Sonderform der Lamas, die Schwarzhutzauberer. Sie treten praktisch nur bei den beiden großen Tanzfesten in Erscheinung. Nur die angesehensten Lamas können diese Funktion übernehmen.

Bei ihren Tanzauftritten wird zuerst immer auch ein meterhohes „Torma“ (kultisches Teiggebilde), das Padmasambhava symbolisiert, umtanzt. Jeder Schwarzhutzauberer trägt ein blaues Gewand mit einem Schulterteil aus Goldbrokat, am Kopf den klassischen schwarzen Kegelhut mit einem aufgestickten wilden Dämonenantlitz sowie aufgemalte schwarze Streifen im Gesicht. In der rechten Hand halten sie meist „Drilbu“, die Ritualglocke, und in der linken den dreikantigen Zauberdolch „Phurba“. Zwischendurch werden aber mit einem Bronzelöffel auch Opfergaben in weit ausholenden Bewegungen auf den Boden geschüttet.

Bei den Tänzen gesellen sich zu ihnen dann auch zwei „Mahakala-Figuren“, eine männliche und eine weibliche, die mit ihren gräßli-

Padmasambhava und die Grüne Dolma „sichern“ einen Schluchtübergang am Weg nach Thami

chen Gesichtern die Endlosigkeit der Zeit darstellen, der am Ende alles zum Opfer fällt. Aber auch Padmasambhava tritt selbst als Maske auf, und alle Figuren zusammen führen dann einen wilden Tanz auf, der unter Anführung der Schwarzhutzauberer die bösen Mächte bezwingt.

Mahayana-Buddhismus und Dämonenglaube

Wie die meisten Bothia Nordnepals, sind die Sherpas Anhänger des „Großen Fahrzeugs“, des Mahayana-Buddhismus. Eine Vielzahl lokaler Gottheiten und Dämonen wird aber daneben ebenso verehrt.

Als die Vorfahren der heutigen Sherpas vor mehr als 400 Jahren den Nangpa La überschritten, kam mit ihnen auch der legendäre Lama Sanga Dorje, eine Reinkarnation der als heilig geltenden Äbte des Klosters Rongphu an der Nordseite des Mount Everest. Er war Garant für eine Kontinuität des buddhistischen Glaubens auch im neuen Siedlungsgebiet.

Dort, wo in den zwanziger Jahren unseres Jahrhunderts das erste Kloster Tengboche gebaut wurde, soll er damals schon ein kleines Heiligtum erbaut haben. In Thami und Pangboche soll er die Ghompas gegründet haben, was aber legendär ist, denn die jetzigen Bauten gehen wohl erst auf das 17. Jhdt. zurück. Es wurden zu dieser Zeit in Pangboche, Thami, Kyerok, Khumjung und Namche Bazar Ghompas gebaut und von verheirateten Lamas betreut.

Die eingewanderten Sherpas waren ausnahmslos Anhänger der Ningmapa-Sekte, der „Rotmützen“, deren Geistliche heiraten dürfen. Die zölibatären Reformen der Gelukpa-Sekte, der „Gelbmützen“ aus Tibet im 15. Jhdt., kamen mit den eingewanderten Leuten aus Kham ursprünglich noch nicht ins Sherpaland.

Erst 1923 inspirierte Lama Gulu, Angehöriger einer angesehenen Familie aus Khumjung, der in Tibet studiert hatte, seine Dorfgenossen zur Gründung einer Ghompa nach tibetischem Vorbild. So entstand das berühmte Kloster von Tengboche, und Lama Gulu wurde vom Abt von Rongphu als „späte“ Reinkarnation des Lama Sanga Dorje erkannt und als Abt eingesetzt.

Tengboche wurde auf einem prachtvollen Platz angesichts des Mount Everest mit ausschließlicher finanzieller und manueller Hilfe der Leute aus dem gesamten Khumbu erbaut. Innerhalb der ersten zehn Jahre gab es hier bereits 25 Mönche, und Tengboche wurde zum religiösen Zentrum des Gebietes.

Es gab aber auch böse Rückschläge. So zerstörte das Erdbeben von 1933 den Haupttempel. Er wurde aber bald wieder aufgebaut, und vor mehr als einem Jahrzehnt brannte Tengboche nieder und erstand nun neuerdings in seiner alten Pracht.

Ein besonderer Anziehungspunkt ist nach wie vor das große jährliche Tanzfest, das „Mani Rimdu“ von Tengboche.

Eine ähnliche Entwicklung fand auch im benachbarten Bhote-Kosi-Tal statt. So wurde in den zwanziger Jahren auch in Thami eine große Ghompa gegründet, die sich 1957 zu einem bedeutenden Kloster entwickelte, das heute Rot- und Gelbmützen unter der Führung eines reinkarnierten Abtes vereint.

Anders als in anderen tibetischen Mönchsgemeinschaften, führen die zölibatären Sherpamönche ihren eigenen Haushalt. Sie werden von ihrer Familie mit Lebensmitteln versorgt und erhalten auch eine Art „Mitgift“, um sich allenfalls ein Häuschen neben dem Kloster kaufen zu können. Dieses System erlaubt eigentlich nur den Söhnen wohlhabender Familien, in ein Kloster einzutreten.

Die Äbte sind häufig Reinkarnationen, „Tulku“ genannt, oder eben nur „Lama Che“, was man mit „Oberlama“ übersetzen kann. In der Hierarchie folgt darauf der „Loben“, der Stellvertreter des Abtes, der sich aber auch um die Finanzen zu kümmern hat.

In den siebziger Jahren gab es eine Zeitlang in Tengboche und Thami eine sehr kritische Situation, als viele Mönche einfach das Kloster verließen, um als Hochträger bei Expeditionen viel Geld zu verdienen. So ging damals die Zahl der Mönche in Tengboche auf 14 zurück. Das hat sich aber erfreulicherweise wieder geändert, und heute scheinen die materiellen Vorteile für viele junge Leute nicht das einzige Ausschlaggebende zu sein.

Obwohl gerade in Tengboche der Abt vor nicht langer Zeit den Tourismus beklagt hat, scheint man sich nun arrangiert zu haben, und das Kloster hat sogar am Vorplatz ein Rasthaus für Fremde gebaut. Man ist sich nämlich inzwischen klar geworden, daß einerseits das große Interesse der Touristen am tibetischen Buddhismus der Religiosität im gesamten Gebiet einen großen Aufschwung verliehen hat und andererseits der vermehrte allgemeine Wohlstand es vielen Familien möglich macht, einen Sohn ins Kloster zu schicken. – Die selbe Situation ist in Thami gegeben.

Neben den Mönchen in den Klöstern gibt es auch fast in jedem Dorf einen „Dorf-Lama“, der für die Durchführung der häuslichen und örtlichen Rituale zuständig ist. Es handelt sich um verheiratete Männer, die religiöse Unterweisungen erhalten haben; manchmal sind es auch aus einer zölibatären Mönchsgemeinschaft Ausgetretene.

Das Glaubensgut der Sherpas enthält viele Elemente der Bön-Religion

Die abstrakte buddhistische Lehre hatte sich in Tibet langsam von der alten Bön-Religion zu einer volkstümlichen Glaubenslehre, dem Mahayana-Buddhismus, dem „Großen Fahrzeug“, gewandelt. Daneben existierten und existieren aber noch heute magische Vorstellungen und werden Zauberpraktiken angewandt, die ihre Wurzeln im alten Bön-Glauben haben. Besonders werden aber auch die hohen Berggipfel angebetet.

Die Anhänger der Bön-Religion, die „Bönpo“, hatten nach Einführung der tibetischen Schrift auch ihre alten Zaubertexte niedergeschrieben und dabei bewußt die auch bei den Buddhisten üblichen Formulierungen verwendet. So sind viel Vorstellungen der Bönpo in die neue Glaubenslehre eingeflossen.

Besonders die vielköpfigen, blutsaugenden, von Totenköpfen und einem Flammenkranz umgebenen schauerlichen Ausgeburten religiöser Phantasie sind uralte Bön-Gottheiten, die in den lamaistischen Götterhimmel aufgenommen wurden und von den Sherpas in ihren Tempeln angebetet werden.

In der heutigen Volksreligion der Sherpas kommt dem Kult der Berggötter, Berggeister, Dschungelgeister und Dämonen noch immer große Bedeutung zu. Sehr wichtig für den Umgang mit den Geistern ist ihr Zauberdoktor, der „Minung“.

Die Sherpas fürchten unter den Berggeistern besonders den „Tuti Tangmu“, der sich auf waldbestandenen Berggipfeln, aber besonders auch auf Totenplätzen aufhält. Bei der Totenzeremonie muß der Lama beten: *„Du kannst diesen toten Körper haben, wenn Du dann die Lebenden verschonst.“* Der Zauberpriester des Dorfes Yawa muß zum Beispiel dem dortigen Berggeist immer wieder Ziegen opfern.

Es gibt aber auch gute Berggeister, denen zu Ehren auf den Hausaltären „Tormas“, das sind mit Blumen verzierte Opferkuchen aus Gerstenmehl, aufgestellt werden.

Der Schutzgottheit „Lhachen“ in Solu bringt man Milchopfer auf einem Berggipfel dar. In anderen Gebieten wird die Schutzgottheit „Yüllha“ verehrt, die ebenfalls auf Berggipfeln wohnt; ihr werden aus Teig und Butter gefertigte Menschenfiguren geopfert. Alle diese Rituale weisen auf seinerzeitige Blutopfer (mit ziemlicher Sicherheit sogar Menschenopfer) hin.

Die Sherpas beten eigentlich nur jene buddhistischen Gottheiten an, die in ihren Tempeln abgebildet sind. Darüber hinaus sind ihre eigentlichen Gottheiten die allzeit sichtbaren höchsten Berge ihrer Umgebung. Wie schon erwähnt, besonders „Tseringma“, der Gaurisankar. Hiefür gibt es eigene Gebetstexte, die erst 1965 der westlichen Wissenschaft bekannt wurden. Dieser Text enthält z. B. sehr detaillierte Vorstellungen von der verkörperlichten weiblichen Gestalt der Tseringma, der „Göttlichen Mutter des langen Lebens“.

Diese „Göttliche Mutter des langen Lebens“ umstehen ihre vier Schwestern. Die erste ist „Tingi Tjalsama“, die „Blaue, schöngesichtige Mutter“, dann folgt „Mijul Langsama“, die „Göttliche Windmutter“, der Mount Everest. Die dritte Schwester ist „Takar Tolsangma“, die „gut laufende weiße Stute“; die letzte der göttlichen Bergschwestern ist „Tjöpen Dinsanma“, die „Mit heiligem Gewand bekleidete, schöne Frau“.

Man sieht, daß nur zwei der fünf göttlichen Schwestern direkt mit Gipfeln identifiziert werden können. In den drei anderen Fällen haben sich die Vorstellungen der Sherpas von direkten Berggestalten schon gelöst.

Die „Fünf Schwestern“ können übrigens nach der Darbringung von Opfergaben nur mit den uralten, aus Menschenknochen angefertigten Kultgeräten beschworen werden: Mit dem „Kangling“, der aus Schienbeinknochen angefertigten Trompete, der aus zwei Schädelhälften zusammengefügten kleinen Trommel und der „Thönga“, einer aus etwa zwanzig Schädeln zusammengesetzten Riesentrommel.

Abbildungen der Berggötter in Form von Statuen, Fresken oder Masken sind im Sherpaland nicht häufig. Fast in jedem Dorftempel findet man aber solche; ihnen wird besondere Kraft zugeschrieben. Die Maske der Tseringma zeigt ein weißes, lächelndes Mädchenantlitz mit strahlend weißen Zähnen. Über die Stirn läuft ein Schmuckband mit fünf goldenen Blumen. Die Maske der Mijul Langsama ist von hellgelber Farbe, sonst aber der Tseringma-Maske ähnlich.

Der Kult der Lu-Geister

Ein „Lu“ ist ein Wassergeist, der in jeder Quelle wohnt und unter Umständen als farbige Schlange in Erscheinung tritt. Es gibt viele Überlieferungen, daß Lu-Geister beleidigt wurden und dadurch die jeweilige Quelle versiegte.

Alle Quellen und auch deren Umgebung dürfen von Fremden nicht betreten werden, es ist dies eigentlich das einzige Tabu im Sherpaland. Diese strengen Maßnahmen sind nichts anderes als in religiöse Formen gekleidete Quellschutzbestimmungen; dadurch sind sie aber besonders wirksam.

Praktisch gibt es in der Nähe jeder Quelle einen Opferplatz für die Lu-Geister (übersetzt heißen sie *„der Platz, wo die Lu gefüttert werden“)*. Hier steht immer ein Tontopf mit Getreide, verschiedenen Mineralien und Metallproben. Alle zwei Jahre müssen diese Gaben erneuert werden, und ein Lama leitet die Zeremonie.

Es gibt aber auch böse Lu-Geister, die ohne Störung durch den Menschen ständig Schaden bereiten können. Sie treten in menschlicher Gestalt in Erscheinung und müssen alle vier Jahre in einer eigenen Zeremonie beschworen werden. Dabei werden diese bösen Lu durch halbmeterhohe menschliche Tonfiguren dargestellt, die sodann rituell zerstückelt werden. Interessant ist, daß in der Urheimat der Sherpas, in Kham, früher zwei menschliche Figuren mit allen Sünden des Dorfes beladen und in einer Zeremonie zerstückelt wurden. Es sind dies klassische „Sündenböcke“, wie sie fast überall in den orientalischen und altasiatischen Religionen als Überbleibsel ehemaliger Menschenopfer anzutreffen sind.

In der Ghompa von Junbesi, dem wohl schönsten und wahrscheinlich auch ältesten aller Sherpatempel, befindet sich ein hölzerner Druckstock mit der Darstellung der Lu-Königin auf einem Lotosthron.

Neben den Fruchtbarkeit spendenden Lu glauben die Sherpas auch an Erdgeister. Sie leben in allen Ackerparzellen und dürfen ja nicht beleidigt werden.

Um die negativen Einflüsse der Naturgeister abzuwehren, fertigen die Sherpas, so wie alle anderen Stämme tibetischen Ursprungs, sogenannte „Namkhas“ an, die man als „Geisterfallen“ bezeichnen kann. Gekreuzte Holzstäbchen werden in Form einer Art Amateurfunkerantenne oder eines deltoidförmigen Kinderdrachens mit bunten Wollfäden bespannt. Für die Lamas sind die regenbogenartigen Farben der Fäden ein Abbild des Kosmos und der darin wirksamen Kräfte.

In diese netzartigen Gebilde kann man die Geister durch Gebete hineintreiben und fangen. Ist ein bösartiger Lu nach Meinung der Dorfbewohner in die Falle gegangen, dann wird diese verbrannt oder einfach weit außerhalb des Dorfes weggeworfen.

Die Minung-Schamanen, die „Lhawa"

Neben den Lamas spielt der Schamanenpriester, bei den Sherpas „Minung" oder einfach „Lhawa" (= Gottmensch) genannt, eine große Rolle. Manche westlichen Beobachter bezeichnen ihn als Zauberdoktor oder Magier; jedenfalls ist er aber auch ein Geistlicher, der seinen Ursprung im vorbuddhistischen Bönglauben bzw. in der alten „Bergreligion" hat. Allerdings sind auch indische Einflüsse festzustellen, verlangt er meist doch auch Tieropfer, die allerdings auch im Bönglauben daheim sind.

Der Minung fällt, wie alle Schamanen, bei seinen Auftritten in einen tranceähnlichen Zustand, der sich durch Zittern bemerkbar macht. Dann ist er in Kontakt mit den überirdischen Kräften. Der Minung wird immer dann von der Bevölkerung gerufen, wenn eine Lu-Beschwörung notwendig ist, wenn Krankheiten ausgetrieben werden sollen oder Unfruchtbarkeit zu bekämpfen ist.

Die Sherpas lassen sich heute gerne mit moderner Medizin behandeln, wenn aber ein Minung greifbar ist, so wird er zusätzlich noch bemüht. Bei einer Krankheits-Austreibung legt der Minung zuerst sein Schamanengewand an. Dieses besteht meist aus einem langen, bunten Überrock, einer darüber getragenen ärmellosen Weste, einer Kette aus braunen Nüssen und roten Halbedelsteinen und dem typischen Kopfputz. Letzterer ist eine Stoffkappe, von der Glasperlenschnüre und bunte Wollfäden herunterhängen; oben ist – wie eine Krone – ein Kranz von Hühnerfedern befestigt. Hinten hängen lange Stoffstreifen und Wollschnüre von der Kleidung herab; sie flattern beim Tanzen wild umher.

Die kranke Person setzt sich auf einem vom Minung bestimmten Platz nieder, und der Schamane steckt nun seinen langen Holzspeer vor dem Kranken in den Boden. Daneben hat sich der Gehilfe des Minung mit zwei Metallbecken in den Händen niedergelassen. Auch der Minung hockt sich nun nieder und stellt mit geschlossenen Augen durch gemurmelte Anrufung die Verbindung zu irgendwelchen Geistern her. Es wird berichtet, daß seine Worte etwa lauten: *„Kommt herbei ihr Geister, ich werde Euch Hühner und Ziegen opfern! Nehmt die Schmerzen von dieser Person!"*

Die Tieropfer, die ja den buddhistischen Vorstellungen vollkommen diametral gegenüberstehen, weisen – wie bemerkt – auf die alten Bön-Praktiken hin. Meist protestieren auch zufällig anwesende Lamas dagegen, aber erfolglos.

Nach dieser Anrufung nehmen die Geister vom Schamanen Besitz. Er beginnt zu zittern, und schließlich spricht auch der Geist aus ihm. Meist verlangt er Tieropfer und Gebete.

Nun beginnt der Minung auch zum Klang seiner selbst geschlagenen Trommel und der beiden Becken seines Gehilfen, den Kranken zu umtanzen.

Bald klingt die Musik aus, und der Minung beendet den Tanz. Plötzlich hält er seinen „Turmi", den dreikantigen, aus Holz gefertigten Ritualdolch in Händen. Dieser sieht praktisch gleich aus wie der „Phurbu", der Ritualdolch der Lamapriester.

Der Kranke hat Magenbeschwerden; so stößt der Minung nun den Turmi mehrmals gegen die Bauchseite des Patienten und fährt auch mit seiner Kette darüber. Sodann läßt er sich ein rohes Ei geben und rollt auch dieses über den Bauch. Er murmelt Beschwörungen und bläst immer wieder über das Ei. So wird die Krankheit aus dem Körper gezogen.

Schließlich ist das Heilungsritual beendet, und der Schamane zieht mit seinem Gehilfen weiter. Er hat die übliche Bezahlung in Form von Lebensmitteln und Geld erhalten, muß aber spätestens bis zum nächsten Tag auch die Opfertiere an seinen Wohnort nachgeliefert bekommen, damit die Schmerzen nicht wieder zurückkehren.

Die Sherpas glauben fest daran, daß der Minung auch imstande ist, jede gewünschte Person durch Zauberei zu töten. Entweder praktiziert er einen Menschenknochen in das Mauerwerk des Wohnhauses oder er schreibt den Namen des zu Tötenden auf ein Papier, das dann zeremoniell verbrannt wird. Am sichersten soll es aber sein, den gewünschten Namen auf ein Ei zu schreiben, das vom Minung dann auf einem Leichenverbrennungsplatz vergraben wird. Natürlich ist in Nepal die „Schwarze Magie" verboten, aber angeblich passieren solche makabren Dinge gelegentlich noch immer.

Die verschiedenen Rituale und Zeremonien im Sherpaland

Vergleichbar mit den Flursegen in katholischen Bauerngemeinden wird im Frühjahr das „Osho“ zelebriert und dabei in einer vom Lama angeführten Prozession das Dorf umrundet.

Ein weiteres Ritual heißt „Nyungne“, das im Mai oder Juni begangen wird. Dabei werden auch in einer Prozession alle Tschorten, Manimauern und Ghompas im Dorf umrundet. Es handelt sich um eine allgemeine Bußkundgebung und jährliche Sündenreinigung.

Das größte aller Sherpa-Feste wird „Dumje“ genannt. In Khumbu wird es im Juli, in Solu im April begangen. Jedes Jahr fällt dabei auf eine andere Familie die große Ehre, das Fest als Gastgeber für alle anderen auszurichten. Wohlhabende Familien lassen sich dabei nicht lumpen. Der Hauptzweck ist aber neben der Geselligkeit das Vertreiben böser Mächte aus dem Dorf mit speziellen, von den Lamas zelebrierten Ritualen. Dieses Ritual kann aber nur in der Dorf-Ghompa ausgeführt werden. Das Fest ist auch das Zeichen für den Beginn des Viehtriebes auf die Hochweiden in Khumbu.

Das große „Dumje-Fest“

Jedes Jahr wird dieses Fest begangen, das von den Sherpas wohl am wichtigsten genommen wird; und zwar überall, wo eine Dorfghompa vorhanden ist. Es handelt sich um ein großes Ritual zur Erhaltung der Fruchtbarkeit der Äcker und Weiden und zur Abwehr von Unwettern und Hagelschlag. So wird das „Dumje“ auch immer mehrere Wochen vor dem Einsetzen der Monsunregen gefeiert.

Vor Beginn der Festtage werden die vier „Chiwa“ gewählt. Jede Familie wird abwechselnd dieser großen Ehre, die aber auch mit größeren finanziellen Belastungen verbunden ist, teilhaftig. Die Lamas müssen nämlich während der vier Festtage verköstigt werden, und außerdem sind beträchtliche Mengen an Mehl und Butter für die vielen „Tormas“, die „Opferkuchen“, bereitzustellen.

Am Morgen des ersten Festtages werden die vielen bunt bemalten Tormas hergestellt, welche die diversen Gottheiten symbolisieren. Schon dabei sehen viele Dorfbewohner zu. Dann beginnen junge Männer die drei Meter langen „Sangdungs“, die alphornähnlichen Posaunen aus Kupfer oder Bronze, zu blasen. Im Lhakhang sitzen die Lamas in langen Reihen und lesen die uralten Texte.

Wassergetriebene Gebetszylinder in Punhi (unterhalb Tengboche)

Am Spätnachmittag wird das Standbild Padmasambhavas feierlich in den Hof hinausgetragen, und rundum werden Hunderte von rot bemalten Tormas aufgestellt. Dazu werden tantrische Texte – richtige Zaubersprüche – rezitiert, welche die Lamas meist selbst nicht verstehen.

Inzwischen stellen einige Lamas im Lhakhang das „Linga", eine etwa 30 cm hohe Puppe weiblicher Gestalt her, in welche am nächsten Tag alle bösen Einflüsse hineingebannt werden. Der Ausdruck „Linga" kommt wohl nicht von ungefähr, ist das „Lingam" im Hinduismus doch das bedeutendste Symbol des Gottes Shiva.

Seit dem Morgengrauen des zweiten Tages rezitieren die Lamas schon tantrische Texte, um die Dämonen herbeizurufen. Die Begleitmusik wird auf „Kanglings", den Knochentrompeten aus menschlichen Schienbeinen, sowie auf Tuben und Becken gespielt.

Am Spätnachmittag treten nun die Schwerttänzer auf, welche mit wilden Sprüngen die bösen Mächte vertreiben. Im nächsten Tanz erscheinen ein alter Mann und eine alte Frau, die „Urahnen" der Sherpasippen. Schon gegen Abend springt „Singdungma", der „Löwendämon", in den Hof, um vielleicht anwesende Teufel zu töten.

Schließlich beginnt dann die Hauptzeremonie des gesamten Dumje-Festes: Padmasambhava tritt mit seinen beiden Schülern auf. Sie tragen keine Masken, sind aber stark geschminkt. Ihre Hüte sind mit meterhohen Aufsätzen verziert. Sie bewegen sich nun langsam zum Gebetsfahnenmast, vor dem ein Altar mit Opfergaben für die Götter aufgebaut ist. Hier liegt aber auch in einer Schale das „Linga", welches nun von den Dreien umtanzt wird.

Ständig schwebt nun der Phurba, der dreikantige Zauberdolch in der Luft. Plötzlich ertönt aus Hunderten Kehlen der Zuschauer und Lamas schrilles Pfeifen und Schreien – die Totengeister werden herbeigerufen, um am Opfer teilzunehmen. Dann aber fährt der Dolch dem „Linga" in den Körper und „tötet" ihn und damit alles Böse.

Am dritten Tag rufen die Sangdungs gegen Abend wieder alle in die Ghompa. Heute sollen die großen Zeremonien zur Vernichtung der bösen Lu-Geister stattfinden: Bunt bemalte und mit farbigen Gewändern bekleidete, halbmeterhohe Tonfiguren dienen als symbolische Lu. Sie sind verschiedengeschlechtlich dargestellt, bilden also ein Paar.

Alle Lu-Figuren werden in den Kreis eines auf den Boden gezeichneten Mandala gestellt, rundum werden Butterlampen entzündet und durch einen bestimmten tantrischen Text die Lu in die Figuren hineingezaubert.

Bald aber ergreifen viele Hände die Figuren und tragen sie auf den Schultern, begleitet von vielen Fackelträgern, in die Finsternis hinaus. Langsam formiert sich der Zug in Richtung auf die nächstgelegene Schlucht. Am Rand eines Abgrundes lassen sich die Lamas nieder, nehmen nochmals eine Beschwörung vor, und dann werden die Lu-Figuren in die Tiefe geschleudert.

Der vierte Tag schließlich steht im Zeichen der Austeilung der „heiligen Speise", des „Tjerup", an alle Dorfbewohner. Mehrere Lamas waren schon seit dem Vortag damit beschäftigt, kleine Kügelchen aus Weizenmehl und Zucker anzufertigen, auf die oben jeweils eine kleine Butterscheibe aufgeklebt wird.

In flachen Schalen werden die Tjerups im Tempel aufgestellt und durch Rezitationen aus dem Kandjur mit magischen Kräften aufgeladen. Am Abend ziehen nun die Dorfbewohner in langer Reihe an den Lamas vorbei, um sich segnen zu lassen und die geweihte Speise zu empfangen.

Andere Lamas benetzen die Stirn jeder Person mit geweihtem Wasser, und schließlich erhält auch jeder Festteilnehmer aus einer menschlichen Schädelschale etwas geweihten Tschang, der sofort geschlürft wird, in die hohle Hand gegossen.

Das „Mani Rimdu"-Tanzfest

Die beiden spektakulärsten Feste in den Gelbmützen-Klöstern sind die großartigen Masken-Tanzfeste in Tengboche (November) und Thami (Mai). Die Liturgie und die Kostümierung folgt bei den „Mani Rimdu" den tibetischen Vorbildern der dortigen Cham-Tänze. Viele Sherpas haben vor der Gründung der beiden Klöster solche Cham-Tänze in Rhongpu auf der tibetischen Seite gesehen und dort auch die Tanzrituale im Detail kennengelernt.

Das Mani Rimdu erstreckt sich (ähnlich wie das Dumje-Fest, mit dem es viele Parallelen aufweist) über vier Tage und stellt die Überwindung der alten Bön-Religion durch den Buddhismus in den Mittelpunkt der Darbietungen. Gleichzeitig wird in einem „lebenden Katechismus" der Sieg des Guten über das Böse, der guten über die schlechten Dämonen und Geister dargestellt. So wird ein Ebenbild des Bösen rituell zerstört und werden symbolische Gegenstände verbrannt.

Für die Zuseher ist das Mani Rimdu gleichzeitig Gottesdienst und Unterhaltung. Wie auch bei den großen Tanzfesten in Tibet und

Bhutan sorgen Spaßmacher zwischendurch für Auflockerung und Entkrampfung.

Am Beginn der Ackerbausaison im April und nach der Erntezeit im Oktober findet ein Fest statt, das „Tsirim" genannt wird. Auch hier handelt es sich um das Vertreiben und Fernhalten böser Geister von der Dorfgemeinschaft. Hiebei wird ein aus Tsampa und Butter gefertigtes Ebenbild der bösen Mächte im Zuge eines Rituals zerstört.

Wie alle anderen Mahayana-Buddhisten glauben die Sherpas an viele böse Geister, die „Shrindi". Ihre Zahl ist Legion, und im Kampf gegen sie darf man nicht erlahmen. Dabei helfen zwei Personen, der Lama und der „Lhawa" (tibetisch „Lhapa"). Letzterer ist eine Art Schamane. Wenn er sich in Trance versetzt, kommen die Geister in seinen Körper und sprechen durch ihn.

Die Sherpas – so wie die anderen Bothia-Stämme – kennen ebenso auch Hexen, die „Pem". Es handelt sich ausschließlich um Frauen, welche durch ihre geistigen Kräfte Böses bewirken können. Lamas können gegen sie zur Hilfe gerufen werden.

Milarepa, der Dichter und Heilige, wird von den Sherpas hoch verehrt

Er soll von 1040 bis 1123 gelebt haben und ist zu Füßen der beiden heiligen Berge Tseringma (Gaurisankar) und Miyul Langsangma (Mt. Everest) geboren. Er ist zweifellos mit seinen „Hunderttausend Gesängen" der größte Dichter Tibets, und seine Lebensgeschichte ist voller Witz und Humor.

Viele Jahre verbrachte er als Einsiedler in tiefer Meditation inmitten der Schneewüsten – meist nur mit einem Lendenschurz bekleidet; davon auch eine beträchtliche Zeit am Fuß des heiligen Berges Kailash. Er war aber nicht nur ein Meister des Yoga, sondern verstand es auch, den bösen Geistern immer wieder ein Schnippchen zu schlagen. Auch mit den Kräften der Natur stand er auf „Du und Du".

Mit pfiffigem Lächeln, eine Hand lauschend ans rechte Ohr erhoben, wird er fast immer dargestellt. So flicht er seinen volkstümlichen Gedanken auch immer Naturbilder und humorvolle Schilderungen ein.

In der Volksreligion der Sherpas stehen die magischen Fähigkeiten Milarepas im Mittelpunkt gläubiger Bewunderung, der auch einen der mächtigsten Bönpo-Zauberer bezwang. Oft wird er auf Tempelbildnissen dargestellt.

Die Toten der Sherpas werden verbrannt

Dort, wo im tibetischen Kulturkreis kein Brennholz vorhanden ist – und das ist im allergrößten Teil Tibets der Fall – werden die Toten „luftbestattet", das heißt, die sterblichen Überreste werden an bestimmten Plätzen den Geiern zum Fraß vorgelegt. Wo aber, so wie im Sherpaland, wenigstens in den tieferen Lagen Wald gedeiht, werden die Leichname eingeäschert.

Während die meisten geistlichen Zeremonien heute bei den Sherpas noch immer in den Händen der Laien-Lamas liegen, haben die Kloster-Lamas schon seit zwei, drei Generationen den Totenkult fest in Händen und sich damit allerdings auch eine bedeutende Einnahmsquelle gesichert. Nach Vorstellung der tibetischen Buddhisten benötigt die Seele beim Wechsel ihrer Daseinsform besonderen Beistand.

Möglichst wenige Stunden nach dem Eintritt des Todes sollen die Lamas im Sterbehaus mit den Rezitationen aus dem Totenbuch „Tudji Chembu" beginnen, die in der Regel bis zum Morgen des folgenden Tages dauern. Gleichzeitig werden von den Lamas neben dem Toten bis zu ein Meter hohe Tormas aus Reis- oder Gerstenmehl aufgestellt. In diese werden nun „Tsaglis", das sind spielkartenähnliche Kärtchen gesteckt, auf denen magische Symbole und Göttergestalten aufgemalt sind. Dadurch werden vorerst einmal böse Einflüsse von der Seele ferngehalten.

Am zweiten Tag nach dem Tod rezitieren die Mönche schon vom frühen Morgen an, während einer der Laienlamas aus dem Dorf vor dem Totenhaus das Standbild einer etwa 50 cm hohen Geisterfigur aus Stroh und Lehm angefertigt hat. Vor dieser Figur werden nun – böse Geister abhaltende – heilige Texte weiter aufgesagt.

Erst am Morgen des dritten Tages wird der Leichnam zum familieneigenen Verbrennungsplatz getragen. Die Einäscherung vollzieht sich nun ohne jegliche weitere Zeremonie. Die Asche und einige übriggebliebene Knochenteile werden sodann ins Sterbehaus zurückgebracht. Dort beginnt die „Große Zeremonie".

Aus Holzstäbchen und Papier wird ein kleines Standbild des Verstorbenen hergestellt, einige seiner Kleidungsstücke darübergehängt und allfällige erhaltene Knochen hineingesteckt. Die Asche wird in Papier eingeschlagen und vor die Figur gelegt. Nun beginnen die Laienlamas, die Totenseele zurückzurufen. Gleichzeitig haben aber die Klosterlamas ihr

Totenritual für einen Verstorbenen in der Ghompa von Thodung

Angehörige treffen sich bei der Ghompa eine Woche nach dem Tod zu einer Zeremonie (Thodung / Solu)

Ritual mit den Kultkärtchen begonnen. Üblicherweise sind es 99 Kärtchen, die in die Tormas gesteckt werden, wobei nun ein angeblich auf Padmasambhava persönlich zurückgehender Geheimtext rezitert wird. Damit sollen alle bösen Kräfte gebannt werden. Die Laienlamas mit ihrer Puppe haben aber dafür Sorge getragen, daß die Totenseele überhaupt herbeigezwungen wird.

Am vierten Tag werden die Asche und allfällige Knochenreste zum nächsten Fluß gebracht und ohne irgendwelche Zeremonien in das Wasser geschüttet. Damit ist die körperliche Existenz endgültig ausgelöscht. Die Laienlamas teilen nun dem „Pem“, der Totenseele, mit, daß sie nun tot sei.

49 Tage lang muß die Seele nach dem Glauben der tibetischen Buddhisten nun im „Bardo“ verweilen. Es ist dies ein Zwischenreich, in dem über ihr endgültiges Schicksal entschieden wird. Entscheidend sind dabei die guten und bösen Taten bei Lebzeiten. Erstere können zum Beispiel jetzt noch verstärkt werden, wenn die Hinterbliebenen großzügig Speisen an die Nachbarn verteilen.

Nach den Vorstellungen der Sherpas begibt sich der Pem nun in eine Mühle am Rande des Totenreiches, wo drei Wege ihren Anfang nehmen. Die Entscheidung, welchen Weg er einschlagen muß, wird ihm von den Taten aufgezwungen, die er während seines Lebens begangen hat. Der weiße Weg führt in den Himmel und zu einer guten Wiedergeburt, der schwarze in die Hölle und zu einer sehr schlechten Wiedergeburt. Aber auch der Mittelweg, wo sich gute und schlechte Taten die Waage halten, führt zu keiner günstigen Wiedergeburt.

Nach 49 Tagen ist dieses Umherirren beendet, und der Keim für neues Leben in irgendeiner Form wurde gelegt.

Freie Gattenwahl

Anders als bei den Familien der nepalischen Hindukasten herrscht bei den Sherpas grundsätzlich das Prinzip der freien Gattenwahl. Mädchen und Burschen finden sich selbst, wozu das dörfliche Leben und Feste genügend Möglichkeiten bieten. Verbindungen sind nur innerhalb der Sippe und auch zwischen Cousins verboten.

Liebesaffären zwischen unverheirateten Burschen und Mädchen sind häufig und erregen nicht das Mißfallen der Eltern. Mädchen können während der Nacht ohne weiters den Besuch ihres Freundes haben. Der junge Mann findet den genauen Schlafplatz seiner Geliebten heraus und schlüpft – ohne weiteres Aufsehen zu erregen – zu seiner Freundin unter die Decke. Da alle Familienmitglieder in einem Raum schlafen, wird das wohl bemerkt, aber ignoriert.

Dennoch hat das durchschnittliche Sherpamädchen meist nur ein oder zwei Freunde, ehe sie formell einen jungen Mann als künftigen Gatten akzeptiert. Es ist keine Schande, ein lediges Kind zu haben, und dies mindert auch nicht die Chancen für eine zufriedenstellende spätere Heirat.

Verlobung und zwei unterschiedliche Heiratsstufen

Obwohl also die allermeisten Heiraten nur von den Absichten der jungen Leute abhängen, versuchen reiche Familien doch immer wieder auch über die Köpfe der Jungen hinweg eine Verbindung zustande zu bringen, die häufig auch später hält.

Zu diesem Zweck wird eine offizielle Verlobung arrangiert, wenn die Partner noch zu jung sind, um vorerst selbst zu entscheiden. Da es bis zur endgültigen Hochzeit aber noch weit ist, können beide Familien später ohne Prestigeverlust aus dieser Verbindung aussteigen, wenn das junge Paar sich nicht für einander bestimmt fühlt.

Zurück zur üblichen Beziehung: Um Kindern, die aus einer Liebesaffäre stammen, den legitimen Status zu geben, gibt es „Dem-Chang“, das ist eine Art Vorstufe zur Heirat; eine Legalisierung der Verbindung der jungen Leute.

Die Dem-Chang-Zeremonie ähnelt in vielem der endgültigen Hochzeitsfeier: Beide Familien müssen mit ziemlichen Ausgaben für die mehrtägige Bewirtung der vielen Festgäste rechnen. Das Fest findet im Haus der Brauteltern statt und findet seinen Höhepunkt im Überreichen von Ehrenschals, den „Kattas“, durch die Familie des Bräutigams an die Brauteltern. Beide jungen Leute wohnen aber auch nachher weiter im jeweiligen Elternhaus.

Erst wenn der Bräutigam imstande ist, einen eigenen Hausstand zu gründen und die Verbindung sich auch bisher als gut erwiesen hat, findet „Zendi“, die eigentliche Hochzeit statt. Sie beinhaltet noch größere Bewirtungsausgaben und auch ein entsprechendes Geschenk an die Brauteltern. Diesmal geht bei der feierlichen Prozession zum Haus der Brauteltern auch meist ein Lama mit, der eine Tafel mit Glückssymbolen mitträgt. Eine sakramentale Handlung an den Brautleuten vollzieht er aber nicht; der Buddhismus kennt kein solches Vorgehen. Nach der Überreichung von Kattas und Ansprachen durch die beiden Familienoberhäupter werden Braut und Bräutigam am Scheitel mit Butter gesalbt und ermahnt, einander treu zu bleiben und der Versuchung durch Verführer zu widerstehen. Schließlich wird dann die Braut zeremoniell zum Haus des Bräutigams geleitet.

Es gibt auch eine zweite Hochzeitsform. Sie wird „Rit“ genannt und stellt eine Art Schnellverfahren ohne die Einladung einer größeren Gästeschar und ohne Brautgeschenk dar; sie ist allerdings mit einem großen Prestigeverlust der beiden Familien verbunden.

Die berühmte „Vielmännerei“

Die Mehrzahl der Verbindungen ist monogam, aber sowohl Vielmännerei (Polyandrie) als auch Vielweiberei (Polygynie) sind erlaubt. Früher einmal war die Vielmännerei recht häufig, aber betrug auch nicht mehr als etwa 10 %. Heute sind nur noch ganz wenige Ehen polyandrisch. Eher findet man heute wieder mehr polygynische Ehen, weil die im Tourismus engagierten Männer nicht selten in Kathmandu eine zweite Frau haben.

Polyandrische Ehen sind häufig das Resultat elterlicher Vereinbarungen. Es geht vor allem darum, bei Vorhandensein mehrerer Söhne den Besitz durch Erbteilung nicht zu zersplittern. Fast ausnahmslos heiratet ein Mädchen nämlich zwei und ganz selten drei Brüder; meist geht dann einer ins Kloster. Die Mädchen tun dies recht gerne, weil es ihnen wirtschaftliche Sicherheit bietet. Zum anderen ist in vielen Sherpa-Ehen häufig ein Mann auf ausgedehnter Handelsreise unterwegs.

Angeblich gibt es in der Frage des Sexuallebens in einer solchen Ehe praktisch keinerlei Eifersucht. Sind beide Brüder anwesend, so einigen sie sich jeweils offensichtlich problemlos. Die daraus resultierenden Kinder bezeichnen den Älteren als Vater, den Jüngeren als Onkel.

Sherpa-Ehen sind freie Vereinbarungen zwischen Erwachsenen und können ohne Schwierigkeit geschieden werden. Bei einvernehmlicher Trennung teilt der Mann den Verwandten seiner Frau mit, daß sie ihn nicht mehr als Schwiegersohn betrachten können. Wird eine Ehe allerdings einseitig gelöst, dann muß der betreffende Partner an die Familie des Anderen ein beträchtliches Bußgeld zahlen.

Stupa-Tschorten in Junbesi / Solu

Sherpa-Ehen sind echte Partnerschaften

Die Frauen sind den Männern grundsätzlich gleichgestellt. Die Arbeit des Mannes wird nie höher eingeschätzt als jene der Frau. Darüber hinaus scheinen die Frauen auch fast gleiche Muskelkräfte wie die Männer zu besitzen, was man beim Tragen von Lasten sehen kann. Die Frauen nehmen auch jederzeit an den Gesprächen von Männern teil – auch mit derben Witzen, die sie ebensogut zu erzählen wissen.

Seitensprünge kommen gelegentlich vor und werden meist durch die Bezahlung eines Bußgeldes geahndet; grundsätzlich werden sie aber nicht gut geheißen.

Demokratisch gewählte Dorf-Funktionäre

Bis vor zwei, drei Jahrzehnten war der Einfluß der nepalischen Regierung durch ihren Gouverneur in Okhaldunga (ein etwas größerer Ort in den Vorbergen des Himalaya; südlich von Solu-Khumbu) nicht sehr groß. Man war zufrieden, wenn die Steuern pünktlich abgeliefert wurden. Seither – besonders durch den Flugplatz in Lukla – hat sich manches verändert.

Die Tätigkeit der verschiedenen Dorf-Funktionäre mit Ausnahme der Steuereinhebung ist aber im wesentlichen dieselbe geblieben. So gibt es in jedem Dorf zwei gewählte oder durch Rotation festgelegte Personen, die für den Viehauftrieb auf dem gemeinsamen Weideland und für andere das Gemeinwohl betreffende landwirtschaftliche Fragen zuständig sind. Sie sind auch berechtigt, Bußgelder einzuheben.

Ebenso gibt es – auch seit Gründung des Nationalparks – ebensolche Funktionäre, die für die schonende Waldbewirtschaftung zuständig sind. So war es z. B. im Umkreis der Dörfer auch schon früher strikte verboten, frisches Holz für Brennzwecke zu schlägern.

Als in den sechziger Jahren in ganz Nepal das „Panchayat-System“ (demokratisch gewählte Einzelpersonen auf Regionalebene ohne politische Parteien) eingeführt wurde, kamen durch Wahlen im wesentlichen wieder dieselben, bewährten Personen zu den Funktionen im Dorf.

Seit 1991 gibt es in Nepal nun auch demokratische Wahlen auf der Basis politischer Parteien, und auch da dürfte sich auf Dorfebene nichts geändert haben.

Geburt und Namensgebung

Auch im Sherpaland gilt eigenartigerweise – so wie im gesamten tibetischen Kulturkreis, aber auch bei vielen anderen Naturvölkern – der Geburtsvorgang als unrein. Die Gebärende übersiedelt daher in einen besonderen Raum innerhalb des Hauses, häufig aber sogar in den Stall im Untergeschoß der Häuser. Eine Nachbarin leistet ihr Beistand, und der Säugling wird sofort gebadet.

Drei Tage gilt die Mutter danach für unrein, und in dieser Zeit dürfen auch die älteren Kinder nicht zu ihr; sie könnten sonst „stumm oder schwachsinnig" werden. Die Mutter darf in dieser Zeit auch keine Wasserstelle betreten, denn die Lu-Geister könnten beleidigt werden.

Am dritten Tag nach der Geburt findet das wichtige „Tukido" statt. Es ist eine Opferzeremonie, bei der übelwollende Totenseelen vom Kind abgelenkt und auch böse Geister abgehalten werden. Ein Lama rezitiert dabei heilige Texte, durch die alle Sünden des Kindes aus seinem vergangenen Leben auf Erden getilgt werden. Es werden sodann verschiedene Speisen im Feuer geopfert, und den Berggöttern wird ein Trankopfer dargebracht.

Meist wird zusammen mit der Tukido-Zeremonie, spätestens aber am siebenten Tag nach der Geburt, die Namensgebung durchgeführt. Sie ist mit einem kleinen Fest verbunden. Im Hof wird ein kleiner Gebetsfahnenmast neben Opfergaben aufgestellt.

Die Eltern und Geschwister treten an den Säugling heran. Er erhält eine kleine Menge Butter in den Mund, und nun wird von allen nahen Verwandten sein Name laut aufgesagt und ein weißer Ehrenschal, ein „Katta", über das Kind gebreitet.

Meist wird der Name des Kindes durch den Wochentag der Geburt bestimmt: Dawa = Montag, Mingma = Dienstag, Lhakpa = Mittwoch, Phurbu = Donnerstag, Pasang = Freitag, Pemba = Samstag und Nyima = Sonntag. Die Mädchennamen sind gleich oder werden durch ein angehängtes „i" oder den Zusatz „Dolma" ergänzt.

An diesen Namen wird dann entweder nur „Sherpa" oder auch die Bezeichnung der Sippe angehängt. Es gibt auch eine Sippe, die sich „Lama" nennt, was aber mit dem geistlichen Beruf nichts zu tun hat. Man findet daher z. B. auch den Namen „Pasang Sherpa Lama".

Ab dem sechsten Lebensjahr gehen die Kinder schon zum Viehhüten mit auf die Weiden, und mit sechzehn Jahren gilt man als erwachsen.

Die Sherpa-Frau kleidet sich traditionell

Die Details der Frauenkleidung sind durch Tradition und Brauchtum noch immer so festgeschrieben, daß ein Verstoß dagegen als Bruch von Sitte und Ordnung angesehen wird.

Kosmetik gibt es bei den Frauen keine, außer daß (meist ranzige) Butter ins Haar und bei großer Kälte auch ins Gesicht geschmiert wird. Dazu kommt, daß Männer wie Frauen nur in der Tagkleidung schlafen, bzw. sich bei größerer Wärme zum Schlafen einiger Kleidungsstücke entledigen.

Man wäscht sich nicht besonders gerne, was natürlich mit der großen Kälte in den Hochlagen zusammenhängt. (Man muß es als Westler selbst einmal versucht haben, bei wenigen Plusgraden ins Wasser zu greifen.) Milarepa soll sogar in einem seiner Gedichte sagen: *„Ihr Mädchen, seid nicht so eitel, Euch täglich das Gesicht zu waschen!"* Tatsächlich fallen manchmal Mädchen und junge Frauen auf, die offensichtlich absichtlich mit Ruß geschwärzte Backenknochen zur Schau tragen (vielleicht mit Butter versetzt als „Sonnencreme"). Man sieht heute an Festtagen aber nur gewaschene Frauen- und Mädchengesichter – das sei zu ihrer Ehrenrettung gesagt.

Das wichtigste Gewand der Sherpa-Frau ist „Angi", ein knöchellanges schwarzes Wickelkleid ohne Ärmel. Um die Taille wird ein bunt gewebtes Band als Gürtel getragen, durch welchen der Wickelrock so nach oben gezogen wird, daß hier eine große Brusttasche entsteht. In ihr wird vor allem der tägliche Mundvorrat bei Wanderungen mitgeführt. Bei größerer Kälte werden auch mehrere Angi übereinander getragen. Unter dem Angi trägt man eine Wickelbluse aus Baumwollstoff oder Seide.

Besonders wichtig für die korrekte Kleidung der Sherpa-Frau ist „Madil", die aus vielen bunten Querstreifen gewebte Schürze. Sie wird von den Unverheirateten meist vorne getragen. Nur verheiratete Frauen tragen dazu eine zweite Schürze, und zwar meist auf der Rückseite. Leider tragen die Männer nur noch ganz selten das traditionelle Gewand „Chuba". Es ist ebenfalls eine Wickelgewand, das seit diesem Jahrhundert aber schon durch eine enge Hose ergänzt wird, wie sie die Nepali tragen. Es ist scheinbar weltweit so, daß die Frauen, oft über Generationen hinweg, an ihrer traditionellen Tracht viel länger haften. (Man sieht das z. B. auch recht gut bei uns in den Alpenländern; so etwa in Tirol).

Frauen und Männer tragen zur Festtagstracht aber noch immer „Tsiring", den traditionellen pelzgefütterten Hut aus Goldbrokat.

Mount Everest, Nuptse und Lhotse am „Panoramaweg“ zwischen Namche und Tengboche

Die Hutform findet man mit ihren Ohrenklappen und je einem kleinen Stirn- und Nackenschutz in Abwandlungen durch ganz Tibet und auch drüben in Ladakh.

Auch die klassischen Tibeterstiefel aus Filz bzw. schwerem Wollstoff, mit einer mehrere Zentimeter dicken Filzsohle, sieht man bei Männern und Frauen an Festtagen noch häufig. Diese Stiefel sind durch ihre bunten Verzierungen besonders hübsch.

Die Männer tragen heute grundsätzlich kurz geschnittenes Haar (mit Ausnahme einiger westlich beeinflußter Jünglinge mit langer Mähne). Trifft man im Sherpagebiet aber auf Männer mit geflochtenem Haarkranz, in den meist noch rote Wollfäden eingearbeitet sind, dann sind das tibetische Khampa.

Die Frauen tragen über glattem Haar meist ein oder zwei Zöpfe. Zu Festtagen werden diese mit schildförmigen Spangen aus Silberblech wirkungsvoll ergänzt.

Einfachen Ohrschmuck aus Türkis oder Korallen tragen alle Frauen und Mädchen. Der Türkis ist ja für alle Tibeter sowohl Glücksbringer als auch Zeichen von Reichtum. Der Ohrschmuck für Festtage besteht aus teilweise schweren Silber- oder Goldringen.

Die Armreifen sind meist aus schwerem Silber gefertigt und weisen häufig chinesische Glückssymbole auf. Die einfachsten Halsketten bestehen nur aus aufgefädelten Türkisen. Daneben gibt es aber alle Kombinationen mit Türkisen, Korallen und Bernstein sowie zwischengearbeitetem Silber.

Der Mittelstein (sowohl von Männern als auch Frauen in Ketten getragen) ist immer der berühmte „Gsi" oder „Zi". Von ihnen gibt es angeblich 22 verschiedene Musterungen. Grundsätzlich ist es ein walzenförmiger, etwa fünf Zentimeter langer Stein von brauner bis schwärzlicher Farbe. Seine dunkle Masse ist von weißen, gewundenen Linien durchzogen. Die Herkunft der echten Steine ist mysteriös und es ranken sich darum mehrere Legenden. Tatsächlich scheinen sie in Flüssen gefunden zu werden, und ein echter Gsi-Stein darf nie bearbeitet worden sein.

Echte Gsi-Steine sind sehr teuer; man kann ihre echte Herkunft am ehesten daran erkennen, daß die weißen Wellen- und Schlangenlinien unregelmäßig sind. Den Touristen werden heute schon in Kathmadu diese Steine – manchmal zu moderaten, oft aber zu Phantasiepreisen – angeboten. Der Verdacht ist naheliegend, daß die tüchtigen Newari-Handwerker natürlich auch Gsi-Steine mit einem speziellen Glasschmelzverfahren herstellen. – Wer heute im Westen als Tibet-Fachmann gelten will, trägt übrigens ständig einen Gsi-Stein um den Hals ... Diese Steine haben magische Kräfte und bringen dem Träger Glück. Nach dem Glauben der Sherpas hängt ihre magische Wirksankeit von der Anzahl ihrer „Augen" ab; das sind die weißen Flecken im Stein.

Ein wichtiger Halsschmuck mit Amulettcharakter sind die „Gao", die aus Silber, Messing oder gar aus Gold gefertigten Amulettbüchsen, die auch häufig mit Türkisen ausgelegt sind. Sie enthalten magische Zauberformeln auf Papierstreifen, werden manchmal aber auch leer getragen. Der kostbarste und imposanteste Schmuck der Frauen wird nur von den Wohlhabendsten getragen. Es ist dies ein Halsschmuck aus 12 bis 15 großen Platten samt zugehörigen großen Ohrplatten, den „Pedkor".

Essen und Trinken im Sherpaland

Im Solu ermöglichen Klima und Boden zwei Ernten pro Jahr; im Khumbu nur eine. In beiden Landschaften wird im Ackerbau nur der Ritz- oder Hakenpflug eingesetzt, der die Erdschollen nicht wendet, sondern nur aufreißt. Eigentümlicherweise liegen die Sherpas und andere Völkerschaften des Himalaya damit im modernen Trend der Agrarwissenschaft, die bewiesen hat, daß das bloße Aufreißen des Bodens besser als das Wenden ist. Nur die Spitze des hölzernen Hakenpfluges besteht aus Eisenblech. Die Pflüge werden von einem Rinder-Doppelgespann gezogen; noch vor wenigen Jahrzehnten konnte man im Khumbu sogar von Männern gezogene Pflüge sehen. Die Dreschflegel sind einfache Holzkonstruktionen aus natürlich gewachsenem Astmaterial. Auch Mist- und Heugabeln werden aus natürlich gewachsenem Holz gefertigt.

Das Weben ist bei den Bothia und Sherpas sowie in ganz Tibet Frauensache (bei den Hunza z. B., im äußersten Westen des Himalaya, aber Männersache), wobei die beiden weltweit verbreiteten Webstuhlarten, nämlich der einfache „Griffwebstuhl" und der kompliziertere „Trittwebstuhl", in Verwendung stehen. Leider verstehen offensichtlich heute nicht einmal mehr alle Frauen damit umzugehen, denn man sieht es manchen Webstühlen an, daß sie schon jahrelang nicht mehr benützt wurden. Man kauft lieber importierte Stoffe aus Kathmandu und Indien.

Das Spinnen, besser gesagt das Drehen der Handspindel, ist hingegen traditionell Sache der Männer. Sehr häufig wird die Spindel sogar während des Gehens – besonders auf längeren Märschen – gedreht.

Kartoffeln – wichtiges Nahrungsmittel

Man genießt sie vornehmlich auf zwei Arten: Einmal ißt man sie gekocht zu einer Soße aus Lauch, Pfefferoni, Öl und Salz oder man übergießt sie nur mit Milch. Zum anderen werden Kartoffeln häufig zerrieben und auf einem heißen Stein zu einer Art Pfannkuchen gebacken.

Im Solu werden die Kartoffeln im Untergeschoß der Häuser gelagert, im Khumbu geschieht dies wegen der Frostgefahr fast ausschließlich in Erdgruben, die bis zu zwei Meter tief sein können.

Daneben spielt nach wie vor das alte tibetische Grundnahrungsmittel „Tsampa" eine entsprechende Rolle. Es wird bei den Sherpas „Kharpe" genannt und besteht traditionell aus gerösteten Gerstenkörnern, die nicht gemahlen, aber geschrotet, bei trockener Aufbewahrung – etwa in Ledersäckchen – sehr lange haltbar sind. Sie werden mit Buttertee, bei den Sherpas aber auch häufig mit Tschang vermischt, gegessen. Kharpa wird aber auch manchmal aus Mais oder Weizen hergestellt.

Aus normal gemahlenem Weizenmehl werden auch Brotfladen gebacken, und vor allem werden daraus auch die beliebten „Momo", mit Fleisch gefüllte Teigtaschen (ähnlich den Ravioli), hergestellt.

Als Nahrungsmittel spielt Obst für die Sherpas keine Rolle, weil in ihrem Gebiet keinerlei Obstbäume gedeihen. Die guten, mandarinenähnlichen nepalischen Orangen, die „Suntala", werden neuerdings aber natürlich auch bis nach Solu und Khumbu gehandelt und als Luxusware gelegentlich verspeist. Es gibt im Solu aber eine Walderdbeere, die von den Kindern gerne gesammelt wird, sowie auch Himbeeren.

Öl wird aus einer Rapsart gewonnen, und das relativ billige, graue tibetische Steinsalz wird noch immer über die Pässe herübergebracht. Raffiniertes, völlig weißes Salz ist hingegen teuer und kommt aus Indien sowie auch der Tee in verschiedenen Qualitätsstufen. Seit einigen Jahren gibt es allerdings auch recht guten nepalischen Tee.

Die Frischmilch spielt als Getränk nur für Kinder eine gewisse Rolle; sonst wird daraus vor allem Butter und Käse gewonnen. Die Erwachsenen schätzen als Getränk den Tee, den „Tsa" (nepalisch „Tschiya") und im besonderen den Tschang.

Der Tee wird nach tibetischer Art als gesalzener Buttertee – samt einer zugesetzten Prise Soda – getrunken. Dabei wird der Tee mit der Butter in einem eigenen Rührfäßchen, das fast wie ein kleines Stoßbutterfaß aussieht, innig vermischt.

Sehr wichtig ist für die Sherpas aber saure Dickmilch, sogenannte „Karchu", die auch an der Luft getrocknet wird. Sie sieht dann wie kleine graue Steinchen aus und kann als Marschverpflegung leicht mitgenomen werden.

Geschmolzene Butter, sogenanntes „Ghi", wird häufig erzeugt, weil sie länger haltbar ist. Der spätere ranzige Geschmack stört die Sherpas überhaupt nicht. Nicht zu vergessen ist die Butter aber auch als Brennstoff für die Opferlampen in den Tempeln.

Gebuttert wird in einem Stoß- oder Quirlbutterfaß, ähnlich wie das in den europäischen Alpen bis vor wenigen Jahrzehnten noch Brauch war. Aus der Buttermilch, dem Rückstand aus dem Butterfaß, wird ein Weichkäse auf einfachste Art durch Erhitzen und Gerinnen hergestellt.

Hartkäse nach europäischer Art wird in einer Schweizer Käserei bei Thodung im Solu, sowie auch oberhalb von Jiri, in sehr guter Qualität produziert. Dieser Käse wird aber praktisch nur von den Trekkern, aber auch draußen in Kathmandu verzehrt.

Tschang ist nicht nur Getränk, sondern hat auch eine Sozialfunktion

Das tibetische Bier, der „Tschang", spielt bei den Sherpas eine bedeutende Rolle. Es gibt kein Fest oder keine auch noch so bescheidene Gastlichkeit ohne Tschang. Er wird aus Gerste, Mais, Hirse oder Reis hergestellt und ist meist trübe, leicht säuerlich und auch leicht alkoholisch. Wir haben auch schon vollkommen klaren Tschang getrunken, der offensichtlich entsprechend gefiltert war. Tschang hat uns praktisch immer – ohne gesundheitliche Beeinträchtigung – gemundet!

Zu jeder Bierherstellung wird Hefe benötigt. Die Sherpas bereiten sie aus Gersten-, Mais- oder Weizenmehl, das gekocht und getrocknet wird. Der Brei wird mit den Blättern einer hier vorkommenden Beifuß- = Wermut-Art vermischt, die auch als Medizin Verwendung findet. Anschließend gärt diese Mischung und wird dann über Feuer getrocknet. Die fertige Hefe wird sodann in einem Korb am Dachfirst aufbewahrt.

Die Tschang-Bereitung (am beliebtesten ist nach wie vor der Gersten-Tschang) geschieht wie folgt: Das Getreidekorn wird weich ge-

Namche Bazar

kocht, zu einem dicken Brei zerkleinert und mit Hefe vermischt. Das Gemenge wird in einen Topf gefüllt und luftdicht verschlossen. Nach zwei Tagen wird in einen Tonkrug oder in ein Holzgefäß umgefüllt, etwas Wasser beigegeben und völlig luftdicht abgeschlossen. Dann gärt das Bier etwa zehn bis vierzehn Tage lang. Es wird nochmals etwas heißes Wasser beigefügt, und einen Tag später ist das Bier trinkfertig.

Branntwein, der „Rakshi", wird entweder aus Tschang oder aus gemaischten Kartoffeln hergestellt. Das Brennen geschieht nicht mittels Destillierapparat, wie wir ihn kennen, sondern es werden mehrere Tontöpfe unterschiedlicher Größe sowie ein Kupferkessel über- und ineinander gestellt (siehe Abb., S. 17). Im untersten Behälter wird gekocht, im obersten mit Hilfe von kaltem Wasser destilliert. Die gesamte Vorrichtung nimmt sehr wenig Platz ein und ist erstaunlich wirkungsvoll. Bezüglich der Qualität sind aber meist Vorbehalte angebracht, denn der gesundheitsschädliche Vorlauf wird zum Beispiel kaum weggeschüttet.

Der Tourismus hat das Leben der Sherpas stark verändert

In den letzten zehn Jahren sind in Khumbu mehr als 50 % der Familien in irgendeiner Weise mit dem Tourismusgeschäft verbunden worden. Vor allem als Betreuer und Organisatoren von Trekkingtouren und Expeditionen sind sie heute in ganz Nepal unentbehrlich. Sie arbeiten hier besonders als „Sirdar", das sind die Chefs der Trägergruppen, wenn sie schon eine gewisse Erfahrung haben und vor allem einigermaßen gut englisch sprechen.

Vor dem Zweiten Weltkrieg und am Beginn der fünfziger Jahre waren die Sherpas nur als Hochträger bei Expeditionen und als sehr gute Bergsteiger bekannt. Rekrutiert wurden sie damals noch alle in Darjeeling im benachbarten Indien bzw. Sikkim, weil bis 1952 Nepal für Fremde gesperrt war. Schon früh hatten sich Sherpas in Darjeeling und im benachbarten Kalimpong als Händler niedergelassen, und so ist dort langsam eine Sherpa-Kolonie entstanden.

Früher konnte ein wenig bemittelter Sherpa sein Leben lang arbeiten und brachte es dennoch kaum zu eigenem Land oder genug Geld, um einen eigenen Hausstand zu gründen. Ein erfolgreicher Höhenträger bei einer Expedition konnte aber in einer einzigen Saison so-

Wochenmarkt in Namche Bazar

viel verdienen, daß er sich sein erstes Stück Land kaufen oder mit einer kleinen Summe in ein Handelsgeschäft einsteigen konnte. Ein besonderes Beispiel dafür ist etwa der berühmte Tenzing Norgay, der Gefährte Hillarys bei der Ersteigung des Mt. Everest. Er stammte aus einer zugewanderten tibetischen Khampa-Familie und arbeitete dann mehrere Jahre bei einer reichen Sherpa-Familie, ehe er es durch seine große Leistung zu Ansehen und Geld brachte.

Die Zahl der Touristen und Bergsteiger nimmt in Khumbu noch immer zu, besonders seit der kleine Flugplatz in Lukla eröffnet wurde. Die Sherpas haben darauf reagiert und eine große Anzahl von „Hotels" und „Lodges" gebaut. So findet man heute besonders in Namche viele neue Häuser. Früher mußte man noch selbst seinen Schlafsack und eine Luftmatratze mitbringen; heute gibt es aber auch schon einfache echte Hotelzimmer.

Seinerzeit war jeder Fremde ein „Gast" in den Sherpa-Häusern. Heute wird natürlich ein entsprechendes Entgelt verlangt, und manche Sherpas glauben wohl auch, daß jeder Westliche unermeßlich reich sei, kann er sich doch den teuren Flug leisten und nur zum Vergnügen im Himalaya herumstreifen.

So wie etwa bei uns in den Alpen, wo viele Bauernfamilien sich ein wichtiges Zubrot durch die Aktion „Urlaub am Bauernhof" verdienen, nehmen auch die Sherpa-Familien Fremde gegen Bezahlung in ihren Familienverband auf. Dort wie da zehrt das aber auch oft gewaltig an der Familiensubstanz, an der Privatsphäre.

Nicht wenige Sherpas haben nun auch ihren Hauptwohnsitz nach Kathmandu verlegt, wo sie zum größeren Teil allerdings in beengten Verhältnissen, ähnlich wie die einheimischen Newari leben. Manche bewohnen aber regelrechte Nobelvillen (für nepalische Begriffe) in Bodnath. Sie kommen dann nur noch während des Monsuns, wo es fast keinen Tourismus gibt, in die Sherpadörfer zurück; besonders zum „Dumje-Fest" im August.

Unter der Vielzahl von Trekkingagenturen (Travel Agencies) in Kathmandu gibt es zwei große, die direkt Sherpas gehören: „Sherpa Cooperative Trekking" und „Mountain Travel". Daneben existieren aber auch noch viele kleinere, die jede von einigen Sherpas betrieben wird, die dann teileise selbst als Sirdar agieren.

Trotz dieser Entwicklung muß heute festgestellt werden, daß viele der im Tourismus engagierten Sherpas noch immer zu wenig englisch sprechen können und glauben, mit ein paar Brocken auch als Sirdar durchzukommen. Das hat nicht zuletzt dazu geführt, daß die Agenturen nun auch immer mehr Tamang und auch Rai – wenn sie die englische Sprache einigermaßen beherrschen – als Sirdar für

Trekkingtouren außerhalb der Sherpagebiete anstellen. Diese bezeichnen sich dann den Fremden gegenüber „illegalerweise" auch als „Sherpa", weil man sich darunter etwas Positives vorstellt. Aus eigener Erfahrung können wir berichten, daß sich solche „Pseudo-Sherpas" aber durchaus gut bewähren.

Seit einigen Jahren führen Sherpas darüber Klage, daß nun auch immer mehr junge Trekker kommen, die ihr Gepäck selbst tragen. Aber gerade dieser Bewegung kommen ja die vielen neuen „Lodges" an den Trekkingrouten entgegen.

Eine Entwicklung im Zusammenhang mit der Tourismussituation und der dadurch ausgelösten längeren Abwesenheit der Männer stimmt verantwortungsvolle Sherpas neuerdings nicht zu unrecht bedenklich: Die Geburtenrate ist in den letzten beiden Jahrzehnten deutlich gesunken, und bei Volkszählungen zeigt sich auch ein Überhandnehmen unverheirateter Frauen in Khumbu.

Keine Waldverwüstung im Khumbu!

Mehrmals waren in den letzten Jahren Berichte durch die Medien gegangen, daß es im zentralen Gebiet der Sherpas durch den stark angestiegenen Tourismus zu gravierenden Abholzungen und Waldverwüstungen gekommen sei. Immerhin zählte man in der Saison 1994/95 im Khumbu an die 13.000 Trekkingtouristen. Alle diese Berichte sind aber falsch oder maßlos übertrieben, wie man sich vor Ort selbst überzeugen kann.

Die Trekker kochen heute ausnahmslos mit Kerosin, aber die Sherpas und auch die vielen Verwaltungsbeamten (Nationalpark, Polizei, Sozialdienste) kochen nach wie vor mit Holz. Hier hat sich allerdings in den letzten 20 Jahren viel verändert, weil die Sherpas nun fast überall holzsparende Stein- und Lehmöfen eingebaut haben, nachdem ihr „Waldgewissen" durch die Aufrufe von Sir Hillary's Himalaya-Stiftung und anderen Institutionen doch entsprechend wachgerüttelt worden war.

Eine weitere Verbesserung der Situation ist die Stromversorgung der Orte Namche, Kumjung, Khumde und Thami. 1995 wurde in Thami das neue Elektrizitätswerk der Österreichischen Entwicklungshilfe in Betrieb genommen, das nunmehr 500 Haushalte mit Strom versorgt, der auch zu einem kleinen Teil zum Kochen verwendet wird.

Bretter, Balken und Holzpfosten für den Hausbau werden auf Grund der strengen Nationalparkregeln heute ausnahmslos außerhalb von Khumbu in den tiefer gelegenen Waldzonen geschlägert und – wie wir uns selbst bei unserem letzten Besuch im Frühjahr 1996 überzeugen konnten – in langen Kolonnen von Lukla nach oben getragen. In diesen Bereichen von 3.000 Metern Seehöhe und darunter ist bei vernünftiger Einzelstammnutzung die Waldsubstanz nicht gefährdet.

Als objektive Zeugen für das Ausbleiben der Waldverwüstung seien unter anderen genannt: der Völkerkundler Stanley F. Stevens, die Geographin Barbara Brower und der Himalaya-Experte Charles Houston.

Der Sagarmatha-Nationalpark

Vor allem auf Betreiben und mit Unterstützung Sir Edmund Hillary's aus Neuseeland gelang es 1976, den Sagarmatha-Nationalpark im Khumbu zu gründen. Der Park dehnt sich auf 480 Quadratmeilen aus. Die Hauptanliegen der Verwaltung beziehen sich auf die Kontrolle der Aktivitäten des Tourismus, auf den Schutz der bestehenden Wälder und auf die Aufforstung.

Die meisten Sherpas verstehen die Einschränkungen zur Brennholzgewinnung, aber das Verbot der Waldweide für Ziegen und Rinder, die vor allem beim Jungwuchs der Bäume enormen Schaden anrichten, will nicht recht in ihre Köpfe.

Besonders die kahlen Hänge über Namche Bazar mußten wegen Lawinen- und Erdrutschgefahr durch Spezialaufforstungen geschützt werden, und hier gilt in einem großen Bereich Weideverbot, was die Leute überhaupt nicht verstehen wollen.

Ein gewisses Problem stellt auch das Jagdverbot im Nationalpark dar. So fressen angeblich die sich stark vermehrenden Fasanen an manchen Stellen die jungen Kartoffelpflanzen und ähnliches. Hier müßten wohl die Gesetze den örtlichen Bedürfnissen besser angepaßt werden.

Viele Sherpas beklagen sich auch über die größere Zahl von Chetri und Brahmanen, die sich nun als Polizisten und Verwaltungspersonal für den Nationalpark (etwa 30 Personen) in Khumbu aufhalten und sich entsprechend wichtig nehmen. *„Eigentlich tun sie nichts anderes, als wir früher in Eigenverantwortung selbst vollzogen haben"*, sagen die Sherpas.

Moderne Schulbildung hält im Sherpaland Einzug

Schon vor Jahrzehnten konnten erstaunlich viele Sherpas lesen und schreiben – allerdings nur tibetisch. Sie lernten dies in den wenigen Klöstern oder vom Dorf-Lama.

Expeditionsbergsteigen und Tourismus verlangten aber immer mehr Personen, die auch nepalisch und englisch sprechen und schreiben konnten. Noch ehe sich in den sechziger Jahren das allgemeine Schulsystem Nepals auch auf die Sherpagebiete auszudehnen begann, startete Sir Hillary, der den finanziell gut dotierten „Himalayan Trust" ins Leben gerufen hatte, das erste Schulprojekt in Khumbu.

Er baute 1961 eine Volksschule in Khumjung, und wenig später folgten Schulen in Pangboche, Thami und Rolwaling. Der Himalayan Trust und das Unterrichtsministerium in Kathmandu begannen zusammenzuarbeiten, und seither werden Lehrer im Sherpagebiet teilweise von beiden Institutionen bezahlt.

1983 wurde die Schule in Khumjung auf den Standard einer „Secondary School" angehoben. Damals waren dort an die 300 Schüler, zwei Drittel Knaben, ein Drittel Mädchen, eingeschrieben, und sie kamen auch aus weit entlegenen Dörfern.

Die Schule hat inzwischen zehn Stufen. Ab der 6. Schulstufe muß Schulgeld bezahlt werden; der Himalayan Trust sorgt für entsprechende Stipendien. Einer der Absolventen ist derzeit zum Beispiel erfolgreicher und allgemein anerkannter Chef der Nationalparkverwaltung.

Der Yeti ist im Sherpaland daheim

Seit vielen Jahrzehnten geistert das rätselhafte Fabelwesen des menschenähnlichen Halbaffen, des „Yeti", durch die Medien. Man erhoffte sich, mit ihm vielleicht sogar ein Zwischenglied in der Abstammungsgeschichte des Menschen zu finden.

Die Sherpas nennen „Yeti" eine Gruppe von koboldartigen Fabelwesen und haben öfters gegenüber den Expeditionsbergsteigern bei unbekannten Spuren im Schnee – wahrscheinlich eher im Spaß – diese als Yeti-Fährten bezeichnet. Dazu muß man wissen, daß Spuren im Schnee in der Sonne sich häufig stark vergrößern.

Die Sherpas kennen für den Yeti aber auch noch eine andere Benennung, und zwar „Dred", und bezeichnenderweise wird der im Sherpagebiet vorkommende „Rote Schneebär" (Ursus isabellinus) ebenfalls „Dred" genannt. Er hält sich in den völlig unzugänglichen Schluchtwäldern im Südteil von Khumbu auf. So sind also Legende und zoologische Bezeichnung schon vor langer Zeit ineinander geflossen.

Man hat Europäern schon öfters angebliche Yetiskalps und Felle vorgelegt, es hat sich aber bei genauer Prüfung noch immer herausgestellt, daß sie von Bergziegen stammten.

In der Vorstellungswelt der Sherpas existieren die Yetis aber, und zwar besonders in der bösartigen Form des „Yeti-Miti". Diese Yetiart besitzt rotes Haar, das zottig über das Gesicht herabfällt. Seine Füße sind nach rückwärts gerichtet, so daß man immer einer falschen Spur folgt.

Die Yeti-Miti sind Menschenräuber, und die Miti-Männer rauben gerne Sherpa-Frauen, die sie dann allerdings gegen ihre eigenen eifersüchtigen Weiber verteidigen müssen.

Früher, so glauben viele Sherpas, lebten ganz viele Yetis in den Tälern des Khumbu. Probleme gab es erst, als sie begannen, Menschenfleisch zu essen. Da Sherpas als guten Buddhisten jegliches Töten verboten ist, griffen sie zu einer List. Sie führten den Yetis an geeigneter Stelle ein Saufgelage vor und taten so, als würden sie sich alle mit (nachgemachten) Schwertern umbringen. Im Dunkel der Nacht schlichen sie sich davon und stellten große Fässer mit Tschang (Reisbier) auf. Dazu legten sie echte Schwerter. Die Yetis, die das ganze Theater beobachtet hatten, machten den Sherpas alles nach und brachten sich tatsächlich gegenseitig um. Nur einer überlebte. Den schlugen sie dann doch noch tot. Von ihm soll der Skalp in Khumjung stammen.

Durch Solu-Khumbu zum Mount Everest-Basislager

Diese klassische Trekkingroute wird mit Recht viel begangen, führt sie doch nicht nur zum höchsten Berg, sondern auch in eine der schönsten Berggegenden der Erde.

Viele neue Unterkünfte, sogenannte „Lodges" und „Hotels" sind in den letzten zehn bis fünfzehn Jahren hier entstanden. Sie stören aber im Landschaftsbild überhaupt nicht, da sie praktisch ausnahmslos in der Tradition der Sherpahäuser errichtet sind.

Dadurch ist es den Einzeltrekkern bis weit ins hintere Khumbu hinein möglich, Unterkunft zu finden und auf die Mitnahme von Zelten zu verzichten. Gerade deshalb sind aber die Zeltplätze, wenn man von einigen Engstellen – wie Tengpoche – absieht, nicht überfüllt. Überhaupt trifft man auf dieser klassischen Trekkingroute, die nach der Annapurna-Runde die meistbegangene ist, längst nicht soviele Fremde wie man vielleicht befürchtet.

Ziemlich einsam ist es im ersten Streckenabschnitt, im „Solu", weil doch die Meisten gleich nach Lukla fliegen und erst dort ihr Trekking beginnen. Wer sich aber eine Woche mehr Zeit nimmt und die abwechslungsreiche und interessante Landschaft des Solu erleben will, hat auch noch den Vorteil der weit besseren Höhenanpassung, als bei einer Landung im 2.800 Meter hohen Lukla mit dem Flugzeug.

Durch den unteren Teil des Solu

Nur an die sechseinhalb bis acht Stunden (je nach Verhältnissen) beträgt die Fahrt von Kathmandu über Lamosangu (bei Barabise) nach Jiri. Dies ist dank der vorzüglichen „Schweizerstraße" möglich. (Nähere Daten über diesen Straßenabschnitt sowie über Jiri im Kapitel „Rolwaling", S. 54)

In Jiri gibt es gute Zeltplätze und auch saubere Lodges, so daß man die erste Nacht unterwegs jedenfalls gut verbringt.

Von Jiri steigen wir durch Bestände von Tränenkiefern und später durch Rhododendren, zwischendurch auch vorbei an Ackerterrassen, gemächlich auf den ersten Paß hinauf. Manimauern und Gebetsfahnen begrüßen uns hier in 2.400 Metern, denn wir sind ja nun schon im Land der buddhistischen Sherpas. Im Hintergrund taucht auch schon in der Eisgestalt des 7.000 Meter hohen Nimbur der Himalya-Hauptkamm vor uns auf.

Über den kleinen Ort Mali steigen wir drüben durch schöne Terrassenfelder in das Tal des Khimti Khola bis nach Shivalaya auf 1.840 Meter ab. Hier gibt es am Rand des Dorfes mehrere schöne Zeltplätze.

Deoralipaß und Thodung Ghompa

Auf einem Hangrücken mit Terrassenfeldern, auf denen jetzt im April der Weizen schon schoßt, und vorbei an netten Häusern geht es stetig aufwärts. Wir erreichen einen breiten Rücken mit mehreren „Hotels" und bald darauf auch oberhalb eine Serie von sechs Manimauern mit hübsch ziselierten Steinen sowie mehrere Gebetsfahnengruppen. Wir haben den Deoralipaß (2.700 m) erklommen.

Von hier lohnt sich der Abstecher zur Thodung Ghompa, die man in einer Dreiviertelstunde erreicht. Diese hübsche kleine Ghompa, die vom Ort Bandar aus von Rotmützen betreut wird, ist erst 50 Jahre alt und wird nur als eine Art „Kapelle" benützt.

Eine zentrale Tschenresi-Figur, flankiert von Buddhastatuen, steht am Altar. Ein kompletter Kandjur ist vorhanden, und die interessanten Wandfresken wurden dankenswerterweise vor wenigen Jahren recht gut renoviert.

Wir kommen bei unserem letzten Besuch (im Frühjahr 1996) zur Totenzeremonie einer Familie zurecht, nachdem unten in Bandar die Ghompa gerade neu gebaut wird. Es wird soeben die sogenannte „14-Tage-Zeremonie" zelebriert.

Die erste Opferzeremonie geschieht nach sieben Tagen und die folgenden bei wohlhabenden Familien alle weiteren sieben Tage, bis die 49 Tage des Zwischenzustandes, in dem sich die Seele einen neuen Wohnsitz zur Wiedergeburt sucht, erfüllt sind.

Es waren in der Ghompa zwei Lamas und acht junge Novizen anwesend; sie alle erhielten als Opfer-Präsent von der Familie ein Lebensmittel-Geschenkpäckchen überreicht.

Außerdem wurden am Altar sehr schön verzierte Tormas (kegelförmig geformte Opfergaben) aus Reismehl und Butter aufgestellt. Dann setzten lange Gebete mit musikalischer Untermalung durch Sangdungs, Kanglings und Becken ein. Die Familienangehörigen lassen es sich nicht nehmen, auch uns, die wir dem Gottesdienst interessiert beigewohnt haben, mit Lebensmittelgaben zu beschenken.

Wir steigen wieder zum Deoralipaß ab; vorbei an herrlichen rot und rosa blühenden Rhododendren sowie der langstieligen, lila blühenden Himalayaprimel. Nicht sehr weit ist es nun hinunter auf die fruchtbare Hochebene von Bandar, vorbei an blitzsauberen, weißgetünchten Sherpahäusern mit blauen Fensterrahmen.

Zwei große, stupaähnliche Tschorten mit aufgemalten Buddhaaugen stehen neben der gerade abgerissenen Ghompa. Wir beziehen unser Zeltlager am Dorfrand (2.080 m) auf einer großen Weidefläche in der Nähe mehrerer „Restaurants“ und Lodges, die sogar „Hot Shower“ anbieten.

Durch blühende Rhododendren zum Lamjura La

Wir steigen nun etwa drei Stunden im mäßig fallenden Gelände ab bis Kenja (1.640 m) mit seinen vielen Sherpa-Hotels und einer gepflasterten Hauptstraße, die an Marpha im Kali Gandaki-Tal erinnert. Sogar eine Bäckerei gibt es hier. Smaragdgrün schäumt der Fluß neben uns; der markante Numbur ist in einem Taleinschnitt zu sehen. Was wir an Höhe verloren haben, müssen wir gleich anschließend wieder gutmachen und steigen durch das teils bewaldete, teils landwirtschaftlich genutzte Terrassenland hinauf zu den Häusern von Sete (2.550 m), wo es auch schöne Campingplätze gibt.

Die Ghompa von Sete ist leider halb verfallen (1996). Nur einige Fresken im Zimmer des Wächters und restaurierungsbedürftige Malereien im großen Raum des Gebetszylinders sind zu sehen.

Der Weiterweg führt uns in größere Höhen. Zuerst folgt ein hübscher Aufstieg zu einem oberhalb liegenden Weiler, und dann geht es über einen voll mit Rhododendren bewachsenen Rücken mäßig steil hinauf.

Wir kommen zu Mitte April gerade zur Rhododendronblüte zurecht. Die meisten Büsche und Bäume blühen rosarot und weiß; höher oben dann dunkelkrot – ein Fest für die Augen!

Bei einem kleinen Rasthaus (3.300 m), wo es das letzte Wasser unterhalb des Passes gibt, machen wir mit Blick auf den Nimbur Mittagsrast. Von hier ist es nicht mehr weit auf den Lamjura-Paß (3.500 m).

Drüben geht es zuerst steiler, später flacher abwärts zum Weiler Tragdobuk (2.800 m). Wir tauchen hier in eine prachtvolle Rhododendronblüte mit den verschiedensten Farbabstufungen ein; ein wahrer Blütenrausch!

Leider können wir nicht allzulange verweilen, denn heute haben wir noch einen längeren Abstieg bis hinunter nach Junbesi vor uns. Vorbei an in die Felsen am Weg gehauenen Mani-Symbolen blicken wir bald auf Junbesi, das Zentrum des Landstrichs Solu, hinunter.

Vorher lohnt es sich aber noch, die neu errichtete Ghompa von Serlo, die oberhalb des Ortes gebaut wurde, zu besichtigen.

Die Dorfghompa von Junbesi ist der zentrale kultische Platz

Die Ghompa liegt genau im Mittelpunkt des Ortes und überragt mit ihren drei Dächern alle anderen Bauten. Ein Vorbau umgibt den Tempelhof auf drei Seiten. Mitten im Hof steht der Gebetsfahnenmast. Rings um den Innenhof verläuft eine zweigeschoßige Galerie, auf der bei den großen Festen die Besucher Platz finden.

Breite Steintreppen führen zum Hauptbau des Tempels, dem Lhakhang, empor. Nur der diensthabende Wächter besitzt den riesigen Schlüssel für das uralte Vorhängeschloß zum zweiflügeligen Eingangstor. Zwei lange Reihen von niedrigen Lesepulten der Lamas führen nach vorne, zum zentralen Punkt der Ghompa, den die große vergoldete Statue des „Hopome“, des Dhyani-Buddha „Amithaba“ einnimmt.

Er ist der „Herr des endlosen Lichtes“. Nach dem Weltbild der höher gebildeten Lamas vollzieht sich das Sein auf drei verschiedenen Ebenen: Die höchste ist für unsere Vorstellungen nicht zugänglich. Dort verharrt die Erkenntnis in sich selbst; gleichsam in ungetrübt strahlendem Licht. Das ist das Reich des Buddha Amithaba. Die Sherpas nennen ihn „Hopome“ und setzen ihn dem historischen Gautama Buddha gleich.

Zur rechten der Hauptfigur steht die schneeweiße Gestalt des so überaus beliebten Tschenresi (Avalokiteshvara), des sich erbarmenden Gottes mit den tausend hilfreichen Händen. Die Dalai Lamas gelten übrigens als freiwillig auf die Erde zurückgekehrte Wiedergeburten, als Boddhisatvas, dieser Gottheit.

Padmasambhava ist die zentrale Figur in der Ghompa von Namche

Zur linken Seite der zentralen Buddhafigur sitzt der hochverehrte, große Lehrer Guru Rimpoche (Padmasambhava). Mit den weitgeöffneten, beschwörenden Augen des Magiers scheint er die Gläubigen direkt anzublicken. In der linken Hand hält er immer den Dreizack der obersten Hindugottheit Shiva (womit seine Herkunft aus der indischen Götterwelt bekundet wird) und in der rechten meist eine Schädelschale.

An den Seitenwänden sind die 108 Bände des tibetischen Katechismus, der „Kandjur", sowie der Kommentar dazu, der „Tandjur", gestapelt.

Aus dem bizarren Schnitzwerk der dachtragenden Säulen fällt besonders das dämonische Antlitz „Tsingopathas", des „Herren der Erdbeben" auf. Aber auch „Norbu", der magische Wunschedelstein wird immer wieder dargestellt.

An den Wänden gilt es, großartige Fresken zu bestaunen, deren Darstellungen von mild lächelnden Buddhafiguren bis zu den grauenhaften Dämonenfratzen reichen. Sie sind allesamt als Kultobjekte und nicht als Verzierung der Wände zu verstehen.

Auf der linken Längswand der Ghompa fällt besonders „Tordju Tüdong" mit seinen dreimal sieben Köpfen auf. Diese alte Bön-Gottheit wird hier in der Yab-Yum-Stellung, das heißt in der sexuellen Vereinigung mit seiner göttlichen Partnerin gezeigt. Er ist der Schirmherr der geistig Strebenden und symbolisiert auch das ewige Spannungsfeld auf Erden, welches alles Leben beherrscht und in Gang hält.

An anderer Stelle ist „Dorje Phurba" mit seinen 51 Trabanten dargestellt. Diese blau bemalte tantrische Gottheit unterdrückt in ihrem wilden Tanz gleichzeitig Gott Shiva und seine weibliche Entsprechung; beide Figuren krümmen sich unter den Füßen der Gottheit. Damit wird der Sieg des Lamaismus über den Hinduismus dargestellt.

Eine Vielzahl weiterer Götterfiguren blickt von den Wänden. So etwa die 58 „Thagtug", umgeben von Kränzen lodernder Flammen, die „Trinker des Blutes der Leiden". Oder die fünf „Thöpä Lhamu", die „Göttinnen des Gebets", aber auch die schneeweiße Berggöttin „Tseringma", die auf ihrem Schneelöwen reitet.

Der Einzug der modernen Zeit hat auch vor Junbesi nicht haltgemacht, so gibt es neben den „Restaurants" und Lodges auch ein Telefon im Ort, das drahtlos über eine große Satellitenschüssel funktioniert. Ein Versuch unsererseits ist aber an der gerade nicht arbeitenden Stromquelle gescheitert.

Erster Everest-Blick und Abstieg auf 1.500 Meter

Nach Junbesi steigt der Weiterweg wieder stetig längs der Bergflanken an, und wir genießen den netten Anblick des Kulturlandes der Solu-Sherpas mit den schmucken, weißgetünchten, meist zweistöckigen Häusern.

Erstaunlich viele Maulesel- und Pferdekarawanen sind unterwegs. Bei unserem ersten Besuch im Gebiet – vor rund 20 Jahren – gab es das überhaupt nicht, weil viele Brücken nur für Fußgänger zu passieren waren. Diesbezüglich hat sich sehr viel zum Besseren verändert.

Bald nach Junbesi gelangen wir zur „Everest-View-Lodge" (2.990 m) mit einem ersten Blick zur Himalaya-Hauptkette und wie der Name auch richtig sagt, zum „Allerhöchsten".

Nun folgt ein sehr hübscher, gut trassierter Weiterweg längs der Flanken bis hinunter zum Sor Khola und drüben mäßig ansteigend längs breiter Ackerterrassen hinauf in den Ort Ringmo mit seinem großen Tschorten und den Apfelplantagen. Ein findiger Sherpa verkauft hier nicht nur seine Äpfel, sondern erzeugt auch Apfelwein, Apfelbrand und Dörrobst.

Wir verlassen die sympathische Streusiedlung und steigen durch wiederum wunderbar blühende Rhododendronwälder zum Tragshindopaß (3.020 m) hinauf.

Nach nur 15 Minuten Abstieg auf der anderen Seite stehen wir schon vor der im Jahre 1955 neu erbauten Tragshindo Ghompa. Die Wandmalereien zeigen vor allem tantrische Gottheiten in der „Mystica Unia", in der „Rasenden Umarmung", die den Anfang und das Ende, das Plus und das Minus, Yan und Ying, bedeutet. Die kleine zentrale Figur am Altar stellt Buddha Shakyamuni dar; auch ein Kandjur ist vorhanden.

Der folgende Abstieg ist nicht unangenehm und führt bequem hinunter nach Numtala (2.230 m). Der Ort ist für seine Papiererzeugung (natürlich handgeschöpft; Rohmaterial ist eine hochwüchsige Seidelbastart) sowie durch eine kleine Teeplantage bekannt.

Nun heißt es nochmals tief abzusteigen, aber der Pfad ist recht angenehm zu begehen. Es geht hinunter zum Dudh Kosi, zum „Milchfluß" („Gletschermilch") bis auf 1.530 Meter.

Der nächste Tag führt uns längs der Bergflanken hinauf auf eine Geländekante in der Nähe des Khari La (2.900 m) und drüben mäßig abwärts über bewaldete Rücken bis Poyan (2.770 m). Es folgt eine mäßig ansteigende Hangquerung – tief unter uns immer der wilde Dudh Kosi – bis auf 2.800 Meter und in der Folge ein Abstieg in ein Seitental bis hinunter nach Surkey auf 2.300 Meter.

Hier befinden wir uns mehr oder weniger schon unterhalb von Lukla; schon über längere Zeit sehen wir die Großraumhubschrauber landen und starten.

Der nächste Tag bringt uns einen bequemen Aufstieg hinauf nach Chaurinkharka (2.660 m), das direkt unterhalb von Lukla auf einem geneigten Plateau – angesichts des Kongde Ri – liegt.

Weit verstreut stehen die Häuser um die kleine Ghompa, mit Padmasambhava als Zentralfigur und einer Anzahl hübscher Thankas, die bemerkenswerterweise in Seiden-Appliquearbeit gefertigt sind. Stupatschorten und Manimauern stehen rundum.

Bei unserem letzten „Solu-Khumbu-Trekking" ist unser Sherpaführer, der Sirdar, hier zuhause und lädt uns in sein Haus ein. Sofort werden wir in die Familie aufgenommen und natürlich entsprechend bewirtet. Der Bruder des Sirdars betreibt im Nachbarhaus eine kleine Touristen-Lodge.

Wir wenden uns nach Norden

Eine mächtige Hängbrücke quert den Dudh Kosi, der tatsächlich milchig ist. Durch terrassiertes Land geht es nun endgültig (wenn man von einigen kleineren Zwischenabstiegen absieht) aufwärts. Hier – im subtropischen Bereich – stehen sogar wieder Bananenstauden vor den strohgedeckten Gurung-Häusern. Kurioserweise sitzt hier auch ein Schneider bei seiner Arbeit mitten am Weg; ein typisches Bild des südnepalisch-indischen Kulturkreises, der genau mit den Höhenschichtlinien verläuft. Die Sherpas siedeln aber gleich wieder oberhalb in Höhen ab etwa 2.200 Metern.

In 1.900 Metern, nun bereits hoch über dem tief eingeschnittenen Dudh Kosi, erreichen wir wieder das erste „Restaurant". Eine halbe Stunde geht es von hier steil hinauf auf den kleinen Paß von Kharikhola und drüben in das gleichnamige Dorf hinunter. Kharikhola ist relativ groß und kann sogar mit einem neuen Krankenhaus aufwarten. Nochmals steigen wir steil aufwärts, um schließlich Bhupsa mit seiner kleinen Ghompa zu erreichen.

Wir nähern uns dem Khumbu

Hier oben in Chaurinkharka ist schon die eindrucksvolle weite Hochgebirgslandschaft des Khumbu zu spüren.

Nun fast schon auf dem Niveau des Dudh Kosi, wandern wir vorbei an Manimauern, Tschorten und auch immer wieder frisch mit dem *„Om mani padme hum"* bemalten Felsblöcken über Almen und neben Terrassenäckern bis zum kleinen Ort Phakding im engen Flußtal. Vor 20 Jahren standen hier zwei bescheidene Bauernhäuser, jetzt sind es an die zehn Lodges und mehrere gut planierte Zeltplätze.

An einer durch Lawinen und Steinschlag bedrohten Stelle sind etwa 25 Gebetsfahnen aufgestellt, und auch hier sind viele Felsblöcke mit dem Mani-Mantra verziert. Eine halbe Stunde oberhalb des Ortes steht die hübsche Ghompa. – Mäßig steigend geht es im engen Tal, vorbei an wenigen Äckerchen zwischen Steinmauern, hinauf nach Monja. Gegen Ende April blühen gerade die Äpfel, Pfirsiche und Kirschen ganz reizend.

Ghompa Namche Bazar

Gleich oberhalb gibt es im Tal eine Engstelle, und hier befindet sich auch der „Eintritt“ in den Nationalpark (1996 betrug die Gebühr 650,– Rupien); auch die Trekking-Permits werden kontrolliert. Zwei Brücken überqueren den Dudh Kosi, der mit seinen Schottermassen das enge Tal voll ausfüllt. Viele Träger mit allen möglichen Lasten, vor allem aber mit Bauholz, sind unterwegs. Innerhalb der Nationalparkgrenzen darf ja nur in Ausnahmsfällen Holz gefällt werden, und so kommen die Bretter und Bohlen vor allem aus den Wäldern rund um Lukla. Oben in Namche wird nach wie vor sehr viel gebaut. Auch Tragtiere – nun besonders Yaks und Zopkios – sind vor allem gegen Wochenende in größerer Zahl unterwegs. Die Händler bringen Reis und viele andere Waren hinauf zum wöchentlichen Samstag-Markt nach Namche Bazar. (1996 wurde der Reis in Namche mit 40 Rupien pro kg verkauft, und die Händler sprachen von einem Reingewinn von acht Rupien pro kg.)

Ein Stück geht es noch hinter Monjo flußaufwärts, dann wird der Fluß gequert, und nun folgt ein zwei- bis zweieinhalbstündiger, steiler Aufstieg hinauf nach Namche Bazar (3.400 bis 3.500 m).

Der große Ort macht gar keinen so schlechten Eindruck, wie er sich in die uhrglasförmige Mulde hineinduckt. Wir waren – wie gesagt – schon vor 20 Jahren das erstemal hier und fürchteten, 1996 enttäuscht zu werden. Das war aber nicht der Fall. Viele Häuser wurden verbessert und aufgestockt und nicht wenige wurden neu gebaut; aber alles blieb im Rahmen.

Namche Bazar, das Handelszentrum der Sherpas

Hierher kommen sie aus Thami, Khumde, Khumjung, Pangboche, Dingboche und Phortse jeden Samstag zum Markttag. Hier werden nicht nur Handelsgüter verkauft und gekauft, sondern auch Neuigkeiten ausgetauscht und Verabredungen getroffen.

Hufeisenförmig schmiegen sich die Häuser an die Berglehne, und nach Südwesten ist das Halbrund zum beeindruckenden Massiv des Kongde Ri (6.187 m) hin geöffnet. Im Osten bauen sich die Eisgrate von Tamserku (6.623 m) und Kangtega, des 6.679 m hohen „Yaksattels“, über den Marktflecken auf.

Für die Touristen werden in der kleinen Bazarstraße von Namche praktisch nur Souvenirs angeboten; vieles kommt von Kathmandu und ist dort auch billiger. Daneben kann man sich in einigen Läden aber auch mit Bergsteiger-Bekleidung, Schlafsäcken usw. voll eindecken; meist sind es Überbleibsel von Expeditionen.

Das Angebot an Restaurants ist beachtlich und wird seit einigen Jahren durch eine „Deutsche Bäckerei und Konditorei“ gekrönt. Als Positivum der „technischen Zivilisation“ muß man den elektrischen Strom und auch ein funtionierendes Satellitentelefon mit weltweiter Durchwahlmöglichkeit ansehen!

Haben wir vor 20 Jahren noch in unseren Zelten geschlafen, so lassen wir uns diesmal eine gute Lodge mit sauberen Pritschen und Matratzen bei bester Verpflegung und warmem Wasser zum Waschen nicht entgehen; nach vielen Zeltnächten tut das immer gut.

Die kleine Ghompa von Namche ist absolut sehenswert; sie ist mit alten Figuren und schöner Wandmalerei gut ausgestattet. Nicht wenige der wohlhabenden Sherpas holen sogar ständig Lamas in ihre Privatkapellen für ausgedehnte Zeremonien. Unsere Hausfrau war mit ihrem Mann, einem bekannten Bergsteiger und Expeditionsbegleiter, sogar 1994 schon am Kailash in Tibet auf Pilgerfahrt.

Die Sherpas von Namche pflegen ihre Tradition recht gewissenhaft; zweifellos hat hier das Interesse der Touristen für den tibetischen Kulturkreis viel Positives beigetragen.

Nicht versäumen sollte man einen Besuch des Nationalparkmuseums oberhalb von Namche. In dem Neubau werden Pflanzen – und Tierwelt, Geologie und Kultur auf Farbtafeln und Fotos gezeigt und auch Wandmalereien aus den Ghompas der Gegend erläutert.

Reisen und improvisieren liegt den Sherpas im Blut

Monatelang waren sie früher als Händler unterwegs, monatelang sind sie heute mit Trekkinggruppen und Expeditionen von daheim fort. Sie haben das improvisierte Campen – notfalls in einer Höhle, unter einem überhängenden Felsen, in einer Almhütte oder im Zelt – aber auch das Kochen unter oft widrigsten Umstanden zur Meisterschaft entwickelt. Sie lieben offensichtlich das Erforschen neuer Pfade im Bergurwald, das Überqueren einer unbekannten Paßhöhe.

Auch die Sherpafrauen, die Sherpani, stehen den Männern darin in nichts nach. Sie sagen: *„Orte, die man nicht kennt, soll man besuchen; Speisen, die man nie gegessen hat, soll man versuchen“.*

Die Sherpas freuen sich, Gastfreundschaft zu gewähren. Niemals bedarf es der Anmeldung eines Besuches. Den Mitmenschen gegenüber sind die Sherpa unglaublich offen; gleichgültig welcher Herkunft und Religion. Sie teilen gerne mit Anderen Mühen und Freuden von ungewöhnlichen Abenteuern und Unternehmungen.

Gefährlichere Unternehmungen, wie Expeditionen, beginnen die Sherpas immer mit Gebeten und dem Weihen von Gaben. Speisen werden z. B. bei einem Tschorten geopfert und gesegnet, teilweise gegessen, aber auch mitgetragen, um sich unterwegs gegen Gefahren zu schützen.

Der „Panoramaweg“ zum Mount Everest

Das Nationalpark-Museum liegt ein bißchen abseits des Weiterwegs in Richtung Tengboche, und schon von hier gibt es einen ersten Prachtblick bis nach hinten zum Mount Everest. Aber auch Ama Dablang, Tamserku, Lhotse und Lhotse Shar ragen in den blauen Himmel.

Wir gehen ein paar Minuten hinüber zum Hauptweg und haben damit schon den Pfad erreicht, der mitten in das Herzstück des Khumbu hineinführt.

An einigen besonders schönen Stellen haben die Sherpas „Restaurants“ mit Tischen und Bänken im Freien aufgestellt – *„fast wie in Zermatt angesichts des Matterhorns“,* sagt recht treffend einer der Freunde aus unserer Gruppe.

Jetzt, im letzten Aprildrittel, umgibt uns auch eine wunderbare Frühlingsstimmung mit austreibenden Birken, rosa blühenden Rhododendronbüschen und blauen Zwerg-Iris.

Wir steigen kurz in den Talboden des Imja Khola ab und halten in Punkhi bei hübschen wassergetriebenen Gebetszylindern Rast.

Nun folgt ein nicht allzulanger, mittelsteiler Aufstieg angesichts der Gletscher des prachtvollen Kangtega (des „Yaksattels“, wie er seiner Form nach heißt) hinauf zum berühmten Kloster von Tengboche.

Das Gelbmützenkloster Tengboche

Wunderschön erhebt sich der große Klosterkomplex vor einer großen freien Fläche, die man bei einem Tor-Tschorten mit Goldknauf betritt (3.860 m).

Das Kloster wurde vor mehreren Jahren durch einen Brand völlig zerstört und ist nun wieder sehr großzügig neu aufgebaut worden. Die alte Form wurde dabei äußerlich gewahrt, nur wirkt der Komplex nun noch wuchtiger.

Über eine steile Treppe betritt man den großen Vorhof, der beim Mani-Rimdu, dem großen Masken-Tanzfest, seine besondere Bedeutung hat. In der großen Gebetshalle, im Lhakhang, nimmt Buddha Shakyamuni den zentralen Platz ein. Er ist von „Wächterfiguren“ flankiert. Seitlich schließen Fächer für die 108 Bände des Kandjur an. Es gibt keine Wandmalereien, dafür viele schöne – allerdings neue Thankas.

1996 waren 60 Lamas und Novizen anwe-

Das nach einem Brand wiederaufgebaute Kloster Tengboche

send; für sie soll hinter der Hauptghompa ein eigenes kleines Meditationszentrum angebaut werden, so daß sie durch das Expeditions- und Trekkinggeschehen am Vorplatz nicht gestört werden.

Dieses ist in den letzten Jahren sehr turbulent geworden, und Tengboche ist am Weg zum Everest leider ein Nadelöhr, durch das alle durch müssen. Im Frühjahr 1996 lagerten zugleich mit uns noch zehn weitere Gruppen am Klostervorplatz, der allerdings so groß ist, daß noch viel mehr Platz hätten.

Die sanitären Umstände und die Wasserversorgung sind unzulänglich, weil es selbst für die Toilettenzelte der Gruppen bald keine neuen Plätze mehr gibt. Es sollen nun mit den reichlichen Spendengeldern der Besucher Toilettenanlagen und auch eine Trinkwasserversorgung über eine Pumpstation gebaut werden.

Über Pangboche nahe zur Ama Dablam

Auch der Weiterweg ist sehr hübsch. Er führt von Tengboche durch einen reizvollen Birken-, Rhododendron- und Sadebaumwald mäßig bergab bis zu einer Brücke. Vorbei an zwei Lodges, geht es auf der anderen Talseite hinauf in das alte Dorf Pangboche mit seinen vielen steinmauergefaßten Äckerchen und den bloß einstöckigen Häusern.

Die Ghompa ist sehr alt und auch von der Innenausstattung her sehr interessant. Die zentrale Figur ist Padmasambhava, und auch die Wandmalereien stellen nur ihn dar – und zwar in seinen acht Manifestationen: „auf dem Tiger reitend“, in „rasender Umarmung“ usw.

Als wir das letztemal im April hier waren, läuft gerade ein Opferritual anläßlich des Auspflanzens der wichtigen Kartoffel-Frucht ab. Es wird von mehreren Rotmützenlamas zelebriert.

Bei unserer letzten Tour machen wir von Pangboche aus einen Akklimatisations-Abstecher hinauf zur Taboche-Kharka, einer 4.330 Meter hoch gelegenen Hochalm, direkt unterhalb der Gletscher des 6.500 Meter hohen Taboche.

Über einen Steilrücken geht es auf die Alm hinauf, die mit ihren steingeschlichteten Almhütten angesichts von Kangtega, Tamserku und der wunderbar schlanken Eispyramide der Ama Dablam prachtvoll daliegt. Die Ama Dablam wetteifert zweifellos mit einigen anderen Bergen um die Bezeichnung „schönster Berg der Erde“.

Die Alm ist in eine grüne Mulde reizvoll hineingeschmiegt und von einem Bächlein durchflossen. Viele Himalaya-Schneehühner sind ganz zutraulich und lassen sich durch unser Zeltleben kaum stören.

Wir steigen von der Alm aus – so lange es Lust und Kondition gestatten – noch ein Stückchen über beraste Hänge bis unterhalb der Taboche-Gletscher hinauf.

Ghompa Pangboche mit Kangtega und Tamserku

Drei Innenaufnahmen der Ghompa Pangboche: Das rechte Bild zeigt Padmasambhava in seinen verschiedenen Manifestationen

In Pheriche gibt es medizinische Versorgung

Zurück über Pangboche, geht es nun weiter das Haupttal aufwärts. Wir kommen an einem Platz vorüber, wo viele steingeschlichtete Tschorten zur Erinnerung an verunglückte Sherpas, die bei den Expeditionen der letzten Jahrzehnte ums Leben kamen, aufgestellt sind. Direkt unter der Ama Dablam ist dies ein würdiger Ort.

Wir gelangen in den Weiler Orsho (4.050 m). Hier ist von der Nationalparkverwaltung ein kleiner Müllverbrennungsofen aufgestellt worden, der 1996 aber offensichtlich noch nie in Betrieb genommen war. Es ist dies wegen des Brennstoffs und der ebenfalls notwendigen Mülltrennung nicht so einfach. Am besten ist es wohl, wenn alle Touristengruppen angehalten werden, nicht verrottbares Material wieder mit zurück zu nehmen.

Wir steigen weiter im breiten Tal gemächlich an und erreichen nach Überwindung einer eiszeitlichen Endmoräne die kleine Häuseransammlung des Sommerdorfes Pheriche (4.200 m).

In Pheriche gibt es ein kleines Spital, das speziell zur Behandlung von Höhenerkrankungen von ausländischen Hilfsorganisationen betreut wird. Drei Ärzte machen hier kostenlos für je drei Monate Dienst. Es sind Sauerstoff und ausreichend Medikamente vorhanden, und in der Saison werden nachmittags Kurzvorträge über die Höhenproblematik für vorbeikommende Trekker gehalten. Auch ein Hubschrauberlandeplatz ist eingerichtet. Natürlich werden auch Einheimische allgemeinmedizinisch behandelt.

Zum Khumbu-Gletscher und nach Lobuche

Wir wandern im breiten Trogtal hinter Pheriche angenehm weiter und steuern dabei auf die Endmoräne des Khumbu-Gletschers zu, der direkt vom Mount Everest herauskommt. Es ist ein wunderbares Gehen angesichts der prachtvollen Eis-Gletschergestalten von Taboche auf der einen und Kangtega und Ama Dablam auf der anderen Seite. Vom Kangtega sehen wir erst jetzt den bisher verborgen gebliebenen Hauptgipfel.

Am Moränenende queren wir auf die Geländestufe der Almhütten von Dughla (4.550 m) hinüber, und hier sehen wir auch erstmals den gewaltigen Nuptse (7.879 m).

Weiter geht es über die Ausläufer der Endmoräne des Khumbu-Gletschers in mäßig steilen Serpentinen bis auf 4.800 Meter und dann flach in das breite Moränental unterhalb des Lobuche Peak (6.119 m) hinein zu den Almhütten und einigen kleinen Lodges von Lobuche Kharka auf 4.900 Meter. Hier gibt es auch genügend Zeltplätze.

Die Träger finden ganz gute Unterstände in den einfach gebauten Almhütten. Gegen Ende April, also in der Hauptsaison des Vormonsuns, sind 1996 zugleich mit uns an diesem besonders wichtigen Platz nur vier Trekkinggruppen anwesend; im einige Stunden weiter taleinwärts liegenden Mount Everest-Basislager sind es aber zur gleichen Zeit elf (!) Expeditionen.

Mount Everest-Blick vom Kala Pattar

Heute wollen wir uns den Wuschtraum jedes Bergsteigers erfüllen, dem Mount Everest direkt gegenüberzustehen. In zweieinhalb Stunden steigen wir von Lobuche Kharka im Moränentälchen über viele Steinrundlinge und zwischen kleinen Büßerschneefeldern in mäßigem Auf und Ab bis auf die kleine Yakweide von Gorak Shep auf 5.120 Meter hinauf.

Der Weg folgt immer der Seitenmoräne des Khumbu-Gletschers, und man geht dabei sozusagen am mächtigen Nuptsekamm vorbei, der hier den Lhotse verdeckt und die Szene beherrscht.

Gorak Shep bedeutet soviel wie „Zusammenstoßen zweier Moränentäler“. Hier gibt es einige Zeltplätze und ein paar Schlafstellen in einer Almhütte. Der kleine Eissee ist derzeit ausgetrocknet.

Nun nehmen wir noch die letzte Etappe, den Aufstieg auf einen der beiden Kala Pattar-Gipfel in Angriff (vom hinteren sieht man vom Everest ein bißchen mehr): Auf gut ausgetretenem Pfad geht es in mäßiger Neigung eisfrei hinauf zum höchsten Punkt auf 5.550 Meter.

Erst ein Stück unterhalb des Gipfels wird der Mount Everest als wuchtiges schwarzes Dreieck zwischen Nuptse und Changtse voll sichtbar; für uns Bergwanderer ein bedeutender Augenblick. Draußen, bei Namche Bazar, haben wir ihn auch schon gesehen, aber nur mit seiner Gipfelkuppe.

Aber auch der weitere Rundblick ist großartig: Das Everest-Basislager liegt direkt am unteren Ende des wild zerrissenen Khumbu-Eisfalls. Im Norden sehen wir den tief eingeschnittenen, voll vergletscherten Lho La, den

Blick vom Kala Pattar zum Khumbu-Eisfall

6.000 Meter hohen Grenzpaß zu Tibet; daran schließen einige kühn geformte, unbenannte Sechstausender. Direkt in Fortsetzung des Kala Pattar baut sich der 7.145 Meter hohe, scharf kegelförmige Pumo Ri auf. Insgesamt wohl einer der gewaltigsten Talschlüsse im Himalaya.

Das lange Rasten und Schauen wird nur vom Getöse der Eislawinen unterbrochen, die dauernd vom Nuptse herunterkommen.

Auf den Chukung Ri

Man ist eigentlich ganz froh, die doch beträchtliche Höhe von Lobuche wieder verlassen zu können. Wir wollen hinüber in das genau südlich vom Everest gelegene Gebiet von Chukung, unter die gewaltigen Wände des Lhotse Shar.

Wir gehen den schon bekannten Weg zurück bis Dunghla, queren dort auf die andere Talseite hinüber und wandern fast eben oberhalb des Khumbu Khola im weiten Almgelände bis etwa oberhalb von Pheriche, auf das man direkt hinuntersieht.

Von einem kleinen Paßeinschnitt mit einem bemalten Tschorten blicken wir direkt auf das Sommerdorf Dingpoche mit seinen vielen steinmauerumfaßten Feldern hinab. Weit geht die Schau von hier oben bis hinüber zum Makalu und in der Nähe auf Island Peak, Ama Dablam und Lhotse.

Wir steigen hinunter zur reinen Sommersiedlung Dingpoche (4.300 m), wo jetzt aber auch mehrere Lodges und „Restaurants" fast das ganze Jahr über geöffnet sind.

Mäßig steigend geht es das Seitental hinauf zur Chukung Kharka auf 4.700 Meter. Ganz prachtvoll liegt die Hochalm mit einer Lodge direkt vor der Ama Dablam, die uns hier ihre Rückseite präsentiert. Daneben steht eine Kette von Eisriffelwänden, die sich bis zum Amphu Labtsa erstreckt. In der Talmitte steht der Island Peak, und daran schließen besonders eindrucksvoll Lhotse und Lhotse Shar.

Will man einen noch besseren Überblick und eine Aussicht bis zum Makalu, dann empfiehlt sich die Besteigung des Chukung Ri, dessen mäßig steile, schrofige, aber ungefährliche Hänge sich gleich hinter der Alm nach oben ziehen. Seine Höhe von 5.500 Metern macht die Besteigung aber natürlich entsprechend anstrengend.

Am nächsten Tag steigen wir wieder nach Pangboche ab, und erst diesmal fällt uns der kleine Tempelwald von schönen alten Wacholderbäumen auf; solche Wälder hat es früher einmal hier überall gegeben – schade darum!

Beide Bilder: In der Ghompa von Kumjung

Auf dem prachtvollen „Panoramaweg" nach Portse

Von Pangboche queren wir nun nicht hinüber nach Tengboche, sondern bleiben auf der nordwestlichen Talseite und wandern genau gegenüber von Tengboche. Wir genießen einen phantastischen Blick auf die gesamte Kette von Kangtega, Tamserku, Ama Dablam bis Lhotse und Mount Everest.

Ganz nahe am Weg äst ein Rudel von Thar-Bergschafen mit ihrem zotteligen braunen Fell; sie sind scheinbar die Menschen am Weg gewöhnt und werden hier im Nationalpark ja auch keinesfalls gejagt.

Wir schwenken in ein Seitental, erreichen einen Geländevorsprung und schauen plötzlich auf die Äcker und recht wohlhabenden Häuser von Portse. Durch herrlichen Birkenwald mit druntergemischten rosa blühenden Rhododendren steigen wir hinunter zum Dudh Kosi.

Unser Zeltlager schlagen wir auf der anderen Seite des Flusses auf, der hier zwischen Cho Oyu und Kyachung Kang von Gokyo herauskommt. Auf dem „Gokyo-Weg" steigen wir dann kurz, aber steil hinauf zum Punkt „3.950 Meter" mit prächtiger Aussicht sowie einem Tschorten und auch einem „Restaurant".

Gemächlich geht es längs der Bergflanken von hier aus abwärts, bis wir die Abzweigung hinauf nach Kumjung erreichen, das sich mit seinen vielen Feldern bis herunter erstreckt.

Kumjung ist nach Namche wohl der nächstgrößere Ort (3.730 m); es wächst mit dem benachbarten Kumde praktisch schon zusammen. Leider haben fast alle Häuser Blechdächer. Viele Zeltplätze und Lodges, ja sogar eine „Bäckerei" gibt es im lang auseinandergezogenen Ort.

Die sehr alte Ghompa hat Padmasambhava als zentrale Figur, und erst am Seitenaltar steht eine Statue Buddha Shakyamunis. Wandmalereien sind keine vorhanden, dafür aber alte Thankas. Sehr hübsch ist der mit bunter Seide verzierte Kandjur. Hier wird auch ein „Yeti-Skalp" gezeigt, der aber laut wissenschaftlicher Untersuchung von einer Bergziege stammt.

Kumjung mit dem „Everest View-Hotel"

Eine Viertelstunde oberhalb liegt das berühmt-berüchtigte „Everest View-Hotel", durch dessen Panoramascheiben man tatsächlich den „Allerhöchsten" sieht.

(Berüchtigt deswegen, weil immer wieder eingeflogene Gäste arge Höhenprobleme bekommen; es gibt aber einen „Medical Officer" und eine „Pressure Chamber" im Haus.)

Das schon mehr als zwanzig Jahre alte, einem japanischen Konsortium gehörende Hotel wurde kürzlich innen renoviert. Die zwölf Zimmer entsprechen westlichem Standard und kosteten 1966 $ 135,– pro Person und Nacht; falls das Wetter einen Rückflug unmöglich macht, wird der Preis auf $ 55,– reduziert. Die meisten Gäste bleiben angeblich nur eine Nacht. Der Flug von Kathmandu kostet $ 170,–, und vom kleinen Flugplatz in Syangboche, der eine knappe Gehstunde entfernt ist, werden die Gäste herübergelotst. Es werden vom Hotel aus aber auch geführte Ausflüge und Wanderungen angeboten.

Das berühmte „Neuseeländer-Spital"

An Kumjung schließt fast direkt das gleich oberhalb liegende Dorf Kumde mit dem Spital des „Himalayan Trust" der „Hillary Foundation" an. Das Spital ist nun schon dreißig Jahre alt und hat seit zwei Jahren immerhin erstmals auch ein einfaches Röntgengerät in Verwendung. Das Operationszimmer ist sehr einfach eingerichtet, aber Kaiserschnitt und Blinddarmoperationen werden erfolgreich gemacht; schwierigere Operationen geschehen in Kathmandu.

Bis zu 70 Patienten werden pro Tag ambulant behandelt. Stationär sind zehn Krankenbetten in Kojen mit einer Trennwand und einem Vorhang nach außen eingerichtet. Die Verwandten, die auch für die Patienten kochen, sind in einem kleinen Haus daneben untergebracht. Die Ärzte sagten uns, daß Magenkrebs und TBC relativ häufig seien.

Von den Einheimischen werden lediglich 50 Rupien pro Tag bzw. Behandlung verrechnet; für Touristen $ 20,– (Stand 1996).

Drei neuseeländische oder kanadische Ärzte (von anderen Nationen wird niemand genommen) arbeiten kostenlos für ein bis drei Jahre hier; sie erhalten lediglich den Flug und die Unterkunft gratis. Das Spital ist voll auf Spenden angewiesen. Es gibt bereits sehr gute Sherpa-Helfer unter dem Hilfspersonal, und in wenigen Jahren erhofft man sich die ersten Sherpa-Ärzte; derzeit studieren fünf im Ausland.

Das gesamte Unternehmen ist einmalig in Nepal und geht auf den persönlichen Einsatz von Sir Edmund Hillary, dem Erstersteiger des Mount Everest zurück.

Ein interessanter Abstecher nach Thami

Von Kumjung wandern wir vorerst einmal hinauf zum kleinen Flugplatz von Syangboche, der direkt oberhalb von Namche liegt und mit leicht ansteigendem Flugfeld (natürlich nur Erdboden) ähnlich wie in Lukla nur für Kleinflugzeuge und Hubschrauber geeignet ist. Für ankommende Trekker ist das Problem der Höhe von fast 4.000 Metern allerdings besonders gravierend.

Von Syangboche schwenken wir nun in das Seitental des Nangpo Tsangpo auf gutem Weg hinüber. Zu Ende April ist das erste Wegstück fast ein Blütentraum: Rosa und weiße Rhododendren mischen sich mit gelbblühenden Erbsensträuchern, und der Boden ist von unzähligen blauen Zwergiris übersät; dazwischen die hübsche Himalaya-Wolfsmilch und die langstielige lila Himalaya-Primel.

Wir müssen nun leider bis auf 3.400 Meter in ein kleines Seitental absteigen und gelangen dann bald in den Ort Tomde. Hier befindet sich die Kraftwerksverwaltung „Nepal Bijuli Corporation" (Bijuli = Blitz, was auf Nepali das Synonym für Elektrizität wurde). Das Kraftwerk selbst steht weiter hinten im Tal und versorgt an die 500 Haushalte in Namche, Kumde und Kumjung mit Strom. Fast alles ist unterirdisch verkabelt!

Das von der österreichischen Entwicklungshilfe nach einem Hochwasserschaden nun an sicherer Stelle wieder neu erbaute Kraftwerk

Thami Ghompa

erbringt hier – im „hintersten Nepal" – einen noch nicht ganz abzuschätzenden Modernisierungsschub.

Nun geht es wieder aufwärts nach Samde und nach einem flachen Anstieg kurz steil hinunter zu einer Schlucht, deren Wildwasser auf einer Eisen-Brückenkonstruktion überquert wird. Man hat hier auf den glattgeschliffenen Felsen an dieser „gefährlichen" Stelle lebensgroße Fresken von Padmasambhava und der Grünen Dolma angebracht. Ein hoher Gebetsfahnenmast verleiht dem Platz noch zusätzliche besondere Romantik.

Es folgt ein kurzer Aufstieg in engen Serpentinen auf die ebenen Flächen von Unter-Thami mit Äckern und Weideland zwischen den weit verstreuten Häusern (3.780 m).

Thami Ghompa

Bloß eine halbe Stunde ist es hinauf nach Ober-Thami zur Thami Ghompa, die sehr romantisch unterhalb der Felsen in einer großartigen Bergumrahmung liegt. Hier vorbei geht ja der Weg zum Trashi Labtsa, dem schwierigen Übergang hinüber ins Rolwaling.

Vom Moränenrücken beim Aufstieg erhascht man einen Blick hinüber zum Cho Oyu; an ihm vorbei führt ja auch der berühmte Paßübergang Nangpa La nach Tibet, über den die Sherpas seinerzeit ins Gebiet eingewandert sind.

Das Kloster mit seinen Wohnhäuschen für die Lamas taucht schon bald auf. Wir betreten

Thami Ghompa: Ein Lama genießt die warme Herbstsonne

das Areal durch einen innen mit Mandalas verzierten Tor-Tschorten und lassen uns durch lange Manimauern bis hinauf leiten (3.950 m).

Die Ghompa selbst ist großartig in eine riesige Felsnische hineingebaut worden. Darüber erheben sich die Eiswände von Kangde Ri und Tang Kangboche.

Im Kloster selbst ist der Lhakhang für die dreißig Mönche fast zu klein. Es gibt nur kleinere Altarfiguren, aber gute Wandmalereien von Padmasambhava und vielen Schutzgottheiten sowie schöne Thankas. Der Abt-Raum zeigt stilisierte Wandfresken.

Unterhalb der Ghompa wurde von den Lamas eine kleine Lodge mit „Restaurant" eröffnet, in welcher der Tschang oft reichlich fließt.

Der Abt ist „Rimpotsche", also die Wiedergeburt seines Vorgängers und hat sich als Thankamaler einen guten Namen gemacht. Er kümmert sich allerdings recht „weltlich" um den Verkauf der Bilder. Die Lamas sind Rotmützen, nur der Abt selbst lebt angeblich zölibatär.

Thami Ghompa: Radong-Bläser

Schamanen-Auftritt in Lukla

Der Rückweg nach Namche nimmt drei Stunden in Anspruch, und am nächsten Tag wandern wir dann wieder den bekannten Weg zurück nach Pakhding. Von dort sind es bis Lukla auch nur zweieinhalb Stunden auf angenehmem Pfad.

In Lukla kommt man in einer der vielen Lodges gut unter, und dann beginnt das Warten auf den Rückflug nach Kathmandu, wofür man unbedingt einen Reservetag einplanen muß, obwohl sich seit Einsatz der Großraumhubschrauber die Situation deutlich verbessert hat.

Unseren „Reservetag" können wir besonders interessant nützen, indem wir dem Auftritt eines Schamanen, eines „Minung", oder wie die Leute hier einfach sagen, eines „Lhawa", eines „Gott-Menschen", beiwohnen können. Er hält sich eine Nacht und einen vollen Tag in einem Haus auf, um die Magenkrankheit des Hausherrn zu vertreiben:

Am Fußboden ist ein „Altar" aufgebaut. Reis, Eier, Früchte, Hühnerfedern, Hörner, ein Dreizack u. a. m. sind am Boden aufgelegt. Der Lhawa zieht sich einen weißen Seidenkittel an, bindet sich einen langen roten Seidenschal halb als Kopftuch, halb als Schal um und schnallt sich einen Glöckchengurt um die Mitte und zwei gekreuzte Holzkugelketten um die Schultern. Er ist barfuß. Zuerst hockt er sich vor dem Altar nieder und singt längere Litaneien. Dann steht er auf und beginnt zu tanzen, wobei sein Helfer den Takt auf einem Blechteller schlägt. Der Tanz wird schneller, und nun ergreift er eine kleine Trommel, die er zuerst selbst, später aber dann der Helfer und der Kranke abwechselnd schlagen. Der Lhawa ergreift mit bunten Fäden bespannte Bambusstäbchen und streicht dem Patienten damit immer wieder über Brust und Kopf. Sofort nimmt er wieder seinen Tanz auf, der immer wilder und ekstatischer wird. Er sprudelt Zaubersprüche heraus, beginnt mehrmals zu taumeln und gerät in Trance. Auch mit einer kleinen Handsichel fuchtelt er nun wild umher, bis er fast umfällt und vom Helfer aufgefangen wird. – Er wischt sich den Schweiß ab, stöhnt und beginnt hockend weiter zu beten. Nach einer offensichtlichen Erholungsphase beginnt dasselbe wieder mit dem Schlagen der Trommel, und man erzählt uns, daß es oft viele Stunden lang so weitergehe ...

Lhawa-Schamane vor seinem „Opferaltar" in einem Bauernhaus von Lukla

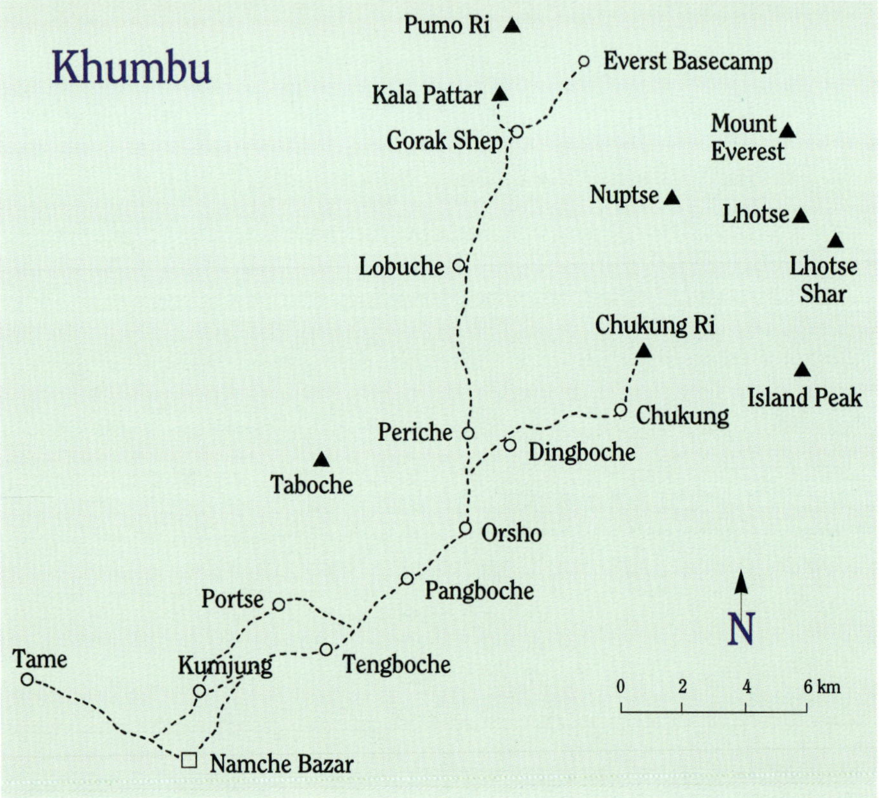

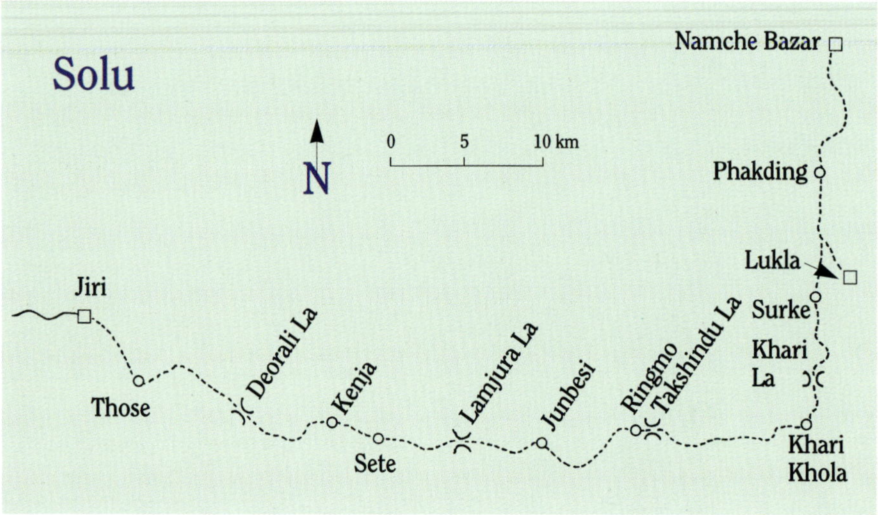

Übersicht der „Solu-Khumbu"-Trekkingtour

Anspruchsvolles Trekking, das gute Kondition und Höhenverträglichkeit bis 5.000 Meter voraussetzt. Die Tagesetappen sind in der Regel aber nicht länger als sechs Stunden.

1. Tag: Fahrt nach Jiri; 7 – 8 Std.
2. Tag: Jiri – Shivalaya; 4 Std.
3. Tag: Shivalaya – Bandar; 6 Std.
4. Tag: Bandar – Sete; 6 Std.
5. Tag: Sete – Junbesi; 6½ Std.
6. Tag: Junbesi – Numtala; 6 Std.
7. Tag: Numtala – Bhupsa; 5 Std.
8. Tag: Bhupsa – Surkey; 5 Std.
9. Tag: Surkey – Phakding; 4 Std.
10. Tag: Phakding – Namche Bazar; 5 Std.
11. Tag: Namche – Tengboche; 5 Std.
12. Tag: Tengboche – Taboche Kharka; 4 Std.
13. Tag: Taboche Kharka
14. Tag: Taboche Kharka – Pheriche; 3 Std.
15. Tag: Pheriche – Lobuche; 4 Std.
16. Tag: Lobuche – Kala Pattar – Lobuche; 6½ Std.
17. Tag: Lobuche – Dingboche; 2½ Std.
18. Tag: Dingboche – Ghukung Kharka – Pangboche; 6 Std.
19. Tag: Pangboche – Imja Drangka; 3½ Std.
20. Tag: Imja Drangka – Kumjung; 2½ Std.
21. Tag: Kumjung – Thami; 4 Std.
22. Tag: Thami – Namche – Phakding; 6½ Std.
23. Tag: Phakding – Lukla; 2½ Std.
24. Tag: Flug nach Kathmandu

Rolwaling-Trekking zum heiligsten Berg der Sherpas

Nicht der Mount Everest, der sich nirgends im Sherpaland direkt über die Täler und Dörfer erhebt, der „weiter hinten“ versteckt liegt, sondern der Gaurisankar ist der heiligste Berg der Sherpas. Direkt unter seinem eisgepanzerten Doppelgipfel liegt der kleine schmale Landstrich Rolwaling.

Das Rolwaling ist ein enges, von Ost nach West verlaufendes Tal, das sich parallel zur tibetischen Grenze, zu Füßen des heiligen Berges Gaurisankar erstreckt. Es schließt direkt an Khumbu an und ist mit diesem durch den nicht ganz einfach zu bewältigenden, 6.000 Meter hohen Trashi Labtsa-Paß verbunden. Nach Tibet führt ein etwas einfacher zu bewältigender Paß hinüber. Nicht viel mehr als 250 Sherpas leben hier in Höhen zwischen 3.000 und 4.000 Metern, wobei auch im Rolwaling die höchsten Yakweiden bis auf 5.000 Meter hinaufreichen. Ihre Vorfahren wanderten offensichtlich erst vor 150 Jahren von Khumbu ein, wobei die Einführung der Kartoffel als Ernährungsbasis um diese Zeit scheinbar einen großen Einfluß auf die Neubesiedlung hatte.

Die Hauptkultur ist also die Kartoffel, gefolgt von etwas Gerste, Rettich, Knoblauch und einer Spinatart. Mais und Reis werden von den tiefer gelegenen Ortschaften weiter draußen eingetauscht. Die Haupteinnahmen der Rolwaling-Sherpas resultieren aber aus dem Verkauf von Zopkiops und Zhums.

Es sind drei große Dörfer entstanden und drei Sommersiedlungen (Yersa) in Höhen über 4.000 Metern. Im kleinen Hauptort Beding steht eine schöne Ghompa, deren wenige Mönche aber in ihren Elternhäusern wohnen, weil das Kloster selbst für die Schaffung von Unterkunftsmöglichkeiten zu arm ist.

Bis 1972 war Rolwaling für westliche Touristen wegen der Grenznähe zu Tibet geschlossen. Seither hat sich dort aber auch ein ziemlicher Trekkingtourismus entwickelt, der sogar die Mönche während der Hauptsaison im Herbst vom Kloster in Beding zum Zwecke zusätzlichen Gelderwerbes abzieht.

Die Bräuche und religiösen Feste sind ähnlich wie drüben in Khumbu, wenn auch wesentlich bescheidener.

Bigu Ghompa mit Tschorten (Rolwaling)

Die Nonnen von Bigu Ghompa bereiten Reis für Opferkuchen vor (Foto Eckhart)

Anmarsch durch das klassische nepalische Mittelland

In einem mehrtägigen, weitausholenden Bogen wählen wir aus Gründen der notwendigen Höhenanpassung nicht gleich den direkten Weg ins Rolwaling, sondern beziehen bei unserem Trekking auch das Gebiet der Bigu-Sherpas ein.

Bigu Ghompa: fertige Opferkuchen (Foto Eckhart)

Wir fahren von Kathmandu auf der „Tibet-Straße“ bis Barabise, einem relativ bedeutungsvollen Handelsplatz, den wir nach vier Stunden erreichen. Hier erwarten uns Sherpas und Träger, und wir wandern am selben Tag noch durch subtropische Kulturen hinauf in die Terrassenlandschaft der fleißigen nepalischen Bauern.

Vorbei an hübschen, ocker und orange getünchten, strohgedeckten Häusern geht es zügig aufwärts. Bananenstauden zeigen, daß wir uns noch im vollen subtropischen Klimabereich befinden. Zu Ende Oktober ist die Reisernte überall im Gang; die Garbenbündel werden auf einfachste Art gedroschen, nämlich durch Ausschlagen mit der Hand.

Unsere Zelte stellen wir nach etwa eineinhalb Stunden in der kleinen Ortschaft Okrini auf (1.400 m), die am Rande eines Steilabbruchs hinunter zum Sun Kosi-Tal liegt.

Am nächsten Tag geht es vorerst gemächlich durch die reizvolle Terrassen-Landschaft aufwärts. Wir kommen durch viele von Tamang besiedelte Weiler. Ab 1.600 Metern werden vor allem Mais, Hirse und Buchweizen neben Reis kultiviert, und an den Terrassenrändern sind sogar Sojabohnen – eine für die Nepali neue Kultur – angebaut. Wo immer schnellere Bächlein fließen, gibt es häufig auch Mühlen; oft mehrere übereinander.

Wir befinden uns nun schon in der „Glaubens-Mischzone“, denn die meisten Tamang sind ja Buddhisten. Die ersten kleinen Tschorten stehen am Weg, aber daneben auch Opferstellen der Hindu, wo täglich Reis- und Blumenopfer dargebracht werden.

Durch Rhododendronwald gelangen wir auf einen knapp 2.300 Meter hohen Rücken, der aber im flachen Teil wieder besiedelt ist. Hier wird Hirse und Weizen angebaut, und die Bauern sind gerade bei der Pflugarbeit.

Wir kommen ins Gebiet tibetischer Buddhisten

Immer mehr kleine Manimauern – zum Teil sind die Steinplatten hübsch bemalt – und auch Tschorten säumen den Weg, und vor den Häusern flattern Gebetsfahnen. Hier siedeln Tamang.

Wir queren zwei bewaldete Rücken mit der Stechpalmenblättrigen Eiche als Haupt-Baumart. Trotz der Stacheln sind viele Bäume geschneitelt; die Blätter werden also als Winterfutter verwendet.

Wir queren einen Taleinschnitt und sehen oberhalb schon die kleine Ghompa von Dolangsa mit Gebetsfahnenmasten, einem Wellblechdach und goldenem Knauf – unser nächstes Ziel. Sie steht oberhalb der weit verstreuten Häuser des gleichnamigen Ortes. Es sind blitzsaubere, weißgetünchte, typische zweistöckige Tamang-Gebäude mit aufgehängten Maiskolben an der oberen Fensterreihe.

Auf einem abgeernteten Acker oberhalb der Ghompa schlagen wir unsere Zelte auf.

Über zwei Almen und durch herrliche alte Rhododendronbestände, die im April / Mai wunderbar blühen, steigen wir hinauf zu den Tschorten am Tinsing La (3.200 m) mit einem Prachtblick hinüber zum Gaurisankar mit seinem von diesem Gesichtswinkel charakteristischen „Schultern" und zu seinen über sechstausend Meter hohen Nachbargipfeln.

Wir gelangen zu einer Alm, und hier sind die Hütten auch schon mit Holzschindeln gedeckt, denn es gibt ja genug Holz in der Umgebung; so zum Beispiel mächtige Himalayatannen und Sadebäume (eine Wacholderart).

Wir steigen von der Alm durch weitläufige Tannen- und Rhododendronwälder ab, wandern sodann längs der Bergflanken weiter und gelangen so in ein breites Seitental.

Überraschend dehnt sich eine wohlkultivierte Terrassenlandschaft mit weitverstreuten, weißgetünchten, zweigeschoßigen Sherpa-Häusern vor uns aus. – Wir haben das Gebiet der Bigu-Sherpas erreicht.

Wir müssen bis auf 2.200 Meter absteigen, queren eine schindelgedeckte Brücke und haben nun wieder einen Aufstieg von 250 Höhenmetern vor uns – das ist eben Nepal!

Wir steigen hinauf zur Tashi Ghompa, dem Nonnenkloster von Bigu. Es steht auf einem breiten Hochplateau inmitten von ausgedehnten Weideflächen und liegt oberhalb der Terrassenäcker des Dorfes (2.450 m).

Das stattliche Kloster ist sehr hübsch von Blumengärtlein umgeben; die sauberen Nonnen haben hier eine gepflegte Anlage geschaffen. Besonders hübsch ist das Brunnenhaus, dessen Quelle einen Gebetszylinder antreibt. Das Kloster hat Grundbesitz; die Nonnen arbeiten aber nicht selbst, sondern leben von der Pacht und vor allem von den Spenden der Pilger, der direkt hier wohnenden Dörfler und auch der Eltern der Nonnen.

Die Ausstattung im Inneren ist einfach. Die Hauptfigur ist Tschenresi, und bemerkenswert sind die vielen bemalten Ton-Tschenresi-Figuren in Gestellen an einer Wand.

Tashi Ghompa – das Nonnenkloster in Bigu

Das Klima von Bigu ist ähnlich jenem von Solu, und es werden hier Weizen, Gerste, Hirse und Kartoffeln kultiviert. Die Viehzucht mit Zopkios und Zhums spielt wie überall, wo Sherpas siedeln, ebenfalls eine große Rolle.

Bis 1959 trieben die Bigu-Sherpas über einen günstig gelegenen Paß Handel weit nach Tibet hinein; ihre Händler kamen bis Shigatse und von Norden nach Gangtok in Sikkim. Nun können sie nur noch den ersten tibetischen Grenzort ansteuern; aber der Tauschhandel floriert neuerdings wieder ganz gut, so z. B. mit Orangen gegen Salz.

Lange ehe die große Bigu-Ghompa gegründet wurde, bestand in Bigu schon eine Dorfghompa in der etwas tiefer gelegenen Siedlung von Jagat. Diese Ghompa ist von alten Tschorten und Manimauern umgeben und ist nach wie vor das Zentrum örtlicher Feste und Zeremonien. Das wichtigste Fest heißt hier „Narak" und ist dem „Dumje" von Solu ähnlich; es wird allerdings im Oktober, gleichzeitig mit dem in den tiefer gelegenen Hindudörfern zelebrierten „Dasain-Fest", abgehalten.

Die Gründung von Tashi-Ghompa in Bigu geht auf das Jahr 1933 zurück, als ein bhutanesischer Mönch hier durchkam. Er legte den Grundstein für ein Nonnenkloster, dessen Bedarf in der Gegend schon jahrelang diskutiert wurde. Viele junge Frauen wollten ihr Leben dem Geistlichen weihen, aber es gab auch Witwen und verlassene Frauen, die sich im Kloster einen passenden Wohnort erhofften.

Es gelang dem überragenden Organisationstalent des Bhutanesen, die großen Mittel für den Klosterbau aus der Umgebung aufzutreiben, was beachtliche Entbehrungen vieler Dörfler erforderte.

Die Ghompa ist gut und würdig ausgestattet, mit einer großen Tschenresi-Statue in der Mitte des Dukhang, begleitet von einer freistehenden Statue des Milarepa und vielen anderen. Große Fresken guter Qualität schmücken die Wände, und die vier Wächter der Himmelsrichtungen zieren den Eingang. Nach der Gründung waren bis zu 60 Nonnen im Kloster. Heute sind es immerhin an die 30 ältere Frauen und Novizinnen.

Ein männlicher Lama ist (für unsere europäischen Begriffe) eigenartigerweise das Oberhaupt des hauptsächlich von Nonnen, aber auch einigen männlichen Mönchen besiedelten Klosters von Bigu. Wie nicht anders zu erwarten, hat dies (die Geschlechtermischung ist sonst kaum irgendwo im tibetischen Kulturkreis anzutreffen) in den letzten Jahrzehnten immer wieder zu unerwünschten Situationen geführt. Es gab ständig Liebesaffären und Austritte aus der Klostergemeinschaft. Dies ist in der Sherpa-Gesellschaft zwar kein Verbrechen, aber wird doch nicht gerne gesehen; jedenfalls büßt jene Person, die ihr Gelübde bricht, im nächsten Leben durch eine schlechtere Wiedergeburt.

Bei der Ningmapa-Sekte, den „Rotmützen", wo die Lamas verheiratet sind, gibt es keine Nonnen. Die weibliche Klostergemeinschaft mit dem zölibatären Gelübde kam erst unter den Gelukpas, den „Gelbmützen", auf.

Es geht wieder in tiefere Lagen

Von Bigu steigen wir wieder ab zum Zusammenfluß von Amatal Khola und Khotali Khola auf 1.500 Meter Seehöhe. Wir queren den Fluß auf einer Stahlseilbrücke und genießen hübsche Rückblicke auf die Terrassenlandschaft und die schmucken Sherpahäuser.

Besonders interessant sind zwei Mühlen am wilden Bergbach und weiter unten dann eine eindrucksvoll in die Felsen förmlich hineingeklebte Eremitage, von der wir nicht feststellen können, ob sie derzeit bewohnt ist.

Hier unten gibt es auch einen Steinbruch für Schieferplatten zum Decken der Häuser; immer wieder begegnen uns Träger mit riesigen Platten-Lasten.

Eine wunderbare Gelassenheit und Ruhe liegt über dem Land, und wir genießen bei dieser, so wie bei allen anderen Trekkingtouren, wieder einmal so richtig das Fehlen von Autos und Maschinen.

Von der Flußkreuzung weg wandern wir wieder mäßig steigend aufwärts. Hier leben Hindu, wie man an einem kleinen Shivatempel mit Glocken und einem Lingam vor dem Eingang erkennt.

Feuerstelle in einem Sherpahaus in Simigaon (Foto Eckhart)

Einzelne Häuser fallen manchmal durch ihre besonders reichen Schnitzereien an Fenstern und Balkonen auf. Sie gehören wohlhabenderen Dorfbewohnern. Es gibt natürlich reichere und ärmere Familien, aber im allgemeinen keine großen sozialen Unterschiede, und wir haben in den Dörfern in ganz Nepal auch nirgendwo drückende Armut vorgefunden.

Diesmal schlagen wir in 1.750 Metern bei der Schule der Streusiedlung Chilangka unsere Zelte auf.

Durch die Ackerterrassen trekken wir am nächsten Tag mit geringer Steigung weiter, queren eine Hangrutschfläche und das Seitental des Turang Khola und gelangen schließlich im Auf und Ab hinauf auf 1.970 Meter in das Dorf Laduk. Zweistöckige, weißgetünchte Chetri-Häuser (ähnlich wie jene der Sherpas) prägen hier das Bild.

Wir gehen weiter bis zur „Secondary School" von Ladung, folgen dem Weg um einen Bergrücken herum, kommen an einem „Postoffice" vorüber und erreichen schließlich die Terrassen von Bulung (1.850 m). – Neben der alten Schule stellen wir hier unsere Zelte auf und genießen einen phantastischen Blick direkt hinüber zum Gaurisankar.

Am Weg ins Rolwaling

Nun gibt es nochmals einen kräftigen Abstieg, vorbei an Buchweizen – und später Reisterrassen, einige Seitenbäche querend, bis hinunter nach Mantale (1.100 m) am Bhote Khosi.

Die vielen „Bhote"-Bezeichnungen (Bhote = Bothia = Tibet) in Nordnepal weisen immer darauf hin, daß diese Flüsse von der tibetischen Grenze oder von Tibet kommen.

Etwa eineinhalb Stunden wandern wir nun auf dem schönen, steinplattenausgelegten Hauptweg ins Rolwaling neben dem wild rauschenden Fluß aufwärts. Im Auwald übertönen die Zikaden mit ihrem Gezirpe alle anderen Geräusche. Eine neue Brücke über einen Nebenfluß wird gequert, und dann schlagen wir unser Lager in Gangar (1.250 m), direkt am Bhote Khosi auf.

Eine gute Stunde wandern wir am nächsten Tag durch den Schluchtwald prachtvoll neben dem schäumenden Fluß aufwärts. Wasserfälle stürzen von beiden Seiten zu Tal, und auch eine Affenherde begleitet uns ein Stück in den Bäumen.

Überraschend wendet sich der Weg bei Chetchet nach rechts über eine gute Hängebrücke, und nun geht es endgültig aufwärts. In engen Serpentinen führt der Pfad auf eine erste Geländestufe hinauf. Hier beginnt wieder die Terrassenlandschaft. Im unteren Bereich siedeln buddhistische Tamang, und weiter oben kommen wir in das Dorf Simigaon (2.000 m). Hier leben die ersten Sherpas. Hübsch sind ihre schindelgedeckten Häuser mit den bunt bemalten Fernsterstöcken; hier sehen wir auch erstmals „Toilets" neben den Häusern.

Von der Dorf-Ghompa mit einem Bündel von Gebetsfahnen am Vorplatz gibt es einen besonders eindrucksvollen Nahblick zum Gaurisankar.

Wir zelten noch nicht in Simigaon, sondern ein Stück oberhalb nach mehr als einstündigem, steilen Aufstieg auf einem gerade abgeernteten Kartoffelacker. Die Lagerplätze sind hier sehr knapp bemessen.

Auf bewaldetem Rücken steigen wir weiter aufwärts und kommen durch einen schönen Tannen-, Rhododendron- und Wacholderwald, der etwa ab 3.200 Metern mit Flechten bewachsen ist; immer ein Zeichen von viel Nebel.

Kleine Almflächen sind aus dem Wald herausgerodet, und erst weiter oben lichtet sich der Hochwald und geht in echtes Almgelände mit Berberitzen und Zwergrhododendren über. Steil steigen wir nun das letzte Stück auf den ersten höheren Paß unserer Trekkingtour, zum 3.950 Meter hohen Daldung La hinauf.

Nur ein kurzes Stück geht es drüben durch die vom Holz her herrlich duftenden Rhododendronbüsche zu einem Lagerplatz auf 3.800 Meter hinunter.

Der Gaurisankar ist der heiligste Berg der Sherpas

Die Gottheit, die auf dem höchsten Berg unserer Erde, dem Mount Everest thront, ist nicht die bedeutendste. Sie, die „Mijul Langsangma", die „auf dem Gipfel thronende Mutter der Menschenplätze", ist nämlich nur die dritte Schwester der älteren „Tseringma" oder „Gaurisankar" (wie sie die Hindu nennen). Tseringma ist die „gute Mutter des langen Lebens". Die nepalischen Hindu nennen sie auch gleichzeitig die Tochter des gigantischen Gebirgsgottes Himachal.

Im westlichen Sprachgebrauch hat sich unter den Bergsteigern der Name „Gaurisankar" eingeführt, wie die Nepali den Berg bezeichnen. Er wurde sicherlich deshalb zum heiligsten Berg der Sherpas, weil er weit im Umkreis mit seinem markanten Doppelgipfelhorn zu sehen ist – ja sogar schon ein Stück nördlich von Kathmandu, von der Straße nach Tibet. Der Mount Everest hingegen, den die Nepali „Sagarmatha" und die Tibeter im Norden „Chomolungma" nennen (Chomolungma kann mit „Göttliche Windmutter" übersetzt werden), ist aus den verschiedenen Perspektiven des Sherpalandes gesehen nur ein eher untergeordneter Felsklotz. Erst wenn man direkt davor steht, kann man sich vorstellen, daß er allenfalls der Höchste ist. Von der tibetischen Seite her ist das anders, da überragt der Mount Everest ziemlich klar alle anderen Gipfel.

Die Sherpas bezeichnen den Gaurisankar also als Tseringma und den Mt. Everest als Langsangma; sie kennen aber auch die anderen Bezeichnungen.

Beding zu Füßen des Gaurisankar

Direkt am Gaurisankar vorbei ins innere Rolwaling

Nach dem Frühstück besteigen wir noch schnell einen um 200 Meter höheren Aussichtspunkt und wandern dann längs der Bergflanken wunderschön weiter. Teilweise geht es durch Busch-Rhododendren, die wie vergrößerte Bonsaibäumchen aussehen.

Es geht nun praktisch direkt unterhalb der gewaltigen Südabstürze des Gaurisankar taleinwärts, ständig die wilden Riffeleiswände des Chekigo vor Augen. Wir passieren die beiden Almen Chukyibug Kharka und Demdem Kharka. Unterhalb rauscht nun schon das Wildwasser des Rolwaling Cho.

Es folgt eine für uns sehr fremdartige Waldkombination von Birken, Bambus und Tannen, die aber offensichtlich für den Nordhang hier typisch ist. Wir rasten dort, wo der Dzigri Drangka in den Rolwaling Cho mündet. Er kommt aus einer wilden Seitenschlucht heraus, in derem Spalt ein paar Eisspitzen des Gaurisankar herunterleuchten.

Wir queren an dieser romatischen Stelle den Rolwaling Cho auf einer leidlich guten Brücke, die durch ständiges Aufknüpfen von Gebetsfähnchen auf die umstehenden Bäume den Göttern zu besonderem Schutz empfohlen wird. Daneben stehen auch drei Steinaltäre, auf denen eiserne Trisuls als Opfergaben hinterlegt sind. Auf der orographisch rechten Flußseite wandern wir nun sehr hübsch immer auf die Riffeleispyramide des Chekigo zu.

Beding: „Lawinenschutz“ durch Gebetsfahnen

Bald tauchen im etwas breiter werdenden Tal die ersten Sherpahäuser auf, und überall sind Gebetsfahnenschnüre gespannt. Die Häuser bestehen aus Stein-Trockenmauerwerk und sind holzschindelgedeckt; die Fensterstöcke sind bemalt.

Ganz karge Äckerchen drängen sich mit den Häusern im engen Tal; Wasserfälle stürzen herab. Insgesamt sind es vier Dörfer, die aber fast zusammenhängen: Die etwas größeren sind Nymare und Ramding und dann – im fast wieder schmäler werdenden Tal – der Hauptort Beding.

Beding zu Füßen des Gaurisankar

Zusammengedrängt zwischen extremen Steilflanken und dem Fluß kleben die wenigen Häuser von Beding (3.700 m) am Hang, direkt unter den Aufschwüngen des Gaurisankar, dessen Doppelspitze herunterleuchtet. Überragt wird diese großartige Himalaya-Szenerie vom phantastischen Chekigo.

Es ist so wenig Platz, daß die Schule zum Beispiel 15 Minuten außerhalb des Ortes errichtet werden mußte (sie ist ein Geschenk der Himalaya Trust-Stiftung).

Der Rolwaling Cho ist ein wilder Fluß, und dazu kommen noch in unregelmäßigen Abständen Ausbrüche der Moränen- und Gletscherseen im Oberlauf des Tales, die oft große Verwüstungen anrichten. So zum Beispiel im Juli 1991 geschehen, wo eine Flutwelle die gesamten Weidegründe unterhalb von Beding am Fluß halbmeterhoch mit Geröll bedeckte und fast auch den wunderschönen Tschorten unter der Ghompa wegriß.

Die Rotmützen-Ghompa mit dem großen Gebetsfahnenmasten im Hof, samt einem großen Gebetszylinder vor dem Eingang, hat nur einfache Statuen zu bieten. Sehr schön sind aber die alten Wandgemälde, und bemerkenswert ist auch ein kompletter Kandjur.

Das besonders schattig liegende Beding ist gerade an dieser engen Talstelle vielleicht nur deshalb entstanden, weil hier der Weg über den Malung La (5.500 m) hinüber nach Tibet zur Ortschaft Malung abzweigt. Trotz dieses nicht einfachen Gletscherüberganges bringen immer wieder einzelne Tibeter Salz im Tausch gegen Getreide und Reis herüber.

Beding ist eigentlich nur ein „Sommerdorf“, denn es bleiben nur ein, zwei Familien und ein Lama zur Beaufsichtigung der Ghompa im Winter (das heißt im Januar und Februar) hier. Alle anderen ziehen in eines der vorhin

Links: Beding-Ghompa: Wandfresken mit Padmasambhava in „zornvoller“ Manifestation

Rechts: Kandjur-Bibliothek in der Beding-Ghompa

Unten li.: Kandjur (Fotos Eckhart)

Unten: Beding-Ghompa

genannten Dörfer, wo sie ihre „Winterhäuser“ beziehen. Diese Plätze liegen nicht nur tiefer und daher etwas wärmer, sondern sie sind vor allem besser besonnt.

Als wir am nächsten Tag (Anfang November) hinauf zum großen Almdorf Na aufbrechen, kommen uns gerade viele Dörfler mit Sack und Pack samt ihren Yak- und Zopkio-Herden entgegen. Entzückend ist es, zu beobachten, wie jungeborene Lämmer und Zicklein am Arm getragen werden. Es ist sozusagen gerade „Almabtrieb“. – Viele Familien haben also sogar drei Wohnhäuser; eines auf der Alm, eines im Sommerdorf und eines im Winterdorf. Es ist dies für das Sherpagebiet gar nicht selten.

Die „Sommer-Höhensiedlung" von Na

Zweieinhalb Stunden wandern wir von Beding durch das enge Trogtal, ständig begleitet vom wilden Rolwaling Cho, aufwärts. Meist sind die gletschergeschliffenen Felsflanken beiderseits fast lotrecht, aber immer wieder gibt es auch kleine Ausbuchtungen, die durch Kartoffeläckerchen und Weideland genutzt werden.

Felsblock mit „Manizeichen" vor Na

Ganz unten: Sommersiedlung Na

Mäßig ansteigend geht es auf gutem Pfad aufwärts; vor uns der mit Riffeleis bedeckte Chobuje. Dann weitet sich plötzlich das Tal ganz beträchtlich, und unsere Aufmerksamkeit wird durch einen haushohen Felsblock angezogen, der rundum mit riesigen Mani-Zeichen bedeckt ist; davor stehen mehrere Gebetsfahnen.

Auf knapp 4.200 Metern dehnt sich vor uns die kilometerweite Hochalm – oder besser gesagt „Sommer-Höhensiedlung" von Na – mit den charakteristischen, unzähligen steinmauergesäumten Äckerchen und Weideflächen aus. Viele aus Trockenmauerwerk errichtete und holzschindelgedeckte, sehr einfache Häuser stehen heroben, und auch eine – leider etwas verwahrloste – recht alte Ghompa steht mitten unter den Häusern. Dafür gibt es aber am Rande der Hochfläche, etwa 150 Meter über dem Almboden, eine kleine neuere Ghompa, die sich in geschützter Südlage befindet und offensichtlich ein viel besuchter Ort ist. Manimauern und immer wieder Gebetsfahnen säumen den Aufstiegsweg. Im Hintergrund baut sich der markante Tabayabijum auf.

Die zweiräumige, kleine Ghompa mit vergoldetem Knauf am Dach ist in die Felsen hineingebaut und rundum von Gebetsfahnenschnüren fast eingesponnen. Auch oberhalb, an einer offensichtlich von Lawinen bedrohten Stelle, sind viele Gebetsfähnchen in den Boden gesteckt. Darunter sind an glatter Felswand von den Pilgern jede Menge „Gebetszettel" aufgeklebt. Reizend ist auch das kleine Tagethes-Gärtchen vor dem Eingang sowie ein kleines Kartoffeläckerchen. – Der Platz ist so bezaubernd, daß man gerne länger verweilt.

Na wird nordseitig von den drei wilden Gletschergipfeln Chekigo, Bamongo und Kang Nachugo begrenzt. Den Trashi-Labtsa, den wichtigen, aber schwierigen Paßübergang hinüber nach Khumbu, sieht man von den Häusern aus noch nicht.

Ungeheuer muß der Landhunger im 16. Jhdt. gewesen sein, als die Sherpas ins Khumbugebiet einwanderten und über den Trashi-Labtsa (der damals vielleicht einfacher zu begehen war) das obere Rolwalingtal besiedelten. Kaum vorstellbar auch die unglaublichen Mühen beim Planieren und Entsteinen der vielen Äcker.

Wir legen in Na einen Akklimatisationstag ein und unternehmen eine Wanderung auf den Rücken, der den gewaltigen Gletschersee des Tso Rolpa als Endmoräne begrenzt. – Wir kommen dabei an der Abzweigung zum Yalung La vorüber und folgen dann dem alten Weg, der zum Trashi-Labtsa führt.

Über begrünte Eiszeitmoränen mit vertrocknetem Edelweiß und der für die Gegend typischen Medizinalpflanze Ephedra geht es durch Moränentälchen hinauf bis zur Endmoräne des gewaltigen Ripimoshar-Gletschers, der auch den See speist. Man sieht auch den Durchbruch der Flutkatastrophe von 1991. Hinter dem Gletscher baut sich eine Reihe von sechstausend Meter hohen Grenzbergen zu Tibet auf, die alle unbenannt sind.

In der großartigen Bergwelt des hinteren Rolwaling

Erst vom höchsten Punkt der Endmoräne in etwa 4.600 Metern überblicken wir den riesigen, schmutzigbraunen Tso Rolpa. Hinter ihm baut sich der faszinierende, 6.700 Meter hohe, von oben bis unten vergletscherte Pighpera Go Nup mit seinen wilden Eiswänden auf.

Am linken Ufer des Rolpa-Sees und weiter auf den hohen Moränenabhängen verläuft der Weg zum Trashi Labtsa. Der 5.700 Meter hohe, vergletscherte Paßübergang ist nicht einfach und erfordert volle Eisausrüstung; das Spannen von Fixseilen für die ebenfalls mit Steigeisen auszurüstenden Träger ist unerläßlich. – Für Trekkinggruppen ist der Paß daher nicht geeignet.

Von Na verläuft in südlicher Richtung ein Weg über den Yalung La (5.300 m). Unterhalb des Passes kann man in knapp 5.000 Metern ein Hochlager beziehen. Prachtvoll ist der Blick nach Norden auf die Grenzberge zu Tibet. Nach knappem dreistündigem Aufstieg hat man meistens noch Lust, den 5.100 Meter hohen „Lagerberg“ über Almrasen zu ersteigen.

Ein schönes Gipfelziel ist der 5.630 Meter hohe Yalung Ri vom Hochlager aus. Er erfordert Eisausrüstung, und seine Besteigung ähnelt im oberen Teil dem Biancograt, ist aber viel kürzer: Zuerst geht es über Moränenhänge und später im Schutt aufwärts. Im Herbst gibt es dann meist ein kurzes Blankeisstück, das man mit den Steigeisen leicht bewältigt. Man erreicht einen flachen, spaltenarmen Gletscher, aus dem sich ein Eis-Firngrat etwa 150 Höhenmeter aufschwingt.

Wenn gute Firnverhältnisse herrschen, benötigt man für seine Begehung kaum mehr als eine Dreiviertelstunde. Perfektes Gehen mit den Steigeisen ist aber angesagt, weil es praktisch keine Sicherungsmöglichkeit gibt. – Nach etwa fünf Stunden steht man am Gipfel und ist von der gewaltigen Rundschau überwältigt. Nicht mehr als zweieinhalb bis drei Stunden erfordert der Abstieg ins Hochlager und nochmals zwei Stunden hinunter nach Na.

Kartoffeln werden der Erdmiete entnommen

Am Rückweg genießt man die Landschaft doppelt

Zwei Stunden dauert der Abstieg nach Beding, das sich mit den wenigen Häusern mit ihren bunten Fensterfassaden und der kleinen braunroten Ghompa unter den strahlend weißen Vorgipfel des Gaurisankar hineinduckt.

Eine weitere Stunde ist es dann noch bis ins nächste Dorf, wo man gastfreundlich im erstbesten Sherpahaus aufgenommen wird. Praktisch das einzig verkäufliche Produkt sind Kartoffeln. Auch wenn sie schon für den Winter eingemietet sind, werden die Erdmieten ohne weiters geöffnet. So eine Miete ist etwa 70 Zentimeter tief. Auf eine dünne Lage von Wacholderzweigen werden die Kartoffeln halbmeterhoch aufgeschüttet. Obendrauf kommen wieder Wacholderzweige, sodann eine 20 Zentimeter hohe Erdabdeckung und darüber ein ordentlicher Erdhügel.

Durch ein herrliches Mahl von Pellkartoffeln und Käse gestärkt, nehmen wir die nächste, dreistündige Etappe auf dem Hauptpfad in Angriff. Wir queren den Rolwaling Cho auf der „Gebetsfahnen-Brücke“, und weiter geht es – hoch über dem Fluß – talauswärts. Eindrucksvoll sind die Wasserfälle, die rechterhand – oft in dünnen Streifen, dann wieder in Kaskaden – herunterstäuben.

Wir queren eine kleine Schlucht, wo man bis in den Gipfelbereich des Gaurisankar hinaufsieht. So wie bei den Schluchten rund um den Kailash in Tibet, sind auch hier unzählige Steinmännchen zu Ehren des Berggottes aufgestellt. Dann geht es zum Flußbett hinunter, und unsere Zelte stellen wir diesmal direkt am Rolwaling Cho in 2.800 Metern auf.

Der Weiterweg, zuerst längs des Flusses, dann in die Bergflanken in Richtung Simigaon, ist landschaftlich wunderschön. Natürlich müssen auch immer wieder kleine Seitentälchen gequert werden. Interessant ist eine Raubtierfalle mit zugespitzten, eingerammten Pfählen.

Jetzt haben wir auch etwas mehr Muße, auf den kleinen Almflecken die gerade ausgeübten Tätigkeiten zu studieren: Das Lufttrocknen von Milch, die Käsezubereitung, aber auch das Weben im Freien.

Im weiteren Auf und Ab geht es durch die Bergurwälder längs der Flanken bis zu einem erhöhten Punkt, von wo man plötzlich Simigaon erblickt und auch wenig später unten ist.

Die gesamte Mannschaft einschließlich Träger ist nun, nachdem die Kälte und größere Höhe hinter uns liegt, in recht gelöster Stimmung. So ergibt sich spontan am Abend in einem Sherpahaus ein improvisiertes Fest mit Gesang und Tänzen. Natürlich fließen dabei auch immer Tschang und Rakshi, aber wir haben noch nie erlebt, daß es dabei zu irgendeinem ausfälligen Benehmen gekommen wäre.

Den schon bekannten Weg steigen wir nun ab bis zur Hängebrücke über den grün-milchigen Bhote Khosi und beziehen schließlich unser Lager wieder am Fluß bei Gongar.

Weiter geht es am nächsten Tag in reizvoller subtropischer Landschaft, zuerst durch den Schluchtwald, später bei Manthale über die Hängebrücke und dann im breiter werdenden Bhote Khosi Tal bis Suri Doban, das bloß aus vier Häusern besteht. Es liegt an der Mündung des Suri Khola in den Bhote Khosi.

Wir durchquern wieder einen subtropischen Landstrich

Unsere Zelte stellen wir diesmal auf einer steilen Klippe, direkt über der Mündung der beiden Flüsse in 1.100 Metern auf.

Die meist strohgedeckten Tamang-Häuser in der Nähe sind blitzsauber, und zu Mitte November ist hier die Reisernte in vollem Gange. Weiter oben siedeln neben den Tamang auch Chetri, und wir genießen aus den Hausgärten Grapefruits und Suntalas, die köstlichen Mandarinen – natürlich gegen Bezahlung, aber dennoch fast geschenkt. Im Herbst blühen hier auch wunderschön die Wildpflaumen voll übersät mit rosaroten Blüten.

Durch lockere Streusiedlungen geht es weiter aufwärts, und nun taucht auch der Gaurisankar wieder voll auf. Steil steigen wir bis auf einen Rücken hinauf, der schon in die Waldzone hineinreicht (2.500 m). Auf einer kleinen Alm-Lichtung machen wir es uns mit den Zelten bequem.

Die letzte Etappe bis Jiri

Zuerst durch einen steilen Tannen-Rhododendron-Mischwald, später nur noch durch rotrindrige Rhododendren geht es zügig bis auf den Chordung-Rücken hinauf. In etwa 3.550 Metern erreichen wir einen kleinen Paßübergang und genießen einen Prachtblick auf Ganesh Himal, Langtang Lirung und Gaurisankar samt allen Nachbargipfeln.

In südlicher Richtung steigen wir nun nach Jiri ab. Zuerst wieder durch einen flechtenbehangenen „Zauberwald", dann durch Rhododendren. Am oberen Rand der ausgedehnten Almweideflächen stoßen wir direkt auf die bekannte Käserei (2.700 m), die seinerzeit von der Schweizerischen Entwicklungshilfe errichtet wurde und nun ohne fremde Hilfe gut funktioniert.

40 Bauern liefern während der Monsunzeit etwa 1.000 Liter Milch pro Tag an. Insgesamt reicht das für eine Erzeugung von 15 Tonnen Hartkäse pro Jahr, der – zusammen mit Butter – nach Kathmandu geliefert wird. (Vor 20 Jahren, als wir das erstemal hier im Gebiet waren, sogar per Flugzeug; heute über die gut ausgebaute Straße.)

In weniger als zwei Stunden steigen wir von der Käserei nach Jiri (1.900 m) ab und kommen am oberen Ortsrand an der sehenswerten Rotmützen-Ghompa vorbei. Wir können einem stimmungsvollen Totenritual mit Einsatz aller vorhandenen Musikinstrumente beiwohnen.

Von Jiri nach Kathmandu

Jiri hat sich seit dem Straßenanschluß stark entwickelt, es gibt wenigstens zehn Lodges und an die 50 Geschäfte, in denen man alles kaufen kann.

In den Jahren 1976 bis 1985 wurde die rund 110 Kilometer lange Straße bis in die Nähe von Barabise an der „Tibetstraße" von Schweizer Ingenieuren gebaut.

Die Straße überschreitet drei Pässe von über 2.000 Metern; der letzte – hinunter ins Sun-Kosi-Tal – ist sogar 2.600 Meter hoch. Die

Straße ist voll geteert und wird auch heute noch immer mit Schweizer Hilfe instandgehalten, so daß die Fahrt (im Gegensatz zu anderen Straßen in Nepal) ein Vergnügen ist. Eine Erklärung dafür, warum ihrer Trasse die Monsunregen nicht so zusetzen, wie anderswo, liegt wohl darin, daß ein tiefer, gepflasterter bergseitiger Wassergraben durchgehend vorhanden ist.

In vier Stunden erreichen wir bereits Lamosungo bei Barabise, und dann sind es allerdings nochmals vier Stunden bis Kathmandu.

Übersicht der Rolwaling-Trekkingtour

Das anspruchsvolle Trekking erfordert gute Kondition, die Bewältigung von Tagesetappen bis sechs Stunden und eine Höhenverträglichkeit bis auf wenigstens 4.000 Meter (wenn der Yalung Peak ausgelassen wird).

1. Tag: Fahrt von Kathmandu bis Barabise und 1 1/2 Std. bis Okrini
2. Tag: Okrini – Dolangsa; 6 Std.
3. Tag: Dolangsa – Bigu; 5½ Std.
4. Tag: Bigu – Chilangka; 5 Std.
5. Tag: Chilangka – Bulung; 5 Std.
6. Tag: Bulung – Gangar; 5 Std.
7. Tag: Gangar – oberhalb Simigaon; 5½ Std.
8. Tag: oberhalb Simigaon – unterhalb Daldung La; 4½ Std.
9. Tag: unterhalb Daldung La – Beding; 5 Std.
10. Tag: Beding – Na; 2½ Std.
11. Tag: Akklimatisationstag in Na
12. Tag: Na – Hochlager unterhalb Yalung Peak; 3 Std.
13. Tag: Besteigung Yalung Peak und Abstieg nach Na; 10 Std.
14. Tag: Na – Rolwaling Cho; 6 Std.
15. Tag: Rolwaling Cho – Simigaon; 5 Std.
16. Tag: Simigaon – Gongar; 3 Std.
17. Tag: Gongar – Suri Doban; 4 Std.
18. Tag: Suri Doban – Almfläche; 6 Std.
19. Tag: Almfläche – Jiri; 6½ Std.
20. Tag: Fahrt nach Kathmandu

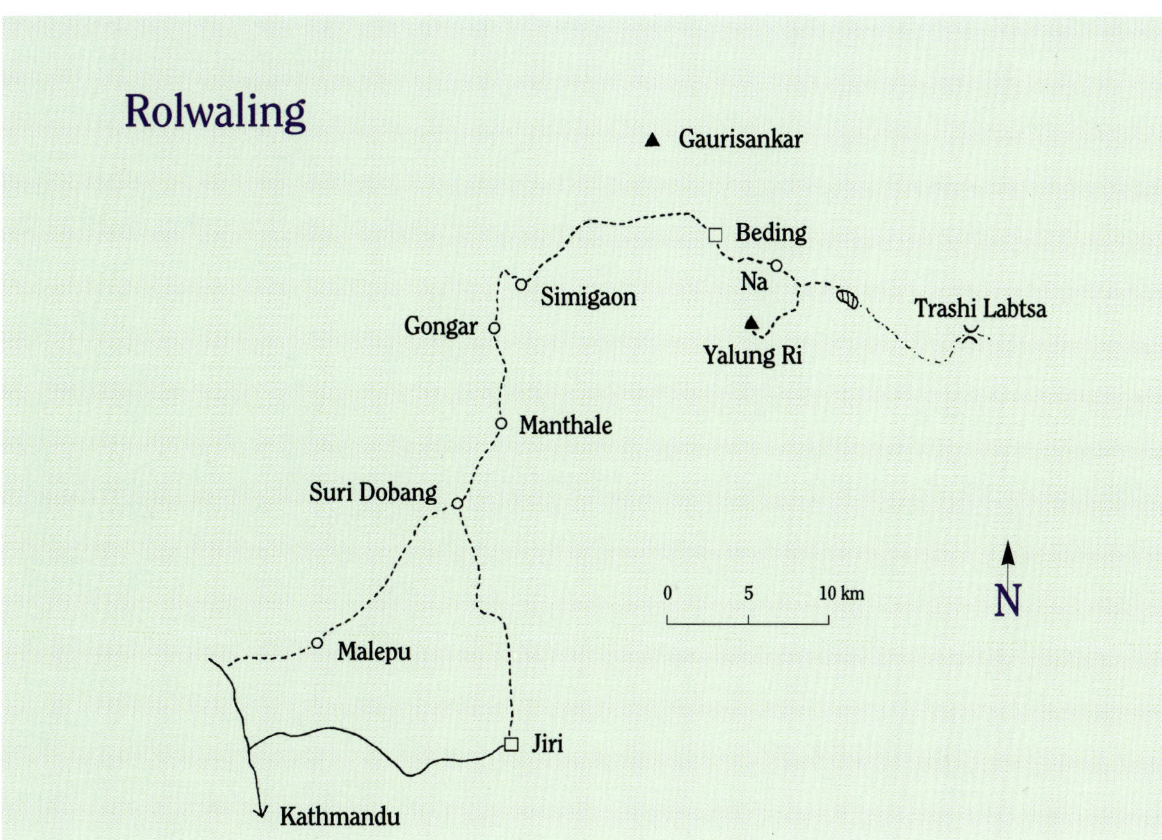

Die Bothia

Die Nepali und Inder nennen Tibet „Both" und die dort lebenden Menschen – auch jene südlich des Himalaya-Hauptkammes auf nepalischem Staatsgebiet – „Bothia". Die im mittleren Nordosten Nepals lebenden Menschen sind demnach auch Bothia, sie nennnen sich aber selbst „Sherpa", was „Menschen aus dem Osten" bedeutet. Diese Bezeichnung haben sie sich selbst gegeben, da sie aus dem Osten Tibets nach Nepal eingewandert sind.

„Shar" bedeutet nämlich *Osten* und „Pa" *Menschen,* und der Name „Sherpa" hat sich schon seit alten Zeiten in Nepal eingeführt. Die Sherpas selbst fühlen sich ihren „Bothia-Nachbarn" allerdings überlegen, was wohl darauf zurückzuführen ist, daß sie sich schon immer eines größeren Wohlstandes erfreuten. Im wesentlichen ist ihre Kultur und ihre Sprache aber tibetisch und mit jener der benachbarten Bothia identisch. (Um den kleinen sprachlichen Exkurs noch zu vervollständigen: Die Tibeter nennen sich selbst „Bothpa", das heißt „Menschen aus Both" und Tibet selbst nennen sie „Töboth", woraus in den westlichen Sprachen „Tibet" geworden ist.)

Die im nördlichen Bereich Nepals lebenden Tibetisch-Stämmigen sprechen also *eine* Sprache, die allerdings durch starke regionale Varianten aufgespalten ist; im extremen Fall so wie etwa deutsch-holländisch. Alle verstehen sie sich aber untereinander bzw. sprechen sie auch das „Lhasa-Tibetisch".

Je nach der Gegend, die sie besiedeln, nennen sie sich z. B. „Dolpo-Pa", im benachbarten Mustang „Lo-Pa" (die in Mustang Lebenden bezeichnen sich selbst als Einwohner von „Lo"); weiter östlich, im Annapurna-Gebiet „Manang-Pa" (nach dem Hauptort Manang); anschließend, nördlich des Manaslu „Larkya-Pa" (nach dem kleinen Gebirgszug, der dem Manaslu nordöstlich vorgelagert ist); weiter nach Osten folgen die „Sher-Pa", und am Fuß des Kangchenjunga die „Ghunsa-Pa" (nach dem Hauptort der dort lebenden Bothia).

Im großen und ganzen ist ihre Kultur dieselbe, wenngleich auch im religiösen Brauchtum, besonders was die erhalten gebliebenen Einflüsse der vorbuddhistischen Bönreligion mit Schamanenkult etc. betrifft, zum Beispiel zwischen den Dolpo-Leuten und den Sherpas Unterschiede bestehen.

Am besten ist die Sherpa-Kultur sowie die ziemlich rein tibetische von Mustang erforscht, weshalb diese auch im vorliegenden Buch ausführlicher dargestellt sind. Was den Lamaismus (und zwar sowohl jenen der Rotmützen als auch der Gelbmützen), die Familienverbände und das Sozialverhalten betrifft, gelten die Bräuche und Sitten der Sherpas und der Mustang-Leute aber auch für die dazwischen liegenden Bothia-Gebiete.

Besonders fällt auf, daß das religiöse Brauchtum in den entlegenen Bothia-Dörfern simpler und weniger differenziert als in den wohlhabenderen Gebieten ist.

Man schätzt die Zahl der Bothia in Nepal auf 400.000, wovon auf die Sherpas im Solu-Khumbu ca. 30.000 entfallen. 1992 betrug die Gesamtbevölkerung Nepals rund 19 Millionen Menschen.

Lebten Bothia schon immer in Nepal?

Dazu muß man festhalten, daß die Nordgrenze Nepals im wesentlichen durch den Himalaya-Hauptkamm von der Natur her gegeben ist. Mit Ausnahme von Mustang, das nördlich der Himalayakette liegt und mit Tibet durch ganz flache Pässe verbunden ist. Es war immer ein selbständiges, kleines Königreich; von Lhasa weit entfernt. Es wurde einfach später von nepalischer Seite erobert und in den Staatsverband Nepals eingegliedert.

Manche Bothia-Sippen leben sicher schon länger als die Sherpas, von denen wir wissen, daß sie etwa vor 450 Jahren nach Nepal eingewandert sind, auf nepalischer Seite. Es gab am Himalayakamm ja in alten Zeiten keine genau definierte Staatsgrenze, wohl aber eine Reihe leicht begehbarer Pässe, mit Tälern auf der Südseite, die zum Teil fruchtbarer und klimatisch günstiger als in Tibet waren. Nicht zu übersehen ist auch, daß es z. B. im 15. und 16. Jhdt. (und zwischendurch auch schon früher) wärmere Perioden gegeben hat, in denen manche heute vergletscherten Übergänge eisfrei waren!

So haben manche Tibeter ganz einfach ihren Siedlungsraum nach Süden ausgedehnt. Fast immer verblieben aber engere Bindungen mit den Heimatklöstern und Handelsplätzen in Tibet. Angeblich sind manche Bothia-Familien erst in den letzten beiden Jahrhunderten nach Nepal eingewandert, weil in Tibet das Banditentum stark zugenommen hatte. Genau erforscht ist in diesem Zusammenhang fast nichts. Jedenfalls hielten alle Bothia, in deren Siedlungsgebiet begehbare Pässe nach Tibet lagen, Handelsbeziehungen bis in unsere Zeit dorthin aufrecht; meist im Austausch von Getreide nach Tibet und von Salz zurück nach Nepal.

Dolpo – verborgenes, sagenhaftes Land am Dach der Welt

Im nordwestlichen Nepal, nördlich des 8.000 Meter hohen Dhaulagiri und des 7.000 Meter hohen Kanjiroba-Massivs, liegt direkt an der tibetischen Grenze die sagenumwobene Region „Dolpo“. Nur in mehreren Tagesmärschen zugänglich und in alten Zeiten eher nach Tibet als nach Nepal orientiert, von Bothias bewohnt, hat sich hier eine ursprüngliche tibetische Kultur bis heute erhalten.

Klimatisch schon den trockenen tibetischen Landstrichen zugehörig, findet der Wanderer hier karge Hochweiden, nur schmale Streifen bewässerten, fruchtbaren Ackerlandes, steile Schluchten, viele, über 5.000 Meter hohe Pässe, wüstenhafte Täler, festungsähnliche Dörfer, aber auch zauberhafte tibetische Klöster und die zwei größten Seen Nepals.

Von den 75 Verwaltungsbezirken Nepals hat Dolpo (von den Nepali auch Dolpa genannt) die größte Fläche, aber die geringste Einwohnerzahl. Die Verwaltungsbehörde befindet sich in Dunai, das am Barbung Chu liegt, der weiter südlich Bheri genannt wird. Dunai ist ein kleiner Ort mit einem winzigen „Basar“; nicht sehr weit entfernt liegt Juphal mit einer knappen Landepiste für Charterflüge. Vom Straßenende in Dang-Tulsipur benötigen die Einheimischen zehn Tagesmärsche nach Juphal.

Flußaufwärts liegt der nächste größere Ort Tarakot, das sich wie eine Burg über dem Fluß erhebt. Die hier lebenden Magar und Khami kann man von den Bothia, den „Dolpo-Pa“, nicht unterscheiden; sie haben sich der tibetischen Kultur voll angepaßt. Sie besitzen zahlreiche Pferde und betreiben während der Wintermonate Handel bis in den Terai hinunter.

Dolpo – im Westen weithin unbekannt

Im Westen ist Dolpo erst seit kurzer Zeit überhaupt bekannt. Ein japanischer Mönch kam um 1890 als erster Ausländer hierher. Er reiste als Lama verkleidet durch das Land, um nach Tibet zu gelangen. *„Ich wundere mich, wie die Menschen in einer so unwirtlichen und abgeschiedenen Gegend überhaupt überleben können“,* war später seine Aussage.

Um 1925 waren zwei Kartographen des Survey of India in Dolpo, um die ersten Landkarten des Gebietes anzufertigen, und Anfang der fünfziger Jahre war es dann der Schweizer Geologe Toni Hagen, der Dolpo als erster Westlicher bereiste. Der britische Tibetologe David Snellgrove war es schließlich, der 1956 ein volles Jahr in Dolpo verblieb und das Land durch Publikationen etwas bekannter machte. *„Ich bewundere diese grandiose Landschaft, die mit nichts, was ich bisher im Himalaya gesehen habe, zu vergleichen ist“,* schrieb er.

Früher einmal, ehe es vom Königreich Jumla aus erobert wurde, gehörte Dolpo zu Ti-

Dolpo-Pa in Charkha Gaon (Foto Glöckler)

bet und unterhielt ständig nahe Beziehungen zum Nachbargebiet Mustang. Zu Ende des 18. Jhdts. fiel Dolpo – zusammen mit Mustang – unblutig unter die Herrschaft der Gurkhas. Das Leben verlief aber ohne weitere Einflüsse von außen nach alter Tradition weiter.

Die Dolpo-Pa trieben auch weiterhin Handel mit den Nachbarn am tibetischen Hochplateau und tauschten Getreide gegen das Salz der Drog-Pa, der Nomaden am Dach der Welt. Selbst die chinesische Invasion im Jahre 1959 änderte nicht allzuviel an den Handelsbeziehungen. So konnte der Amerikaner Peter Mathiessen 1976 schreiben: *„Das Leben dieses tibetischen Volkes unterscheidet sich kaum von dem der tibetischen Nachbarn am Tschang Tang, am tibetischen Hochplateau, und die Sprache der Dolpo-Pa ist ident mit jener Tibets, wie sie schon vor zweitausend Jahren dort gesprochen wurde.“*

Die Dolpa-Pa können von der kargen landwirtschaftlichen Basis nicht leben und ergänzen daher schon seit vielen Generationen ihr Einkommen durch einen intensiven Handel mittels ihrer zahlreichen Yaks zwischen den Salzseen Westtibets und den Tauschplätzen rund um Jumla, der Hauptstadt Westnepals und den größeren nepalischen Orten im Süden von Dolpo. Das Salz wird im wesentlichen gegen Getreide getauscht.

Es gibt wichtigere Handelsrouten zwischen Nordnepal und Tibet als jene durchs Dolpo; das hatte den Vorteil, daß die Chinesen diese alten Handelsbeziehungen auch in den letzten Jahrzehnten nie unterbunden haben, zumal sie für die Versorgung einiger südwesttibetischer Gebiete mit Getreide nicht unwesentlich sind.

Nicht unerwähnt darf bleiben, daß das einsame Dolpo eine Vielzahl sonst in Nepal schon stark im Rückgang befindlicher Tierarten beherbergt; allen voran den „Sarkain“, den legendären Schneeleoparden.

Die Dolpo-Frauen sind berühmt für die Herstellung der farbigen Dolpo-Decken, deren Stoffbahnen sie kunstvoll – meist an einer windgeschützten Stelle vor dem Haus – weben. Originell ist der Kopfschmuck der Frauen aus Messingblech.

In Dolpo überlebte die Bön-Religion

Dieser vorbuddhistische Glaube, dessen Elemente sehr wesentlich den tibetisch-lamaistischen Buddhismus beeinflußt haben, ist hier noch stark vertreten, was auf die Abgeschiedenheit des Landes hinweist.

Bei den Bön-Po hat das mystisch-zauberhafte, tantrische Element größere Bedeutung, und die „zornigen“ Schutzgottheiten spielen eine größere Rolle als beim Lamaismus. In vielen Dingen unterscheiden sich die beiden Religionsrichtungen aber heute nur noch äußerlich, indem die Bön-Po gegen den Uhrzeigersinn die Tschorten umrunden und ebenso ihre Gebetszylinder drehen. Auch ihr Swastika dreht anders herum als das übliche Hakenkreuz. Sie betrachten sich selbstverständlich als Anhänger einer eigenen Religion, die Lamaisten meinen aber, sie seien bloß eine ihrer Sekten.

Die meisten Bön-Po haben soviel vom tibetischen Buddhismus angenommen, daß man sie heute als einen „Ableger“ dieses bezeichnen kann. Sie haben sogar den normalen tibetischen Kandjur, die Sammlung aller Glaubenssätze, ganz einfach nur ein bißchen umgeschrieben und seine Textierung ihrem Gründer und Lehrer Shenrap zugeschrieben.

Ghompa-Besuche sind übrigens oft deshalb nicht möglich, weil keiner der Lamas gerade anwesend ist. Am zeitigen Morgen und späten Abend werden aber praktisch täglich Gottesdienste gehalten.

Von Jumla nach Dolpo

Diese gut dreiwöchige Trekkingtour, die von West nach Ost durch das Äußere Dolpo bis Jomosom im Kali Gandaki-Tal verläuft, ist die derzeit von Wanderern häufigst begangene Route. Jumla, der Hauptort Westnepals (2.400 m), Zentrum eines ehemaligen Königreichs, wird regelmäßig von Nepalgunji, im westlichen Terai gelegen, angeflogen.

Sechs Anmarschtage müssen wir allerdings von hier bis Dunai, am Rand von Dolpo gelegen, veranschlagen. Man könnte dorthin (Flugfeld im benachbarten Juphal) per Charter auch fliegen, vernachlässigt dabei aber die wichtigen Regeln der Höhenakklimatisierung.

Die erste Wegetappe führt uns bis Gothi Chaur. Wir steigen dabei mäßig ab, queren die beiden Flüßchen Tila und Juwa, und sodann geht es durch Reisterrassen und kleine Dörfer aufwärts, bis wir schließlich Dochal Ghora auf 2.350 m erreichen. Aufwärts geht es sodann zum Pattyata-Paß (2.830 m) und drüben in ein einsames Hochtal hinunter nach Gothi Chaur (2.750 m) mit interessanten Steinmetzarbeiten der westnepalischen Malla-Dynastie aus dem 13. Jhdt.

Nun gelangen wir wieder ins Tilatal und folgen dem Fluß bis zu seinem Ursprung. Es geht

Einbaumbrücke über den Tila-Fluß östlich von Jumla (Foto Glöckler)

durch ein fruchtbares Land mit Weizen und Gerstenfeldern und üppig grünen Viehweiden.

Wir kommen durch das Dorf Munigaon, wo sowohl Chetri als auch Thakali und Bothia leben. Interessant sind die hier an Häusern angebrachten, geschnitzten, teils fratzenhaften Holzköpfe, die an Figuren im benachbarten Indischen Himalaya erinnern; sie sollen die bösen Geister abhalten.

Der Pfad leitet uns einiges später hinauf in den Weiler Chotra (3.010 m), wo Bothia siedeln, die allerdings schon vor langer Zeit im Zuge einer allgemeinen Anpassung an die „Herren im Lande" Hindu-Namen angenommen haben. Wenig später liegt aber die Bothia-Siedlung Naphukana (3.080 m) mit der großen Ghompa oberhalb des Dorfes vor uns. Viele Pferde und große Yakherden werden hier gehalten.

Die nächste Etappe führt durch Rhododendren-, Eichen- und Birkenwälder zum 3.820 m hohen Mauri Lagna-Paß mit Blick auf mehrere hohe Fünftausender. Nach längeren Hangtraversierungen wird wieder in eine Waldzone auf 3.100 Meter abgestiegen. Oberhalb des Bheri-Tales geht es schließlich bis Chaurikot (3.060 m) weiter. Die Einwohner sprechen und kleiden sich wie die benachbarten Dolpo-Pa, behaupten aber, daß ihre Vorfahren – ähnlich wie die Sherpas – vor einigen Generationen von Kham in Osttibet hierher eingewandert seien. Völkerkundler vertreten aber die Meinung, daß diese Leute Chetri seien, deren Vorfahren von Kumaon im Indischen Himalaya abstammen. Bemerkenswert ist in diesem Zusammenhang, daß viele Männer einen Turban tragen. Dhami-Schamanen sind ihre wichtigsten Priester.

Der nächste Ort ist Balasa, und von hier überblickt man schon den Balangra La, das nächste „Hindernis" auf dem Weg nach Dolpo. Vorerst wandern wir aber durch regelrechte Wälder voller Walnußbäume. Die Nüsse werden hauptsächlich gepreßt und daraus ein wertvolles Speiseöl gewonnen. Bei Jyakot gibt es auch Apfelplantagen.

Langsam steigen wir nun bis nach Rimi (2.900 m) ab, das ebenfalls für die merkwürdigen geschnitzten Gesichter auf den Dachfirsten der Häuser bekannt ist. Schließlich erreichen wir den Bheri-Fluß in 2.600 Metern mit der Ortschaft Kaigaon, wo neuerdings eine Veterinärstation eingerichtet wurde. Die hiesigen Einwohner, ähnlich wie im benachbarten Chaurikot und Hurikot, sind hinduistische Chetri, die aber mehr dem Lamaismus zuneigen, was die allenthalben flatternden Gebetsfahnen bezeugen. Allerdings feiern sie auch das hinduistische Erntedankfest, das „Dasain", wobei ganz „unbuddhistisch" Tiere geopfert werden. (Also religiöse Mischformen, wie sie auch in anderen Teilen Nepals anzutreffen sind.)

In Kaigaon teilen sich die Wege, die eine Route führt über den 5.100 m hohen Kagmara La (Beschreibung siehe S. 69), die andere in südöstlicher Richtung über den nur 3.760 m hohen Balangra La: Steil geht es auf einen mit Rhododendren und Eichen bestandenen Höhenrücken hinauf; mit einigem Glück können wir hier auf Schwarze Languren-Affen treffen. In oftmaligem Auf und Ab geht es am Hügelrücken weiter, bis wir schließlich die Gebetsfahnen am Balangra La erreichen. Bei klarem Wetter erhebt sich der mächtige Dhaulagiri nicht weit entfernt im Osten.

Ein nicht allzulanger Abstieg bringt uns zu einer staatlichen Yak-Zuchtstation. In weiterem Auf und Ab geht es hinauf in die Ortschaft Kaliban und vorbei an weiteren Dörfern, bis wir schließlich 500 Meter steil nach Tibrikot

Kagmara La (Foto Glöckler)

(2.100 m) absteigen; ein alter befestigter Platz mit Hindu-Bevölkerung und stattlichen Häusern mit geschnitzten Fensterrahmen.

Auf einer neuen Hängebrücke queren wir den Thula Bheri und folgen ihm nun längere Zeit durch eine sehr trockene, fast wüstenähnliche Landschaft. In Beti gehen wir an der Abzweigung zum „Dolpo Airport“, oberhalb von Juphal gelegen, vorüber und freuen uns am Kontrast der hiesigen Gegend mit grünen Oasen, verglichen mit dem vorangegangenen Wandertag.

Nun gelangen wir nach Roop Ghar, wo der Weg hinauf zum Phoksumdo-See abzweigt. Nicht weit ist es von hier flußabwärts bis Dunai, dem Hauptort des Äußeren Dolpo. – Die meisten Trekker werden aber schon in Kaigaon nach Nordosten abzweigen, um über den Kagmara La in das „Herz von Dolpo“ vorzudringen.

Über den Kagmara La

Der 5.150 m hohe Paß ist nicht schwierig, aber zwischen November und Anfang Mai wegen oftmals hoher Schneelage für die Träger unpassierbar.

Nahe Kaigaon, vorbei an Hurikot, gelangt man zur Tafel, die den Beginn des „Shey-Phoksumdo-Nationalparks anzeigt. Hoch über dem Flußtal geht es nun weiter bis zum Militärposten von Toijem (2.900 m) und sodann den Garpung Khola aufwärts bis auf 3.650 m, wo wir den Fluß queren und neben einer Serie von kleinen Wasserfällen weiter aufsteigen. Irgendwo im Moränengelände zu Füßen des Passes werden wir hier unser Lager aufschlagen.

Neben dem Kagmara-Gletscher geht es schließlich flach aufwärts zur Paßsenke, die man ohne größere Probleme überschreitet. Drüben geht es dann an die 900 Höhenmeter bis zu den Yakweiden im Dorjam Khola-Tal abwärts. Der Weiterweg verläuft am Hangrücken oberhalb des Talbodens angesichts des Kanjiroba Peaks hinüber zur Ortschaft Pungmo. Weiter geht es nun in südlicher Richtung flußabwärts zum Nationalpark-Hauptquartier in Sumduwa. Hier stoßen wir auf die früher beschriebene Route und lassen uns nordwärts vom Phoksumdo Khola zum Phoksumdo-See leiten.

Der früher benützte Weiterweg zum See war steil und sehr ausgesetzt. Seit 1995 besteht aber bereits ein leichter, relativ angenehm zu begehender Weg entlang des Flußufers.

Der prachtvolle Phoksumdo-See

Nähert man sich dem See vom Süden, dann geht es zuerst noch durch Zypressenbestände, die aber bald von Wiesengelände abgelöst werden, das im Sommer mit Edelweiß unter vielen anderen Alpinpflanzen uns erfreut. Die windexponierten Bergzüge im bereits ariden, tibetischen Klima spielen alle Farben von Gelb bis Rot, was besonders oben am See ins Auge springt. Dennoch gibt es um Ringmo Wald, was dem nach Süden offenen Tal mit größerer Luftfeuchtigkeit zu verdanken ist.

Das Dorf Ringmo (Foto Glöckler)

Der prachtvolle Phoksumdo-See (Foto Glöckler)

Kurz vor dem See liegt das Dorf Ringmo auf 3.600 m, wie in einem Amphitheater von beeindruckenden Berggestalten umgeben. Ungefähr ein Dutzend Häuser, die nur von Mitte Mai bis Mitte November bewohnt sind, drängen sich um die Bön-Ghompa. Zusammen mit den Ghompas von Samling und Tarap ist die Chöling Ghompa hier das wichtigste Bön-Kloster von Dolpo.

Steigt man von Ringmo zum Phoksumdo-See an, dann wird das Donnern eines Wasserfalles immer stärker, und Wasserdampf sowie

Ghompa in Dho / Tarap (Foto Glöckler)

ein ständiger Sprühregen stehen als ständige Wolke über der Schlucht, in die das Wasser hinunterschießt. Und dann liegt es plötzlich vor uns, das zweitgrößte Gewässer Nepals auf 4.200 Meter Seehöhe. Von steilen Felswänden dreiseitig umgeben, wirkt der See wie ein Fjord. Er wurde offensichtlich vor langer Zeit von einem Felssturz aufgestaut. Seine Farben spielen von azurblau bis türkisgrün. Der See ist 4,8 km lang, 1,8 km breit und angeblich 650 m tief. Er wird vom schneebedeckten, 6.612 m hohen Kanjiroba im Westen überragt.

Durch einen herrlichen Wacholderwald führt ein Pfad am südlichen Seeufer zu einer alten Bön-Ghompa mit vier kleinen Tempeln, von wo man den See sehr gut überblicken kann. Einige verstaubte alte Statuen und Thankas lohnen aber jedenfalls den Eintritt ins Innere.

Der Seeabfluß am Südende mündet im mächtigsten Wasserfall ganz Nepals, der 330 Meter tief abstürzt.

Von Dunai über Rahagaon zum Phoksumdo-See

Nun wäre noch das Wegstück von Dunai hinauf zum See für jene zu schildern, die entweder per Charter nach Juphal geflogen sind oder von Jumla her dem Kagmara La ausweichen wollten.

Dunai liegt in einem langgestreckten Tal am linken Ufer des oberen Beriflusses und ist Sitz von Verwaltung und Militär, obwohl es kleiner als das südöstlich gelegene Tarakot ist. Hier gibt es einige kleine Shops und den einzigen Markt im gesamten Dolpo.

Nach Dunai klettert unser Weiterweg bald die Hangseite des baumlosen Thulo Beri-Tales aufwärts, quert einen Rücken und senkt sich ins Phoksumdo-Tal mit interessantem Blick zum Kangmara Peak. Weiter geht es durch Walnußwälder in einem weiten Seitental (2.800 m). Hoch über dem Flußtal sehen wir das Dorf Parela. Wir kommen aber – unten im Tal – zur Wintersiedlung Dhera. Dieser Ort ist ein bekannter Platz zur Gewinnung der lotusähnlichen Pflanze Chuk, einer begehrten Heilpflanze, die nach Indien exportiert wird.

Nun geht es aufwärts in das Maggardorf Rahagaon (2.900 m) – auch „Roha" geannt. Mit seinen Flachdachhäusern und der kleinen Ghompa, in der vor allem die örtliche Gottheit Mastha verehrt wird, ist das Dorf sehr hübsch gelegen. An den Maggarfrauen sieht man häufig mit Moschustierzähnen verzierte Halsketten. Hier treffen sich viele Ziegenkarawannen, die Salz von Tibet heruntertransportieren; die Ziegen werden nach einer Erholungsphase anschließend häufig ins südlich und östlich gelegene Nepal verkauft.

Die drei Dörfer am Weiterweg weisen eigenartige Namensverbindungen auf: Rahagaon bedeutet „Augenbraue", Ankhe heißt „Auge" und Parela „Augenwimper".

Der Weiterweg leitet schließlich steil auf 2.900 m hinauf, um nach mehreren Auf und Ab wieder steil zum Fluß hinunterzuführen. Schließlich wird Ryajik erreicht, wo die „Kagmara-Route" auf unseren Pfad stößt.

Vom Phoksumdo-See bis Dho / Tarap

Der Weg verläuft in östliche Richtung, vorerst weiter zur ersten Hürde, dem 5.090 Meter hohen Baga La (= Basia Bhanjyang). Wir campen zu Füßen des Baga La in Phedi und queren den Paß am nächsten Vormittag durch offenes Grasland. Wir genießen einen Prachtblick auf das Kanjiroba-Massiv und können hier oben meist auch Blauschafe sehen.

Weiter geht es nach Numa La Phedi, um unsere Zelte vor dem nächsten Fünftausender-Paß aufzustellen. Auch ihn mit seinen 5.190 m bewältigen wir – nach nunmehriger wohl schon bester Höhenanpassung – ohne größere Probleme. Viele Manisteine stehen hier oben, und es gibt einen interessanten Blick auf die tibetischen Grenzberge und das obere Tarap-Tal.

Steil steigen wir zu den Wiesen am Tarap Khola ab und erreichen im Tal bald Champa Ghompa mit einer eindrucksvollen Statue Padmasambhavas und gelangen sodann nach Kakar mit seiner großen rot gefärbelten Ghompa. Das obere Tarap-Tal ist auf einer Länge von etwa 20 Kilometern flach mit vielen bewässerten Feldern; hier gibt es an die zehn Dörfer.

Dho / Tarap auf 4.040 m ist die größere Siedlung. Die örtlichen Bewohner verwenden nur die Bezeichnung Dho, obwohl auf den meisten Landkarten Tarap (nach dem Fluß benannt) steht. Die Menschen hier sind dem Volksstamm der Magar zuzurechnen, die sich aber den Bothia in tibetischer Sprache und Kultur völlig angepaßt haben. Es gibt im Ort sowohl ein Rotmützen- als auch ein Bön-Kloster.

Man könnte nun einer Route hinunter nach Tarakot und Dunai weiterfolgen oder aber den klassischen Weg der Dolpo-Durchquerung in östliche Richtung nach Jomosom fortsetzen:

Von Dho nach Jomosom

Vorbei an Ship Chhock-Ghompa wandern wir nun in nordöstlicher Richtung auf den nächsten Fünftausender-Paß zu und campen unterhalb des Passes in etwa 4.700 m. Nach einem steilen Anstieg erreichen wir die Anhöhe des 5.300 m hohen Maha La, von wo wir die Grenzberge Tibets wieder recht nahe sehen. Drüben steigen wir nicht allzu steil ab und campen vor dem nächsten Paß.

Durch eine „Mondlandschaft“ steigen wir zum 4.950 m hohen Chharka La an und genießen hier eine großartige Aussicht sowohl nach Norden als auch fast atemberaubend nach Süden auf die beiden ganz nahen Dhaulagiri II und Dhaulagiri III.

Kleines Bild: Rückblick ins weite Barbung Khola-Tal (Foto Glöckler)

Unten: Vor dem Sangda La (Foto Glöckler)

Der Abstieg führt uns nach Chharka Bhot mit seinen rund 60 zusammengedrängten Häusern, wo neben den Bothia auch viele tibetische Khampa-Flüchtlinge leben. Der Ort beherrscht die Landschaft wie eine Burg.

Nun leitet uns der Weiterweg das Barbung-Khola-Tal aufwärts. Wir biegen aber bald nach Süden ab und folgen der Route Richtung Sangda La bis zu einem geeigneten Lagerplatz am Fluß.

Nun folgt die letzte Paßüberschreitung auf unserer großzügigen Wanderung durch Dolpo; es ist der sechste Fünftausender. Vom Sangda La (5.400 m) lassen wir zum letzten Mal unsere Blicke über diese weite, einsame Bergregion zwischen Dhaulagiri Himal und der tibetischen Grenze schweifen. Ein steiler Abstieg führt uns schließlich hinab zur kleinen Siedlung Gok auf 4.050 m.

Ein vorletzter, langer Wandertag erwartet uns heute. Über einen Höhenweg mit herrlichen Ausblicken geht es, vorbei an Sangda Gaon, bis zu einem Lagerplatz hoch über dem Kali Gandaki. Am nächsten Tag geht es schließlich über das hübsche, tibetisch geprägte Kagbeni hinaus nach Jomosom.

Oben: Yak-Nomaden am Sangda La (Foto Glöckler)
Links: Abstieg vom Sangda La (Foto Glöckler)

Übersicht der Trekkingtour von Jumla nach Jomosom

Körperliche Anforderungen: Anspruchsvolle Tour; nur für geübte Bergwanderer mit ausgezeichneter Kondition, Schwindelfreiheit und Trittsicherheit nötig, tägliche Wanderetappen 5 – 8 Std.

1. Tag: Flug von Kathmandu nach Neplagunj
2. Tag: Weiterflug nach Jumla
3. Tag: Jumla – Gotichaur; 5 – 6 Std.
4. Tag: Gotichaur – Churta; 5 Std.
5. Tag: über den Mauria-Paß nach Chaurikot; 6 – 7 Std.
6. Tag: Chaurikot – Hurikot; 5 Std.
7. Tag: Hurikot – Garpung Khola-Tal bis zum Camp auf 3.400 m; 6 – 7 Std.
8. Tag: bis zum Camp am Fuß Kagmara La; 5 – 6 Std.
9. Tag: über Kagmara La ins Julung Kholatal; 5 – 6 Std.
10. Tag: über Pugmi ins Tal des Suli Gad; 6 – 7 Std.
11. Tag: Aufstieg nach Ringmo; 3 – 4 Std.
12. Tag: Ruhetag am Phoksumdo-See
13. Tag: Ringmo – unterhalb Basia Bhanjyang; 5 Std.
14. Tag: über Bhasia Bhanjyang – unterhalb Num La; 6 – 7 Std.
15. Tag: über Num La ins Tarap-Tal; 5 Std.
16. Tag: bis Dho; 3 Std.
17. Tag: bis unterhalb Maha La; 4 – 5 Std.
18. Tag: über Maha La bis unterhalb Chharka La; 5 Std.
19. Tag: über Chharka La – Chharka Gaon; 5 – 6 Std.
20. Tag: durch das Barbung Khola-Tal; 5 – 6 Std.
21. Tag: bis unterhalb Sangda La; 5 Std.
22. Tag: über Sangda La – Gok; 6 – 7 Std.
23. Tag: bis oberhalb Kali Gandaki; 7 – 8 Std.
24. Tag: Abstieg bis Jomosom; 6 – 7 Std.
25. Tag: Flug Jomosom – Pokhara – Kathmandu

Von Pokhara über Tarakot nach Dolpo

Dolpo kann man – wenn man über viel Zeit verfügt – natürlich auch von Pokhara her erreichen. Man beginnt die Tour auf derselben Strecke wie bei der „Dhaulagiri-Umrundung" und erreicht vorerst einmal den großen Ort Kusma am Zusammenfluß von Modi Khola und Kali Gandaki. Von Kusma geht es sodann den Kali Gandaki auf sehr gutem Weg (Straße teilweise in Bau) weiter aufwärts bis Beni mit großer Polizei- und Sanitätsstation, wo das eigentliche Trekking dann erst beginnt.

Wir kommen an den heißen Ouellen von Tato Pani vorbei, die in Ufernähe entspringen, jedoch nicht extra gefaßt sind. In Durban wird der Myagdi Khola gequert, und schließlich erreichen wir Phedi, von wo wir steil nach Darapani aufsteigen. (Orte dieses Namens bedeuten immer einen folgenden steilen Aufstieg, weil „Phedi" soviel wie „am Fuße des" heißt.) – In Darapani liegt der Dhaulagiri Himal mit seinen sechs bedeutenden Gipfeln vor uns; neben den Hauptgipfeln auch Putha Hinchuli und Churen Himal.

In mäßigem Auf und Ab geht es in etwa 2.000 m Seehöhe durch verschiedene Dörfer weiter, in denen relativ viele Schmiede – „Kami" genannt – auffallen. Sie gehören der niedrigsten Kaste an und werden auch von den Bothia, die an sich keine Kastenschranken kennen, als sozial „niedrig" eingestuft, obwohl sie für unentbehrlich gehalten werden. Bei der Suche nach Eisen beleidigen sie nämlich die Erdgeister und Feuer und Rauch sind nahe Verwandte der bösen Dämonen". Meist gehen sie ihrem Gewerbe weit außerhalb der Dörfer nach.

In der Nähe von Mura zweigt der Weg zum Churen Himal-Basislager ab. Wir gehen aber weiter nach Maraini (2.600 m) und steigen nun hinauf zum 3.430 m hohen Jalja La. Drüben geht es sodann durch herrliche Urwälder weiter nach Dorpatan, wo das gleichnamige Jagdreservat beginnt. Die Wälder bergen viele Bären und Leoparden.

Von Dorpatan folgt ein mehrstündiger, steiler Aufstieg zum gebetsfahnengeschmückten, 4.050 m hohen Pagune Lek, von wo es wieder eine Prachtaussicht hinüber zum Dhaulagiri gibt.

Nun geht es hinab zum Ghustung Khola und weiter durch herrlichen Urwald. In 2.800 m wird der Fluß gequert und schließlich das Magardorf Pelma (2.400 m) mit seinen Flachdächern erreicht. Die Brücke vor dem Dorf ziert an einem Ende eine Männerfigur mit einem eigenartig länglichen, ägyptisch anmutenden Gesicht und einem überdimensionierten Geschlechtsteil, über dessen glattpolierte Spitze jedermann drüberstreift.

Hinauf geht es weiter nach Dhule und schließlich zum tschortengeschmückten Nautale La (3.970 m). Aber wir steigen noch höher, denn als nächstes folgt der 4.530 m hohe Jangla La, nicht mehr weit entfernt von Tarakot.

Hier lag früher einmal die Grenze des kleinen Königreiches „Tichurong", des „Tales des wohlriechenden Wassers" mit seinem Hauptort Tarakot Dzong. Der Dzong von Tarakot, das auf 2.800 Metern liegt, existiert nicht mehr, wohl aber eine sehenswerte Ghompa. Die rund 80, eng zusammengedrängten, doppelgeschoßigen Häuser werden von buddhistischen Gurung und Tamang bewohnt. Die Frauen tragen Nasenringe, goldene Ohrringe und Korallenketten.

Von Pokhara bis Tarakot benötigt man zehn Tage.

Bis zum Kristallkloster Shey Ghompa

Bei den vorhin beschriebenen Touren wurden die verschiedenen Routen beschrieben, über die man bis Tarakot gelangt.

Diese Tour führt uns nun sozusagen gegen den Uhrzeigersinn durch Dolpo, wobei Shey mit einbezogen wird. Allerdings braucht man für Shey eine Sondergenehmigung, die 1996 nicht ohne weiteres erteilt wurde.

Drei Tage dauert der Marsch durch die wilden Tarap-Schluchten hinauf nach Dho; mit einer Vielzahl von Brücken, die immer wieder vom Hochwasser bedroht werden. Ständig wechselt der Pfad von der linken auf die rechte Flußseite. Es gibt aber auch eine nördlich der Schlucht verlaufende Variante, die dem unwirtlichen Tal ausweicht.

Dho selbst kommt einem dann mit seinen zwei Dorfteilen trotz der festungsähnlichen, fensterlosen Häuser wie ein kleines Paradies vor. Hier beginnt das eigentliche Dolpo mit seinen langen und kalten Wintern und kurzen Sommern.

Von Dho / Tarap ins „Innere Dolpo"

Von Dho (4.040 m) geht es in nordwestliche Richtung direkt hinüber zum Phoksumdo-See; wir wollen aber vorerst nach Norden ins „Innere Dolpo": Beim Dorf Tok Kyu geht es in ein Seitental, vorbei an einem mächtigen Tschorten, hinauf. Wir verlassen die bewässerte Kulturlandschaft und steigen durch einen wüstenähnlichen Landstrich zum flachen, 5.000 m hohen Tschö La hinauf, auf dem die Gebetsfahnen flattern und uns ein Prachtblick hinaus zum Dhaulagiri beschert wird.

Über flache Abhänge geht es ins nächste Tal hinunter. Auffällig gefärbte, offensichtlich sehr mineralreiche Gesteinsschichten begleiten unseren Weg. Bald geht es aber über Wiesen und vorbei an verlassenen Terrassenfeldern weiter abwärts. Nicht wenige Dorfstellen in diesem Gebiet mußten immer wieder wegen örtlicher Klimaverschlechterungen verlassen werden.

Wir erreichen Ting Kyu, das erste Dorf im Inneren Dolpo mit etwa 300 Einwohnern. Mächtige, graue Steinburgen sind die Häuser, die Sturm und Kälte der Wintermonate, aber auch der kurzen Hitze des Sommers trotzen. Weiter talabwärts kommen wir, vorbei an der Siedlung Phaltar, um schließlich die bewässerte Oase Shimen (auch Sennen) mit ihren vielen Bewässerungsgräben und den auffallenden Laubbäumen zu erreichen. In der Nähe zweigt einer der alten Handelswege nach Tibet ab.

Das Kleinklima ist in Shimen recht günstig, weil windarm und viel milder als in Dho und Ting Kyu. Eine Zier des Dorfes ist ein hübsch bemalter Tschorten; nicht versäumen sollte man den Besuch der Dorf-Ghompa.

Von Shimen nach Saldang und Shey Ghompa

Weiter geht es hinauf zum Pamso La, von dem es interessante Ausblicke zum tibetischen Randgebirge gibt, und bald erreichen wir das Dorf Koma (4.200 m), in dessen Nähe 1993 ein neues Rotmützenkloster mit (25!) Mönchen gegründet wurde. – Ein weiterer Paß muß überschritten werden, und anschließend geht es weiter in eine Schlucht und drüben hinauf nach Saldang und seiner Ghompa.

Saldang soll die größte Siedlung Dolpos sein; man wundert sich darüber, weil die Umgebung besonders karg ist. Natürlich müssen aber alle Felder künstlich bewässert werden. Die sehr alte, von Tschortenreihen umgebene Ghompa lohnt einen Besuch. – Wieder geht es über einen hohen Paß, den Saldang La, dessen Scheitelpunkt von einem Lhartse, einen mit Yakhörnern und Gebetsfahnen geschmückten Steinhaufen gekrönt ist. – Bereits kurz unterhalb des Passes gibt es aber in 4.600 m Seehöhe – zur großen Überraschung – saftige Wiesen. (Verfügbares Wasser und günstiges, windgeschütztes Kleinklima sorgen in Dolpo immer wieder für Überraschungen.)

Der Pfad führt entlang der Bergflanken weiter, und nun ist es nicht mehr weit zum sagenumwobenen „Kristallkloster" Shey Ghompa, das seinen Beinamen von den umgebenden zerklüfteten Bergen hat. – Das braunrot gefärbelte Rotmützenkloster steht, von einigen Mönchs-Wohnhäuschen umgeben, auf einer Flußterrasse mit Blick nach Süden. Gerne wird den Touristen von den freundlichen Mönchen Einlaß ins interessante Kloster gewährt.

Unbedingt lohnt sich auch ein Besuch des nahegelegenen Felsenkosters Tsekang Dechen Labrang. Es wird teilweise vom Kargyüpa-Orden, teils von Bön-Mönchen benützt. Das Kloster klebt förmlich in einer Steilwand und gibt Zeugnis vom Streben nach weltabgeschiedener Meditation. – Ganz in der Nähe kann man fast immer Blauschafe beobachten.

Nach einem Rasttag wenden wir uns weiter nach Süden und überschreiten nunmehr den mühsam zu überquerenden, 5.240 m hohen Kang La. Und dann ist es nicht mehr weit zum tiefblauen Phoksumdo-See. (Hier schließen die weiteren Wegbeschreibungen der vorherigen Abschnitte an.)

Übersicht der Trekkingtour von Juphal / Dunai nach Shey

Körperliche Anforderungen siehe „Jumla – Jomosom", S. 73.

1. Tag: Flug nach Nepalgunj
2. Tag: Flug nach Juphal und Wanderung bis Dunai; 2½ Std.
3. Tag: Dunai – Yelakot; 5 – 6 Std.
4. Tag: Yelakot – Deaza; 4 – 5 Std.
5. Tag: Deaza – Orar; 4 – 5 Std.
6. Tag: Orar – Dho; 5 – 6 Std.
7. Tag: Dho
8. Tag: Dho – Chulung; 7 – 8 Std.
9. Tag: Chulung – Shimen; 7 Std.
10. Tag: Shimen – Saldang; 6 Std.
11. Tag: Saldang – Shey; 7 Std.
12. Tag: Shey
13. Tag: Shey – Kang La Phedi; 6 Std.
14. Tag: Kang La Phedi – Kang La – Phoksumdo; 5 Std.
15. Tag: Phoksumdo – Ringmo
16. Tag: Ringmo – Sepka; 6 Std.
17. Tag: Sepka – Yuphal; 7 – 8 Std.
18. Tag: Flug Yuphal – Nepalgunj

Brandakupunktur

Bei Verrenkungen, Wirbelverletzungen und rheumatischen Beschwerden wenden die Dolpo-Amtschis, die heilkundigen Lama-Ärzte, oft die – uns Westlichen recht brutal erscheinende – Brandakupunktur an.

Die Prozedur geschieht in der Regel beim Dorfschmied, dessen Aufgabe es ist, die Spitze einer dünnen Metallstange glühend zu machen. Der Amtschi markiert inzwischen am Körper des Patienten mehrere Punkte mit Holzkohle und wirft sodann Wacholder ins Schmiedefeuer und spricht Gebete.

Zwei Männer halten den Patienten fest, und dann drückt der Amtschi die glühende Spitze über eine eiserne Lochschablone auf die schwarzen Punkte. Das Fleisch zischt und qualmt, und auch der tapferste Patient stöhnt. Fingernagelgroße rote Pusteln bleiben für die nächste Zeit zurück; langsam werden sie voll vernarben. – Die Dolpo-Pa sind von der Heilwirkung restlos überzeugt.

Die unterprivilegierten Schmiede

Im gesamten tibetischen Kulturkreis und darüber hinaus im Hunzaland und im Hindukusch gelten die Schmiede als unrein und gehören der untersten sozialen Schicht an: *„Sie arbeiten mit Metall, das sie den Göt-*

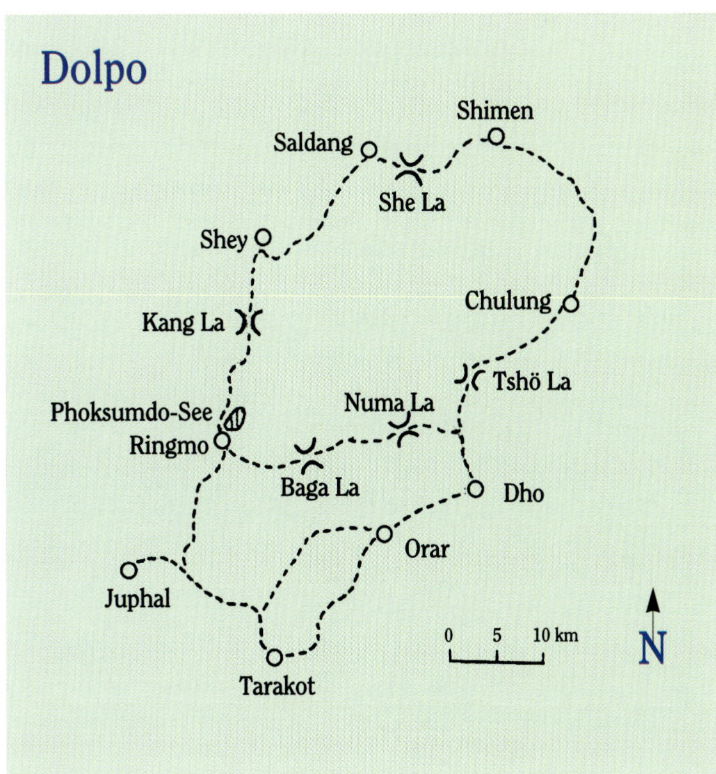

tern rauben, und sie schlachten Tiere!" Trotzdem sind sie unentbehrlich, und junge Schmiede – ihr Beruf und ihr Status sind erblich – werden oft von weit her in die Dörfer geholt, falls aus der örtlichen Schmiedsippe kein Nachfolger vorhanden ist. Sie ziehen häufig von Haus zu Haus, um kleinere Reparaturen durchzuführen, bekommen überall gut zu essen sowie Naturalien als Bezahlung. Die meisten verstehen sich auch auf die Anfertigung von Silberschmuck, wenn zum Beispiel eine Hochzeit irgendwo ins Haus steht.

Die Schmiede sind in den Dörfern aber auch die unentbehrlichen Metzger: *„Der fromme tibetische Buddhist tötet ja nicht!"* – Eine immer wieder auffallende doppelte Moral, denn das Fleisch wird von den Tibetern gerne gegessen.

Das Töten geschieht durch Ersticken mit einem mehrfach ums Maul geschlungenen Strick. Fließendes Blut würde die Götter besonders beleidigen! Der Schmied schlägt das Tier sodann aus seinem Fell und zerwirkt den Körper. Beim Füllen der Därme zur Wurstbereitung mit Blut, Fett, Fleischstücken und Tsampa helfen dann schon wieder alle Familienmitglieder mit.

Pfeil-Exorzismus bei Krankheit

Der Franzose Eric Valli berichtet von einem eigenartigen Ritual der Dolpo-Pa, um eine bestimmte Krankheit zu bekämpfen; der Dorflama hat es so angeordnet. Es wird hierbei auf das Schulterblatt eines Schafes geschossen, um die bösen Geister zu töten, welche die Krankheit ausgelöst haben. Daß die Tibeter aus einem Schaf-Schulterblatt Weissagungen treffen, ist bekannt. Dabei wird der Knochen ins Feuer geworfen, und die dabei entstehenden Risse und Sprünge werden interpretiert. Als Sitz böser Geister war uns das Schulterblatt aber bisher noch nie untergekommen ...

Ein gutes Dutzend Bogenschützen nehmen wie bei einem der gelegentlich ausgetragenen Wettkämpfe Aufstellung, schütten in etwa 15 Meter Entfernung zwei kleine Erdhügel auf, in deren Mitte je ein Schulterblatt als Zielscheibe hineingesteckt wird. Es symbolisiert nunmehr das Herz des Dämonen.

Die Schützen hocken sich vorerst nieder, haben ihre Pfeile vor sich in den Boden gesteckt und werden mit Tschang bewirtet. Drei Butterkügelchen werden als gutes Omen auf den Rand der Tasse gesetzt, und Weihrauch wird entzündet. Sodann ruft der Anführer der Schützen verschiedene Schutzgötter, aber auch Gesar von Ling, den „König aller Krieger", um Hilfe an. Schließlich werden den Göttern auch noch Gerstenkörner geopfert.

„Lha gyalloo", „die Götter sollen siegen", wird gerufen, und dann fliegen die Pfeile auf das Schulterblatt. – Trifft ein Pfeil das Zentrum, umringen alle den Schützen, beglückwünschen ihn und streuen ihm Grashalme auf den Kopf. Die Schützen sind immer auch in zwei Gruppen aufgeteilt und tragen gleichzeitig gegeneinander einen Wettkampf aus.

Wenn der Wettstreit glücklich beendet ist, wird wieder dem Tschang fest zugesprochen, und oft kommen sodann auch noch Dörfler mit allen möglichen kleineren Leiden, wie etwa Zahnschmerzen, und bitten die Bogenschützen, auch für sie nochmals zu schießen.

Bei schwereren Krankheiten verläßt man sich allerdings keineswegs nur auf die Bogenschützen, sondern man baut in Dolpo auch – nach alter tibetischer Tradition – auf eine besonders wirkungsvolle Medizin: Dabei werden einmal im Jahr unter Aufsicht eines heilkundigen Lamas im Dorftempel oft Hunderte Ingredienzien getrocknet, gekocht, wieder getrocknet und sodann vermahlen. Einige der Produkte, wie Mineralien aus Indien oder Elefantenschleim, werden gelegentlich von den Handelsreisen mitgebracht; die meisten anderen finden sich in der Gegend: Pflanzenwurzeln, Heilkräuter, Blut von wilden Yaks, Bärenmilz und Geiermagen.

Das Gras des Lebens

So nennen die Nepali eine sehr merkwürdige „Tierpflanze", eine Symbiose zwischen Schmetterlingsraupe und Pilz. Die Tibeter und Bothia nennen diese eigentümlichen Lebewesen „Sommergras – Winterinsekt". Sie kommen im Grasland des zentralen Himalaya, besonders auch in Dolpo in Höhen zwischen 4.000 und 4.500 Metern vor. Die Dolpo-Pa nennen sie „Yartsa-Gümbu".

Getrocknet und zu einem Pulver zerstampft, wird das „Sommergras – Winterinsekt" im asiatischen Raum, vor allem in China, mit Gold aufgewogen, da es angeblich die Manneskraft stärken soll. Es ist seit einigen Jahren in Nepal streng geschützt, da es immer seltener wird; aber der Schwarzmarkt floriert nach wie vor.

Der Lebenszyklus dieser Symbiose spielt sich so ab, daß im Frühsommer die Raupen einer bestimmten Nachtfalterart schlüpfen und sich von Gräsern auf den Hochweiden ernähren.

Gleichzeitig setzt ein hier ansäßiger Parasitenpilz, der den wissenschaftlichen Namen Cordyceps sinensis trägt, Sporen frei. Manche dieser Sporen setzen sich nun auf den Raupen fest und beginnen in sie hineinzuwachsen. Dies geschieht langsam und dauert solange, bis der Pilz die Raupe ausgetrocknet hat. Dann setzt sich der Pilz im Boden fest, um schließlich im nächsten Jahr neue Sporen zu produzieren. Zu finden ist dieses „Gras des Lebens" nicht einfach. Man muß regelrecht über den Boden kriechen, um die etwa fünf Zentimeter langen Gebilde, die wie Antennen als grellgelbe, fleischige Stielchen aus dem Boden ragen und – solange die Raupe noch lebt – meist vibrieren, zu entdecken.

Mittleres Kali Gandaki-Tal

Rund um den Dhaulagiri

So nah kommt man beim Trekking an keinen anderen Achttausender

Diese anspruchsvolle, aber großartige, 16-tägige Tour ist bei guten Wetterbedingungen nicht gefährlich und auch leicht zu bewältigen. Bei stärkeren Neuschneefällen kann sie allerdings zu einem expeditionsähnlichen Unternehmen werden.

Der Ausgangspunkt ist Pokhara, das man nach achtstündiger Fahrt von Kathmandu aus erreicht. Weniger strapaziös ist der halbstündige Flug über die immer wieder faszinierende Terrassenlandschaft, die vom ungeheuren Fleiß der nepalischen Bauern zeugt.

In Pokhara gibt es Hotels verschiedener Kategorien; wir haben bei unserer Tour aber bereits die erste Nacht in unseren Zelten zugebracht, und zwar am Campingplatz eines tibetischen Flüchtlingslagers („Hyangja Tibetan Camp"). Der Rasen vor der neu erbauten Ghompa eignet sich hierfür sehr gut (970 m Seehöhe).

Sibang mit Dhaulagiri-Kette

Angesichts von Machapuchare und Annapurna

wandern wir die nächsten drei Tage durch das subtropische, fruchtbare nepalische Mittelland. Obwohl man den ersten Teil dieser Etappe auch schon mit einem öffentlichen Bus zurücklegen kann, ist es doch nicht unzweckmäßig, sich gemächlich „einzugehen".

Vorerst geht es durch ein weites Tal mit Reisfeldern, auf denen im Oktober gerade die Ernte im Gang ist. Die Straße wird gekreuzt, und wir steigen auf einen Höhenrücken hinauf, auf dem sich das Dorf Nagdanda (1.400 m) ausbreitet. Hier gibt es auch einen interessanten Blick hinunter auf den Phewar-See.

Ohne viel an Höhe zu verlieren, geht es durch Reis- und Hirsefelder sowie durch mehrere Dörfer längs der Talflanken weiter und zum Schluß hinauf zur Ortschaft Bhadaure (1.630 m), die auf einem breiten Sattel liegt. Hier gibt es am Vorplatz des Schulhauses gute Zeltplätze.

Ins Tal des Modi Khola

Weiter geht der hübsche Weg durch die reizvollen Dörfer mit den orange gefärbelten, steinplattengedeckten Häusern. Auch hier wird viel Reis und Hirse angebaut.

Bald blicken wir auch auf den Modi Khola hinunter, der wenig später in den Kali Gandaki mündet. Unsere Blicke schweifen aber immer wieder hinauf zum „Fischschwanz" des Machapuchare, zur Gangapurna und zur prachtvollen Eis-Südostwand der Annapurna.

Nach einer Rastpause in Tilahar geht es ins Flußtal hinunter und durch reizvolle subtropische Vegetation bis nach Dobila (800 m) im Modi Khola-Tal, wo man sehr angenehm am Fluß zelten kann.

Unser nächstes Ziel ist der große Basarort Kusma, schon auf einer Terrasse oberhalb des breiten Kali Gandaki-Tales gelegen, in das wir nun einbiegen. Noch immer gibt es neben den orangegefärbten, reisstrohgedeckten Häusern romatische Prachtblicke zwischen Bananenstauden auf Annapurna-Haupt- und Südgipfel sowie auf Glacier Dome-Gangapurna und Machapuchare.

Eine Straße kommt vom Süden herauf, und ganz weit ist hier das Tal, das ja einem der größten Flüsse Nepals Raum gibt. Gute hundert Meter unterhalb der Flußterrassen schiebt er seine blaugrünen Fluten in Richtung Terai. Große Reis- und Hirsefelder dehnen sich jetzt im Oktober im Talbereich aus; im Frühjahr gedeiht als zweite Frucht aber Getreide und Mais.

Auf der linken Flußseite wandern wir aufwärts, gelangen zum Dorf Khanyagar und campen knapp zwei Kilometer später in etwa 770 Meter Seehöhe im herrlichen Flußtal.

Nun ist auch der Dhaulagiri zu sehen

Weiter trekken wir im breiten Tal durch hübsche Dörfer und Reisterrassen und können dabei nicht nur die Bauernarbeit, sondern auch manch interessante handwerkliche Tätigkeit studieren. Viele Maultier-, Esel- und Pferdekarawanen kommen uns – von Jomosom herunter – entgegen. Nun ist auch erstmals der Klotz des Dhaulagiri mit seiner Südwand zu sehen.

Weiter geht die hübsche Wanderung den Kali Gandaki aufwärts bis Beni (820 m), am Zusammenfluß von Kali Gandaki und Myagdi Khola („Beni“ heißt soviel wie „Zusammenfluß“). Beni ist ein wichtiger Ort mit Funkstation und mehreren modernen Bauten. Im Hintergrund ragt der Gipfel des Dhaulagiri gerade über die braunen Bergkämme hinaus.

Wir wenden uns nun in nordwestliche Richtung und folgen dem immer enger werdenden Flußtal des Myagdi Khola aufwärts. Nach guten drei Stunden erreichen wir Tato Pani (einen der vielen Orte im Südhimalaya mit heißen Quellen – wie der Name besagt).

Direkt am Fluß entspringt die Therme, deren Wasser in zwei kleine mit Steinplatten ausgelegte Becken geleitet wird; eines für Frauen, eines für Männer.

In der Nähe von Tatopani gibt es mehrere gute Zeltplätze (920 m). Hier kommen nicht viele Touristen vorbei, und so lassen es sich Lehrer und Schüler oft nicht nehmen, Gesang und Tänze darzubieten. Natürlich erhält die Schule dann auch eine entsprechende „Donation“.

In die Bergdörfer der Chetri und Magar

Weiter steigen wir im verhältnismäßig engen Flußtal aufwärts, queren mehrmals Hängebrücken und gehen über behelfsmäßig reparierte Wegstellen, denn Erdrutsche setzen den Pfaden immer zu.

Chetri und Magar leben hier in schmucken Steinhäusern. Wir sind noch immer weit unter 2.000 Höhenmeter, so daß der Reis die dominierende Ackerfrucht ist. Die Ortschaften Babichor und Darbang fallen durch ihr gepflegtes Äußeres auf; wir gehen aber weiter bis Phedi, wo wir auf einem abgeernteten Erdnußfeld gerade noch einen Zeltplatz finden. Das Tal wird hier schon sehr eng.

Von Phedi geht es in Serpentinen auf einen Höhenrücken hinauf und am Kamm prachtvoll mit ständigem Blick auf die gesamte Dhaulagiri-Kette weiter.

Besonders reizvoll nehmen sich die Dörfer Dharapani und Sibang vor der Reihe der Dhaulagiri-Gipfel aus. – Hinter Sibang zelten wir beim Dorf Mattim in 1.800 m und genießen aus dem Zelteingang den Blick auf die Gletscherberge.

Maisspeicher bei Dharapani

Die hübschen Maisspeicher von Muri

Am nächsten Morgen steigen wir etwa 150 Höhenmeter in ein kleines Seitental ab und queren eine Hängebrücke. Auf gutem, aber schmalem Pfad wandern wir längs eines aussichtsreichen Höhenrückens weiter und erreichen nach kurzem Abstieg das interessante Bergdorf Muri (1.770 m). Die Häuser sind hier in karger Umgebung schon eher ärmlich; besonders hübsch sind aber die eigenwillig konstruierten Maisspeicher. Auch fallen hübsche kleine Holzschnitzereien unter den Dachfirsten auf.

Zu Ende Oktober werden hier die Maisäcker gerade gepflügt und für die Aussaat von Wintergerste vorbereitet. Bei mehreren Häusern, an denen wir vorbeikommen, wird uns Tschang angeboten. Dies ist auch ein Zeichen, daß wir uns bereits am Rande des tibetischen Kulturkreises befinden.

Wir steigen auf 1.650 Meter zum Dhola Khola ab und queren seine Schlucht auf guter Holzbrücke. In echt „nepalesischer Landschaftsbewältigung“ steigen wir anschließend etwa eine halbe Stunde auf einen Sporn hinauf, der sich zwischen Dhola Khola und Myagdi Khola hineinschiebt, um sofort auf der anderen Seite wieder zum Myagdi Khola abzusteigen, wo wir auf einer hübschen Waldwiese am Fluß in etwa 1.400 Metern campen.

Am nächsten Morgen geht es auf den Rücken, der den Myagdi Khola begleitet, bis auf 2.300 Meter hinauf. Längs wilder Flanken folgen wir nun einem schmalen Pfad, der sich recht „dramatisch“ dem Gelände anpaßt. Unten schäumt der Fluß; auf der gegenüberliegenden Seite stürzt ein Wasserfall herab. Der Myagdi Khola ist hier tief ins Gelände eingeschnitten.

Im Mischbereich zwischen Hinduismus und Buddhismus

Wir steigen zum Magar-Dorf Boghara mit seinen wenigen steinigen Terrassenfeldern ab. Die Häuser sind hier wieder recht bescheiden. – Ja, je höher wir hier hinaufkommen, desto geringer sind die Erträgnisse; im Gegensatz zu anderen Landstrichen Nepals fehlen hier die ausgedehnten Almweideflächen.

Wir campen bei der Schule in etwa 2.000 Metern Seehöhe, und der Lehrer beklagt, daß nur etwa ein Drittel der Kinder in die Schule geschickt werden. *„Die Leute seien ethnologisch Tibeter, deren Vorfahren schon vor langer Zeit hier eingewandert seien. Die Täler waren seinerzeit von Süden her überhaupt unzugänglich. Sie bekennen sich zum Hinduismus, wüßten damit aber nicht viel anzufangen.“* – Und tatsächlich, man sieht kaum wo einen Tempel stehen.

Nun steigen wir nochmals auf schmalem, aber gutem Pfad ins Tal des Myagdi Khola durch Bambusgehölze ab. Gegenüber kommt ein Wasserfall in mehreren Kaskadenstufen herunter. Und wir wandern nunmehr durch einen Bambus-Auwald stetig aufwärts bis zur kleinen waldumschlossenen Alm Lipsche (2.050 m).

Im flußbegleitenden Urwald geht es im mäßigen Auf und Ab recht angenehm weiter bis nach Dobang (2.450 m), wo sich im engen Schluchtgelände auf der kleinen Stufe einer Urwaldlichtung einige Sommerhütten der Almbewirtschafter finden. Durch die Bäume blinken die Gletscher von Dhaulagiri I bis VI herunter.

Wir sind schon nah am Dhaulagiri

Nun kommt ein Wegabschnitt, der in manchen Jahren wegen abgerutschter Pfadstellen und von Hochwassern zerstörter Stege schwierig sein kann. Bei unserer Begehung im Herbst (knapp nach dem Viehabtrieb von den Hochalmen) war aber alles bestens repariert.

In weiterhin ständigem Auf und Ab gehen wir im Schluchturwald mit nunmehr auch bereits viel beigemischten Rhododendren weiter. Wir queren einen Seitenfluß auf recht gutem Steig und müssen nun sogar den Myagdi Khola überschreiten, der hier allerdings nur noch ein – allerdings sehr wilder – Sturzbach ist. Drei von den „Almbauern“ sehr gut verankerte, mächtige Rhododendronstämme ermöglichen eine problemlose Überschreitung.

Überraschenderweise geht es drüben auf eher breitem Pfad im Wald aufwärts. Ein Seitenbach wird auf Trittsteinen überquert, und am nächsten Rastplatz sind wir 2.700 Meter hoch. Ganz nah sind wir inzwischen schon den Eisflanken des Dhaulagiri gekommen.

In den Urwäldern rings um uns soll es viele Bären geben; wir haben aber leider (oder gottseidank) keine „Begegnungen“ gehabt. Im immer prächtiger werdenden Bergurwald mit Tannen, Ahorn, Birken und großen Wildrosensträuchern geht es weiter aufwärts.

Das Gelände zeigt nun immer mehr Almcharakter. Zwischendurch breiten sich Zwergsträucher mit Cotoneaster und Zwergrhododendron aus und der uns noch immer begleitende Myagdi Khola schäumt in dieser grandiosen Wildnis tief unter uns. Zwischen Nebelfetzen schauen die gewaltigen Eisflanken des Dhaulagiri direkt auf uns herunter. Mehrere Seitenbäche können harmlos gequert werden, und der Weg ist weiterhin erstaunlich gut. Wir gelangen in die obere Waldzone und stehen vor einigen riesigen alten Tannen. Trekker haben an einem Baum ein kleines Plakat mit dem Hinweis angebracht, daß dieses prachtvolle Waldstück unbedingt geschont werden müsse. Außerdem hätten sie hier zwei Stunden lang Abfälle gesammelt und beseitigt.

Im Italy-Basecamp am Dhaulagiri

Wir queren nun ein riesiges Schierlingsfeld und ein trockenes Flußbett und steigen durch Zwergrhododendren und Cotoneaster auf ein fast ebenes Plateau hinauf. Auch hier wächst wieder mannshoher Schierling, aber auch einzelne Thujen und Tannen sowie prachtvolle Birken sind zu sehen.

Wir erreichen den sehr schönen Zeltplatz von Puchhar, finden aber kein Wasser, so daß wir noch eine weitere halbe Stunde bis ins sogenannte „Italy-Basecamp“ hinaufsteigen. Hier, in 3.450 m, gibt es genug Zeltplätze und auch ein Bächlein. Beim Umherstreifen entdecken wir das Grab eines *„Franz Müllereder, Sept. 1986“;* worauf uns die in eine einfache Steinplatte gravierte Inschrift hinweist. (Ob Unfall oder Höhenkrankheit ist uns nicht bekannt.)

Auf den schuttbedeckten Chonbardan-Gletscher

Vom Italy-Basecamp steigen wir auf eine schuttbedeckte Lawinen-Gletscherzunge ab und finden einen erstaunlich gut mit Steinmännchen markierten Pfad. Vorbei an zwei schuttbedeckten Gletschertoren geht es auf einem berasten Hang unterhalb einer Felswand in den engen Taleinschnitt hinauf, auf dem die Hochweiden von Pakoban auf 3.700 Metern liegen.

Hier gibt es gute Zeltplätze, und obwohl wir nur eine Stunde heraufgegangen sind, entschließen wir uns zu einem Akklimatisationstag, nachdem wir die letzten Tage sehr rasch an Höhe gewonnen haben. Für die nächsten „Hochetappen“ werden wir die Anpassung an die großen Höhen sehr gut brauchen. – In der Nacht werden wir mehrmals durch das Krachen von Eislawinen geweckt.

Unser Lagerplatz im engen Taleinschnitt zwischen Dhaulagiri-Hauptgipfel und Dhaulagiri II und III ist bei etwas größeren Neuschneefällen sehr lawinengefährdet und muß bei solchen Umständen absolut gemieden werden.

Nun folgt der lange Aufstieg über den Chonbardan-Gletscher, der dem Dhaulagiri direkt nördlich und dem benachbarten Tukuche Peak westlich vorgelagert ist.

Aufstieg zum Chonbardan-Gletscher

Am Chonbardan-Gletscher

Im überwältigend gelegenen Dhaulagiri-Basecamp

Stetig, aber nicht steil ansteigend geht es am schuttbedeckten Eis recht unübersichtlich aufwärts. Zum Glück gibt es auch hier Steinmännchen, die das Wegfinden erleichtern. Man hat den Eindruck, daß hier doch immer wieder Einheimische – etwa vom Hidden Valley zum Myagdi Khola – unterwegs sind, denn Trekker und Expeditionsleute sind hier nur in geringer Zahl anzutreffen.

An manchen Stellen wären Steigeisen nicht ungünstig, aber mit den beiden Eispickeln, die wir mitführen, können die paar notwendigen Stufen geschlagen werden; die Schistöcke sind eine nicht zu unterschätzende Hilfe.

Schließlich wird der Gletscher flacher, wir queren auf die nördliche Seitenmoräne hinaus und stehen nach sechsstündigem Aufstieg überrascht vor dem berühmten Dhaulagiri-Basecamp in 4.630 Metern.

Über viele mit bunten Wimpeln geschmückte Gebetsfahnenschnüre, die von Steinmann zu Steinmann gespannt sind, bauen sich die gewaltige Dhaulagiri-Nordwand und die Eiswülste des Tukuche Peak auf. Ganz nah, aber zum Glück nicht so nah, daß Eislawinen den Platz bedrohen, ragen der Dhaulagiri (8.167 m) und der Tukuche Peak (6.920 m) ungeheuer wuchtig in den Himmel.

Im Dhaulagiri-Basislager

Die unzähligen Gebetsfahnen und die vielen steingeschlichteten Tschorten, die nunmehr bereits von zwei Sherpa-Generationen hier angebracht wurden, zeugen von Bangen, Hoffen und Sieg, aber auch von großem Leid, das dieser Platz schon gesehen hat.

So ist dieser Ort nicht nur traumhaft schön, sondern auch überwältigend und ergreifend. Hautnah zwischen dem wuchtigen Dhaulagiri I und auf der anderen Seite zwischen Dhaulagiri II, III und V gelegen, ist das Basislager für die beiden Autoren der großartigste Platz, den sie auf all ihren Trekkingtouren in Nepal kennenlernen konnten!

Ein Akklimatisations- und Rasttag ist hier zweifellos angebracht. Nicht nur, um die einmalige Landschaft in sich aufzunehmen, sondern auch, um sich auf die 5.000er-Höhe der nächsten Tage vorzubereiten.

Beim Umherstreifen entdeckt man oberhalb des Lagers einige Gräber, die von manchen Tragödien der letzten Jahre Zeugnis geben.

Wir unternehmen am Rasttag auch einen eineinhalbstündigen Aufstieg hinauf in Richtung French-Paß über den im oberen Teil immer flacher werdenden Chonbardan-Gletscher bzw. über seine Seitenmoräne. Hier oben bemerkt man sofort den klimatischen und geographischen Grenzbereich zum tibetischen Hochland, das nicht mehr weit entfernt ist. Die Bergkonturen werden flach, und alle Wolken lösen sich wie von Geisterhand auf.

Über die beiden „Fünftausender“: French- und Tapa-Paß

Wir wählen den schon bekannten Aufstieg zum Gletscher-Moränenrand und steigen dann am Moränenrücken gemächlich eine gute Stunde aufwärts. Dort, wo er ausläuft, wenden wir uns linkerhand und stapfen nun über weite Firnflächen hinauf in die breite Einsattelung des French-Passes (5.360 m).

Mit bunten Gebetsfähnchen geschmückte Lhartses stehen hier und verleihen der Landschaft wie immer ein feierliches Gepräge. Gewaltig ist der Rückblick auf den Klotz des Dhaulagiri, den man von hier in seiner gesamten Größe überblickt. Nach der anderen Seite dominiert der völlig andere, sozusagen tibetische Landschaftscharakter mit weiten, schneefreien Bergflanken und flachen Tälern. Darüber erheben sich aber auch mehrere vergletscherte Sechstausender. – Es ist das typi-

sche Landschaftsbild, das wir von Dolpo und Mustang kennen.

Über Firn wandern wir nun gemächlich etwa zwei Stunden in einem breiten Flußtal abwärts und schlagen auf einer ebenen Fläche unterhalb des Tapa-Passes (er wird auch Dhampus-Paß genannt) unser Zeltlager auf.

Wir sind hier ziemlich genau 5.000 Meter hoch und genießen die großartigen Ausblicke auf die Eisbrüche des direkt im Süden aufsteilenden Tukuche Peaks. Auch der Gipfel des 6.012 m hohen Tapa(= Dhampus)-Peaks ist gut zu überblicken. Er ist für konditionsstarke Trekker vom Paß aus ein nicht allzu schwieriges Ziel.

Am nächsten Morgen steigen wir über flachen Firn ganz langsam zum Tapa-Paß auf und schauen dabei ins legendäre Hidden Valley hinunter, das von Herbert Tichy seinerzeit so getauft wurde.

Bald erreichen wir den teils schneebedeckten, teils aperen und aus rotbraunem Schiefergestein bestehenden, weiten Tapa-Paß (5.250 m). Nun ist auch die Annapurnagruppe voll im Blickfeld. Der Paß wird aber von den eindrucksvollen Eisriefen der Tukuche-Peak-Nordwände beherrscht. Sehr bemerkenswert ist auch der Felskessel direkt unter uns mit seinen gebankten Steinstufen.

Nun folgt eine mehrere Stunden dauernde, fast nicht enden wollende, stetig mäßig fallende Querung über die Schieferflanken der Südseite des Tapa-Peaks. Der Pfad ist so angelegt, daß ihn auch Maultiere begehen können. Das Dhaulagiri-Basislager wird ja von den Expeditionen von dieser Seite über Marpha her begangen und versorgt. Schließlich wendet sich der Weg bei einem großen Steinmann rechtwinkelig abwärts, und in unzähligen Kurzserpentinen geht es über die Schuttflanken – nun schon mit vollem Blick auf das obere Kali Gandaki-Tal – abwärts.

Bald sind wir in steilem Almrasengelände und steigen auf gutem Pfad zu unserem Zelt-

Zwischen French- u. Tapa-Paß. Unten: Dhaulagiri vom French-Paß.

platz bei der sogenannten „Yak-Kharka“ ab. 4.200 Meter sind wir hoch und haben wie aus einer Aussichtsloge einen Prachtblick auf das Kali Gandaki-Tal mit Jomosom und den flachen Schuttbergen Mustangs im Hintergrund und nach der anderen Seite aber auf den 6.940 m hohen, voll vergletscherten Nilgiri.

Ein Erlebnis ist auch der Abstieg ins Kali Gandaki-Tal

Auch bei Temperaturen von wenig über Null Grad ist es ein Genuß, im Sonnenschein in dem Gefühl zu frühstücken, nun bald der Kälte und der dünnen Luft entronnen zu sein.

In mäßigen Kehren geht es über die Almen der Marpha-Bauern abwärts. Oberhalb von 4.000 Metern ist alles Gemeinschaftsweide. Ab etwa 3.500 Metern finden sich aber schon steinmauerumzäunte Wiesen und Äckerchen, auf denen vor allem Kartoffeln gepflanzt werden. Auch „Sommerhäuser“ finden sich hier.

Reizvoll ist der folgende Wegabschnitt, begleitet von Wacholder- und Sadebäumen. Nun ist auch Kagbeni am Weg nach Mustang zu erkennen. Dominiert wird der Blick aber ständig vom hier unglaublich steil wirkenden Nilgiri, direkt jenseits des Tales.

Der Saum- und Reitweg ist in steilen und engen Serpentinen angelegt und führt durch einen lockeren Sadebaumwald. Die jetzt im Herbst zauberhaft gelb verfärbten Äpfel und Aprikosenplantagen von Marpha leuchten herauf, und nun ist es nicht mehr weit nach Marpha. Der Ort hat voll tibetischen Charakter und ist teilweise in die hier über dem Gestein aufsitzenden Lößwände hineingebaut. Mit seinen beiden Tortschorten, der mit Steinplatten ausgelegten Hauptstraße und den viele Läden und Lodges ist Marpha ein kleines Juwel.

Wir haben Glück und kommen gerade zu einer kleinen Gebetsstunde in der sehenswerten Ghompa zurecht, die als eine Art Richtfest für einen Zubau gefeiert wird.

Nachdem wir nur dreieinhalb Stunden bis hier herunter auf 2.700 Meter gebraucht haben, können wir uns nach ausgiebiger Rast noch den eineinhalbstündigen Aufstieg nach Jomosom zumuten. Im breiten Tal, vorbei an steinmauerbewehrten Aprikosengärtchen, geht es teils in trockenen Seitenarmen des stark mäandrierenden Flusses, teils auf Sand- und Schotterbänken flach aufwärts. Linkerhand ober uns liegt das Dorf Syang mit seiner hübschen Ghompa auf der oberen Flußterrasse, und dann sind wir auch schon in Jomosom, das eigentlich aus drei Ortsteilen besteht.

Wir quartieren uns in einer der vielen Lodges ein und versuchen mit dem Vertreter jener Fluglinie, bei der wir den Flug nach Pokhara schon vorsorglich gebucht haben, Kontakt aufzunehmen. – Ziemlich zeitig am Morgen, ehe die täglichen starken Winde aufkommen, haben wir dann noch einen landschaftlich höchst eindrucksvollen Flug vor uns ...

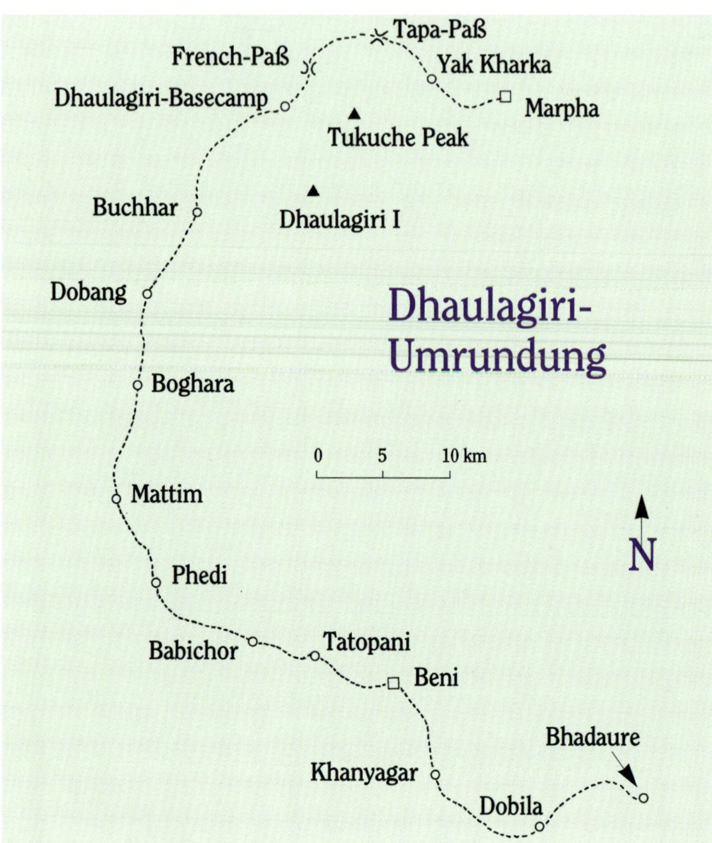

Dhaulagiri-Umrundung

Körperliche Anforderung: Gute Kondition und Höhenverträglichkeit sind für dieses anspruchsvolle Trekking Voraussetzung. Die Tagesetappen sind nicht länger als durchschnittlich sechs Stunden.

1. Tag: Flug oder Fahrt von Kathmandu nach Pokhara
2. Tag: Pokhara – Bhadaure; 6 Std.
3. Tag: Bhadaure – Dobila; 5 Std.
4. Tag: Dobila – Khanyagar; 6 Std.
5. Tag: Khanyagar – Tatopani; 6 Std.
6. Tag: Tatopani – Phedi; 5 Std.
7. Tag: Phedi – Mattim; 5 Std.
8. Tag: Mattim – Flußcamp am Myagdi Khola; 5 Std.
9. Tag: Myagdi Khola – Boghara; 4 Std.
10. Tag: Boghara – Dobang; 5 Std.
11. Tag: Dobang – hinter Italy-Basecamp; 6 Std.
12. Tag: Italy-Basecasmp – Dhaulagiri-Basecamp; 6 Std.
13. Tag: Rasttag
14. Tag: Dhaulagiri-Basecamp – Lager zwischen den Pässen; 5 Std.
15. Tag: „Paßlager“ – Yak Kharka; 6 Std.
16. Tag: Yak Kharka – Jomosom; 5 Std.
17. Tag: Flug Jomosom – Pokhara (weitere zwei Reservetage für Flug etc. sind unbedingt einzuplanen)

Mustang – das verschlossene Königreich

Tibetische Kultur und tibetische Landschaft

Dieses Trekking entführt uns in das heute noch immer von einem mittelalterlichen „Flair“ umgebene Mustang. Wahrscheinlich hat sich hier noch eine ursprünglichere alttibetische Kultur erhalten, als in den meisten Teilen des heutigen Tibet. Noch immer führt keine Straße nach Mustang, und das wird auch noch lange so bleiben. So ist das Land ein echtes Trekking-Paradies; allerdings mit dem Wermutstropfen einer hohen Gebühr für das Permit belastet.

Atemberaubend ist auch die Landschaft mit ihren bizarren Felsformationen in grauen, rosa, gelben und bläulichen Pastellfarben, den tiefen Schluchten und den weiten Bergflanken. Alles ständig überspannt von einem blauen Himmel und der klaren Luft der Höhe von über 4.000 Metern.

Per Flugzeug von Pokhara nach Jomosom

Zeitig am Morgen, ehe im Bereich des oberen Kali Gandaki-Tales die täglichen stürmischen Winde einsetzen, fliegen wir mit einem 15- bis 20-sitzigen Flugzeug nach Jomosom und erhaschen unterwegs einige atemberaubende Blicke auf die Gletscherbrüche von Dhaulagiri und Tukuche Peak.

Im 2.700 Meter hoch gelegenen Jomosom sind wir schon in der Welt der Bothia und der Thakali, wie sich diese tibetischen Abstämmlinge nennen. Auch die weite und trockene Landschaft, die bereits nördlich der Monsun-Barriere liegt, ist ja geomorphologisch bereits ein Teil des tibetischen Hochlandes.

Im Hintergrund des Tales bauen sich – der Kontrast könnte gar nicht größer sein – allerdings die prachtvollen Eisgestalten von Nilgiri und Tilicho Peak auf der einen und des dem Dhaulagiri vorgelagerten Tukuche Peak auf der anderen Seite auf.

Aus Gründen der Höhenakklimatisierung ist es sehr vorteilhaft, wenn man die ersten beiden Nächte noch etwas tiefer, und zwar im hübschen Marpha verbringt (nähere Beschreibung siehe „Annapurna- und Dhaulagiri-Umrundung, S. 84). Nur eineinhalb Stunden sind es von Jomosom dorthin, und mehrere gute Lodges bieten hier günstiges Quartier. Ein Ausflug nach Alt-Marpha, das auf 3.100 Metern liegt, ist der Höhenanpassung zusätzlich förderlich.

Am übernächsten Tag kann es dann losgehen: Das erste Wegstück bis Jomosom ist schon bekannt. Nach genauer Kontrolle der Trekkingpermits geht es nun am Rande des enorm breiten Flußbettes flach taleinwärts. Bei der kleinen Karawanserei von Eklabati, wo der Weg von Muktinath herunterkommt, halten wir erste Rast. Von der Ferne sehen wir schon das wunderschön gelegene Kagbeni mit seiner rot gefärbelten Ghompa.

Kagbeni angesichts des Nilgiri

Kagbeni – schon ein klassisches tibetisches Dorf

Dort, wo der Seitenfluß vom Thorong La über Muktinath herunterkommt und in den Oberlauf des Kali Gandaki mündet, liegt Kagbeni an der Südgrenze Mustangs. „Kag“ heißt soviel wie „Stoppen“, „Abblocken“, und „Beni“ ist der Zusammenlauf zweier Flüsse. Das Abstoppen bezieht sich auf die in diesem Gebiet ständig blasenden Sandstürme, die hier im enger werdenden Tal bei Kagbeni ihre Wucht verlieren.

Auf einem Plateau, umgeben von steilen Felsklippen, drängen sich die Häuser mit den Flachdächern, von denen die Gebetsfahnen wehen, um die klassisch braunrot gefärbelte

Privatkapelle in Kagbeni

Ghompa. In ihr werden die drei Hauptgottheiten Tschenresi (Erbarmen), Jamphelyang (Weisheit) und Tschanak-Dordsche (geistige Macht) verehrt.

Zum „Saka Dawa", das ist bei Vollmond des vierten tibetischen Monats, werden die Statuen und viele religiöse Schriften aus dem Tempel gebracht und in einer feierlichen Prozession um die Dorfgrenzen getragen, und gleichzeitig wird für eine gute Ernte und für Schutz vor Unheil gebetet.

Mit seinem ausgeklügelten Bewässerungssystem und der noch nicht so extremen Höhenlage unter 4.000 Metern gibt es hier – im Gegensatz zu Ober-Mustang – noch zwei Ernten pro Jahr mit guten Erträgen bei Weizen, Gerste und Buchweizen. Die lokale Spezialität ist „Dhiro", teigig angerührtes Buchweizenmehl, das mit einer scharfen Chili-Sauce und Fleisch gegessen wird.

Interessant sind die Höhlen auf der anderen Flußseite, ziemlich hoch über dem Wasserniveau, die dort vor langer Zeit in die Konglomeratwände gehauen wurden. Von den Dorfbewohnern weiß niemand mehr etwas davon. Es gibt noch eine Vielzahl anderer Orte in Mustang mit Resten von Höhlenwohnungen; alle schon längst verlassen. Sehr wenige sind erst von Archäologen untersucht worden; einige weisen in die Bronzezeit – 1.000 bis 600 v. Chr.

In Kagbeni gibt es Zeltplätze und Lodges und auch mehrere geräumige Privathäuser, in denen man unterkommen kann. Viele der Wohlhabenderen haben kleine Ghompas, die oft sehr schönen Freskenschmuck aufweisen.

Weiter geht es unter dem strahlend blauen Himmel – manchmal oberhalb des Flußbettes, dann wieder unten – bis zum hübschen Dorf Tangbe. Viele kleine Tschorten stehen am Dorfeingang; sie sind alle grau, weiß und rot in den Farben der Sakyapa bemalt. Diese haben ihr Stammkloster im südtibetischen Sakya, gar nicht weit von Tashilumpo entfernt. Ihr Oberhaupt ist 1959 mit einem Teil des Klosterschatzes ebenfalls nach Indien geflohen, wo er bei Dheradun in einem großen neuen Kloster residiert. Die Sakyapa sind eine Art „Rotmützen", die weitum in Tibet Besitzungen hatten und in entlegenen Gebieten, wozu auch Mustang gehört, noch immer von Bedeutung sind.

Auf dem alten Karawanenweg nach Ober-Mustang

Wir steigen nun wieder ins Flußtal ab zum ebenfalls prächtig gelegenen Chusang. Immer wieder kommen uns Pferde- und Maultierkarawanen entgegen. Besonders die Leittiere sind mit weißen und rotgefärbten Yakwedeln, mit bunten Bändern und Quasten geschmückt und geben Zeugnis, daß die Tiere nicht nur der Stolz ihrer Besitzer sind, sondern daß die Begleiter auch mit Freude an so einer oft recht beschwerlichen „Transport-Unternehmung“ dabei sind. Vor allem Yak- und Schafwolle sowie Butter werden talaus- und Getreide taleinwärts transportiert.

Auch bei Chusang, das eigentlich aus drei Ortsteilen besteht, gibt es eine Vielzahl von ehemaligen Höhlenwohnungen, von deren ehemaligen Bewohnern man nichts weiß. Oberhalb des Ortes, in den steilen Felsen, erkennt man das Kloster Kunza Chöling. Wir werden bei unserem Rückweg hier wieder auf das Haupttal stoßen.

Der Kali Gandaki, der ab hier Mustang Khola heißt, tritt nun – eingezwängt durch einen riesigen Felsblock – durch eine enge Schluchtstelle heraus. An der schmalsten Stelle hat man nun eine gute Hängebrücke gebaut, deren Zugang – wegen des jahreszeitlich sehr unterschiedlichen Wasserstandes – so steil angelegt ist, daß die Karawanentiere sich oft längere Zeit weigern, die Brücke zu betreten. Steil geht es drüben eine gute Viertelstunde hinauf in das Dorf Chele (Tsele) auf 3.050 Meter, wo wir unser Camp aufschlagen.

Über öde Stein- und Sandflächen, die nur dort, wo bewässert werden kann, auch Grün tragen und für den Ackerbau Verwendung finden, geht es in mäßigem Auf und Ab weiter. Wir überschreiten dabei mehrere 3.500 bis 3.700 Meter hohe, flache Pässe; nur der letzte, der Yamda La, ist an die 4.000 Meter hoch.

Interessant ist unterwegs die kleine, primitive Dorf-Ghompa von Samar. Der hiesige Lama war gerade im Nachbarhaus bei einem Opferritual tätig und schlug während unserer gesamten Rastpause die Trommel.

Oberhalb eines engen Flußtälchens liegt der Weiler Tamargaon, wo wir in der Nähe der dortigen zwei Häuser unsere Zelte aufschlagen (3.750 m).

Die mehrstufigen Dach-Tschorten von Mustang

Ein Stück unterhalb unseres Lagerplatzes liegt das Dorf Giling (Ghelung), das man am Weiterweg nicht direkt berührt; der kleine Umweg dorthin lohnt sich aber unbedingt.

Hier stehen zwei der prächtigen, mit den Sakya-Farben bemalte Dach-Tschorten, wie sie für Mustang und das benachbarte Dolpo so typisch sind. Über mehrere steingeschlichtete und weiß getünchte Sockelstufen erhebt sich der ein- bis zweigeschoßige, mit Bildnischen versehene Haupt-Baukörper, der nach oben mit einem umlaufenden Dach ausgestattet ist, über dem sich nochmals eine Spitze mit den „13 Stufen der Erleuchtung“ anschließt. Die Basis ist außerdem oft mit farbigen Medaillons verziert, welche meist die acht buddhistischen Glückssymbole darstellen. Bei den größeren Orten sind diese Tschorten auch gleichzeitig die Eintrittstore.

Dach-Tschorten in Ghemi

In Giling steht so ein prachtvoller Tschorten, der am Sockel mit zwei weißen Elefanten verziert ist. Im Ort gibt es auch zwei Ghompas, die man gegen ein bescheidenes Eintrittsgeld besichtigen kann. (Wenn dieses zur Restaurierung widmungsgemäß verwendet wird, dann ist das wohl auch in Ordnung.) – Leider darf man in Mustang nur in ganz wenigen Ghompas fotografieren. Es wird dies mit den Diebstählen begründet, die in den letzten Jahren geschehen sein sollen (durch publizierte Bilder würden Diebe angelockt?!).

Das Dorf Giling ist relativ wohlhabend, was man an den großen Häusern und den vielen Ackerterrassen unterhalb des Ortes erkennen kann.

Wieder geht es auf einen flachen Paß hinauf; es ist der knapp 4.000 Meter hohe Nyi La und von ihm längs der Bergflanke zum wenig niedrigeren Ghemi La. Großartig ist von hier der Blick zu den wilden Erosionsfurchen auf der

Ghemi: Eine der längsten Manimauern der Erde

anderen Talseite, die rosarot, bläulich und grünlich gefärbt sind.

Ein kurzer Abstieg bringt uns von hier hinunter in das romantisch gelegene Dorf Ghemi (3.550 m), das genau so ausssieht, wie man sich ein tibetisches Dorf vorstellt.

Wir halten hier im komfortablen Haus eines Verwandten des Radschas (des Königs) Mittagsrast. Er gehört der wohlhabenden Familie der „Bistas" an, das ist die allgemein übliche Bezeichnung dieses in Mustang weitverzweigten Clans. Reich ausgestattet ist die hauseigene Ghompa.

Eine der längsten Manimauern der Erde

Hinter Ghemi queren wir einen Seitenfluß auf einer Eisenbrücke und steigen dahinter in einer bizarren Landschaft zur angeblich längsten Manimauer der Erde hinauf; sie ist gute dreihundert Meter lang und windet sich wie eine Schlange durchs Gelände. Ihre Sakya-Farben harmonieren mit den ungewöhnlichen roten Erosionsflanken ihrer direkten Umgebung.

Der Legende nach soll hier in vorbuddhistischer Zeit ein Dämon gelebt haben, der von Padmasambhava besiegt wurde. Nachdem er ihn getötet hatte, riß er ihn in Stücke, warf das Herz dorthin, wo heute das Kloster Lo Gekar steht, schleuderte die Lunge dorthin, wo heute die roten und rosa Klippen bei Ghemi aufragen, und zuletzt warf er den Darm zu Boden, aus dem die dreihundert Meter lange Manimauer entstand. Diese Legende und viele andere Geschichten rund um Padmasambhava, sowie auch die starke Präsenz von Figuren des großen Mystikers und Tantrikers in den Ghompas des gesamten Südhimalaya, weisen darauf hin, daß er mit Sicherheit in diesem Bereich gelebt hat und von hier nach Tibet kam.

Die alte Königsstadt Tsarang

Wir steigen in einer knappen Stunde von der Manimauer wieder auf einen flachen Paß (3.950 m) hinauf und wandern drüben im leichten Gelände gemächlich auf die Hochebene von Tsarang hinunter.

Durch einen prachtvollen Tor-Tschorten führt der Zugang in den Ort mit seinen gediegenen Häusern, die von einer verfallenden mächtigen Burg und einer großen Klosteranlage dominiert werden. In alten Zeiten bewohnte sogar der König zeitweise den Palast, und Tsarang wetteiferte damals immer mit Lo Mantang um die größere Bedeutung.

Heute ist „Samdrub Gephel", der „Wunscherfüllende Palast", fast eine Ruine und unbewohnbar, und auch das große Koster „Thubten Shedrup Dargyeling", in dem einst an die

tausend Mönche lebten, ist zwar nicht verfallen, aber zumindest verwaist. Warum das so ist, kann nicht einfach beantwortet werden, aber der Niedergang ist wohl mit der heutigen politischen Bedeutungslosigkeit der Königsfamilie und der sozialen Oberschicht und dem Auflösen der mittelalterlichen Feudalstruktur in Zusammenhang zu sehen.

Das direkte Glaubensleben der Lopas scheint davon aber nicht negativ beeinflußt zu sein; in den Häusern werden alle lamaistischen Rituale wie eh und je vollzogen.

Im Inneren des Haupttempels, im Dukhang, der Versammlungs- und Gebetshalle, steht als zentrale Figur Buddha Maitreya, eine sehr schöne Bronzearbeit. Umgeben ist er von Buddha Shakyamuni und Vajradhara-Figuren. Die sehenswerten Fresken an den Wänden zeigen die „Tausend Buddhas des glücklichen Zeitalters", die „Fünf transzendenten Buddhas" und v. a. m.

In die baufällige Burgruine kann man noch hinaufsteigen; im ehemaligen Altarraum sind aber nur noch die Figuren der drei Begründer von Lo zu sehen: Es sind dies der legendäre Gründer des Königreiches Amepäl, flankiert vom Abt Künga Sangpo und seinem ersten Minister Tsewang Sangpo.

Oben: Die alte Königsstadt Tsarang

Links: „Lebensrad" in der Ghompa von Tsarang

Tor-Tschorten in Tsarang

Lo Mantang, die Hauptstadt Mustangs

Lo Gekar – das älteste Kloster Mustangs

Am Weiterweg in die Hauptstadt Mustangs, nach Lo Mantang, sollte man unbedingt den zweistündigen Umweg über das abseits der Hauptroute liegende Kloster Lo Gekar, das „Kloster der reinen Tugend", unternehmen.

Wir erreichen den Platz auf unschwierigem Weg nach guten zwei Stunden von Tsarang. Der klotzige, rotbraun gefärbelte, kubische Ghompa-Bau liegt auf einer ausladenden Terrasse über dem hier tiefer eingeschnittenen Fluß. Im Vorhof stehen mächtige Gebetsfahnenmasten, und hier finden wohl auch heute noch gelegentlich Maskentänze statt.

Padmasambhava steht, der Legende nach, auch mit diesem Kloster in direkter Verbindung. Nachdem er den lokalen Dämon unterworfen hatte, versteckte er verschlüsselte Botschaften. Ein gelehrter Mönch fand hier eine dieser „Offenbarungen" und errichtete an diesem Platz das „Kloster der reinen Tugend von Lo".

108 Gebetszylinder umgeben die Außenmauern, vier Tschorten stehen an den Ecken, Manimauern und weitere kleine Tschorten bereichern die nähere Umgebung.

Die Hauptfigur im Inneren ist Padmasambhava, umgeben von seinen beiden Gattinnen. Daneben ist der große Tantriker in seinen acht – teils furchterregenden – Manifestationen, zum Beispiel mit dem Zauberdolch in der Hand auf dem Tiger reitend, dargestellt.

Besonders bemerkenswert sind unzählige bemalte Steinreliefs an einer Wand (wir haben so etwas im gesamten tibetischen Raum sonst noch nirgendwo angetroffen). Besonders interessant sind auch die halblebensgroßen Figuren der wilden Schutzgottheit Palden Lhamö auf ihrem Pferd, wie sie über einen Blutsee der Feinde des Glaubens reitet. Normalerweise wird diese Figur nur als Fresko oder auf Thankas dargestellt.

Zwei flache, knapp über 4.200 Meter hohe Pässe durch eine wüstenhafte Landschaft müssen wir am Weiterweg überschreiten, und dann sehen wir in der Ferne unser „sagenhaftes" Ziel ...

Lo Mantang – die mittelalterliche Hauptstadt Mustangs

Aus der Ferne gesehen, verliert sich das regelmäßige Mauerngeviert fast in der wüstenhaften Umgebung. Kommt man näher, so fallen einige höhere Gebäude, so besonders eine rotbraun gefärbelte Ghompa auf, die alle andere Objekte überragt. Aber das Bemerkenswerteste ist die sieben Meter hohe Mauer, welche die gesamte Stadt in ihrem rechteckigen Grundriß lückenlos umschließt. Außen sind Stallungen und niedrige Häuser an mehreren Stellen an sie angebaut. – 3.700 Meter hoch liegt Lo. Und so wie es bei allen wehrhaften Städten des Mittelalters war, gibt es in Lo auch heute immer nur noch einen einzigen Zugang, dessen Tore allerdings seit einigen Jahrzehnten am Abend nicht mehr geschlossen werden.

Gleich hinter dem Tor gelangt man zum mehrstöckigen schlichten Königspalast, und daran grenzen beiderseits der engen und winkeligen Gassen eine Reihe von Häusern. In 15 Minuten kann man die Stadt innen umrunden und wird sich dabei bewußt, daß sie in ihren Ausmaßen eigentlich sehr klein ist: nämlich 300 mal 170 Meter im Geviert. Auf dieser Fläche stehen aber dennoch rund 200 Häuser und wohnen an die 1.000 Menschen.

Daneben kommen innerhalb der Stadtmauer aber auch noch an die 2.000 Schafe und Ziegen und fast 500 Pferde und Maultiere unter. Es ist ein sehenswertes Schauspiel, täglich vor Sonnenuntergang zu beobachten, wie die Tiere durch die engen Gäßchen in ihre Stallungen getrieben werden. Die Besitzer haben heute noch immer Angst vor Schneeleoparden und Wölfen, die vor der Stadtmauer gelegentlich ihr Unwesen treiben. Außerdem wird der Dung der Tiere als fast einziges Brennmaterial peinlich genau gesammelt und getrocknet.

Vier Objekte überragen alle anderen Baulichkeiten. Es sind dies der Königspalast und drei Klöster. Das älteste ist Tubchen Ghompa, das vielleicht schon vor der Gründung von Lo hier stand. Gleich daneben der auch altehrwürdige Buddha-Maitreya-Tempel, von den Einheimischen Jampa Ghompa genannt. Im nördlichen Stadtbereich liegt Chöde Ghompa, das neue Kloster. Nur hier leben Lamas unter der Führung eines Abtes.

Das einzige Stadttor von Lo Mantang

Tubchen Ghompa von Lo Mantang

Großartige Kunstschätze in der Tubchen Ghompa

Von außen scheint das Kloster, das die genaue Bezeichnung „Palast des siegreichen Buddha" trägt, fast verfallen. Das innere ist glücklicherweise noch gut erhalten, wenngleich eine baldige Restaurierung dringend erforderlich wäre. (Die hohen „Eintrittsgebühren" nach Mustang müßten wohl auch unbedingt für die Erhaltung dieser Kunstschätze verwendet werden – eine Sache der Regierung in Kathmandu!)

Die „Vier Wächter der Himmelsrichtungen" säumen – wie bei vielen großen Ghompas in Tibet – den Eingang. Den zentralen Platz im Dukhang, der Gebetshalle, nimmt Buddha Shakyamuni, der historische Buddha, ein. Er wird von Tschenresi, dem hilfreichen Boddhisatva, und Buddha Maitreya, dem „Buddha der Zukunft", flankiert. Die mittlere Figur ist aus Bronze, während alle anderen aus Terrakotta gefertigt sind. Natürlich fehlt auch Padmasambhava mit seinen beiden Gattinnen nicht; alle Figuren sind mit Kattas (Ehrenschals) behängt.

Die Decke wird durch hölzerne Säulen mit kunstvollen Schnitzereien getragen, und künstlerisch höchst wertvoll sind die Fresken an den Wänden. Sie zeigen die typischen Szenenabfolgen der Sakya-Klöster, und hier gibt es auch eine erläuternde Inschrift, was an sich sehr selten ist. Im neueren Kloster, Chöde Ghompa, das eine Mönchsgemeinde beher-

Links: Thanka mit tantrischer Schutzgottheit in der Chöde Ghompa in Lo Mantang
Rechts: Tanzmasken in der Chöde Ghompa in Lo Mantang

Oben: Die Alten und die Jungen von Lo genießen die warme Herbstsonne
Unten: Gerste wird zur Tschang-Bereitung aufgeweicht

bergt, gibt es keine so großen Kunstwerke zu bestaunen. Einige Thankas sind sehr schön, und interessant sind die ständig ausgestellten Tanzmasken. – In diesem Kloster darf man als einzigem auch fotografieren.

Unbedingt muß man in Lo auch auf eines der Flachdächer hinaufsteigen, um den Blick über die Dachlandschaft und über die unzähligen, im Wind flatternden Gebetsfahnen bis zu den Fünf- und Sechstausendern im Hintergrund schweifen zu lassen. Aber auch die Nahblicke auf die gestapelten Brennholzbündel und darüber hinweg auf die vielen Tschorten rund um die Stadt sind faszinierend.

Der „König“ von Lo

Ein Besuch beim Radscha (oder „König“, wie die Einheimischen ihn nennen) ist gar nicht so schwierig zu arrangieren, obwohl in den letzten Jahren jeweils an die 700 bis 1.000 Trekker Lo besucht haben. Das Hauptproblem besteht darin, ob er anwesend ist, da er häufig auf seinen Besitzungen in Mustang hoch zu Roß, meist nur von einer Person begleitet, unterwegs ist. – Ein passendes Geschenk und natürlich eine Katta sind angebracht.

Man ist überrascht, wie einfach es im sogenannten Palast zugeht. Es gibt zwar an die 20 Dienstboten, aber der Empfangsraum ist auch nicht viel besser als bei anderen wohlhabenden Lopas ausgestattet. Badezimmer und Toiletten westlichen Standards hat es zumindest 1995 noch nicht gegeben.

Dschigme Dordsche Trandul ist der 25. Regent seit Amepäl, dem legendären Begründer der Dynastie. Er kann auf eine 400 Jahre alte lückenlose Genealogie zurückblicken. Im Königreich Nepal trägt er den Titel Radscha und mußte zu diesem Zweck offiziell den Hinduglauben annehmen. Dies ist aber nur eine Äußerlichkeit ohne weitere Bewandtnis, denn der Radscha und seine tibetische Frau sind nach wie vor strenggläubige tibetische Buddhisten. Dies drückt sich nicht zuletzt in der wunderbaren Privatkapelle aus, die mit wertvollsten Figuren vollgestopft ist. – Lauter Erbstücke seiner Vorgänger.

Neben ausgedehnten Ländereien und drei „Residenzen“ besitzt der König 400 Schafe, 300 Ziegen, 250 Yaks und an die 50 Pferde und Maultiere. Das ist für westliche Begriffe nicht viel, gestattet ihm aber vor Ort ein gutes Auskommen.

Die Vorfahren des Königs erbauten die auf einem gleichmäßigen Schutthügel nördlich von Lo thronende Burg „Khatschö Dzong“, die „Burg der Himmelswandler“. Sie ist heute nur noch eine – allerdings markante – Ruine.

Geisterfalle in Lo Mantang

Feuerstelle in einem Haus in Lo Mantang

Um sie zu erreichen, muß man ein Sonderpermit haben, obwohl es nur wenige Kilometer bis dorthin sind. An sich ist das aber nur eine finanzielle Angelegenheit. Die Ruine liegt eben schon noch näher zur tibetischen Grenze, und vom Burgberg sieht man bis zum Kore La, dem nur 4.410 Meter hohen, leicht zu querenden Grenzpaß nach Tibet.

Am Weg dorthin muß man ein der Stadt Lo direkt nördlich vorgelagertes, tief eingschnittenes Flußtälchen queren, das von einem glasklaren Wasser durchflossen wird. Hier leben seit alten Zeiten in ein paar Häusern die Schmiede und Musikanten, völlig isoliert von den übrigen Bewohnern von Lo Mantang. Im gesamten tibetischen Kulturkreis (bis hinüber nach Hunza), der an sich keine Kasten und Sozialschranken kennt, müssen die Schmiede und Musikanten ein von der übrigen Gesellschaft isoliertes Dasein führen, obwohl sie in ihren Berufen natürlich ständig beansprucht werden.

Als Rückweg wählen wir die Ostroute

Sehr schwer nehmen wir von Lo Mantang Abschied; vieles gäbe es noch zu erkunden und zu erfahren.

Über flache Eiszeitterrassen von Sand- und Lehmablagerungen geht es auf einen flachen, 4.100 Meter hohen Paß und durch extrem staubige schluchtartige Rinnen schließlich steil hinunter ins zweigeteilte Dorf Dhi (Dri), das bereits unten am Mustang Khola liegt (3.400 m). Wir entdecken nur noch eine Ghompa-Ruine, aber es gibt offensichtlich mehrere Lamas im Ort.

Nun folgt ein nicht allzu langer Aufstieg durch ein Seitenflußtal; teilweise im Geröll. Wir stehen plötzlich einer hoch interessanten, bizarren Landschaft von „Orgelpfeifen“ gegenüber, die Wind und Wasser aus dem Sandstein herausgearbeitet haben. Auch hier gibt es wieder eine große Anzahl von Höhlenwohnungen, die sogar nach unten durch eine schon halb eingestürzte Lehm-Festungsmauer abgesichert sind. Dies weist wohl darauf hin, daß diese Höhlen vor nicht allzu langer Zeit noch bewohnt waren.

Gleich oberhalb liegt das kleine Dorf Yara auf einer eizeitlichen Geschiebe-Terrasse. Bewässerte Äckerchen und Weideland geben den Dörflern wohl ein leidliches Auskommen. Interessant ist hier eine große Geisterfalle am Dorfplatz; normalerweise – wie zum Beispiel

Das großartige Felsenkloster Lori

fast an jedem Haus in Lo Mantang – sind sie über den Haustoren angebracht.

Auch eine kleine, sehr einfach ausgestattete Ghompa, in der ein- bis zweimal im Jahr zu bestimmten Festterminen ein Lama für wenige Tage anwesend ist, steht oberhalb des Ortes.

Wir haben zufällig so einen Besuch erlebt, bei dem auch wir gesegnet werden. Der Lama wird von den Dorfbewohnern reichlich verköstigt, und am Abend tanzen anschließend vor der Ghompa die Dorfbewohner, wie üblich streng getrennt nach Männern und Frauen.

Das großartige Felsenkloster Lori

Der hin und zurück vier Stunden in Anspruch nehmende Abstecher zum Kloster Lori ist äußerst lohnend. – Von Yara geht es zuerst durch ein kleines Flußtal aufwärts bis auf die Terrasse des kleinen, weithin verstreuten Dorfes Gara. Von hier hat man einen Prachtblick hinaus zum Dhaulagiri, der sich im Süden wie ein unwirklicher Eisberg über alle anderen Gipfel erhebt.

Ein kurzes Stück ist es nun nur noch bis zu den beiden Klöstern von Lori. Das untere liegt oberhalb eines kleinen Flusses auf einer Geländestufe, gegenüber von unwirklich scheinenden Erosionsriefen. Es kontrastiert mit seiner roten Farbe ganz prächtig mit dem grauen Gestein.

Mit Figuren ist die Ghompa nicht besonders ausgestattet, aber der Freskenschmuck ist wertvoll und zeigt vor allem den großen tibetischen Dichter und Mystiker Milarepa.

Oberhalb des Südklosters liegt aber in den Felsen, fast über dem Talboden schwebend, das kühn in das Gestein unter zwei Felstürme hineingebaute Nordkloster. Eine phantastischere „Eremitage“ kann man sich kaum vorstellen.

Das schlichte, rot gefärbelte Bauwerk verjüngt sich nach oben und trägt an den Ecken je ein gebetsfahnengeschmücktes Türmchen. Der Zugang verläuft über einen etwas ausgesetzten Steig, der in die Felsen gehauen wurde, und sodann über hölzerne Stege.

Nur zwei Räume birgt die kleine Ghompa. Der erste weist Fresken mit großer Leuchtkraft auf, und der zweite enthält merkwürdigerweise nichts anderes als einen gemauerten, stupaähnlichen Tschorten mit wunderschön bemalten Stuckarbeiten.

Nord- und Südkloster ergänzen sich als das „männliche, harte“ und das „weibliche, weichere“ Prinzip und sind auch absichtlich so angelegt worden. Die beiden Lori-Ghompas gehören zur bhutanesischen Drukpa-Kagyü-Schule und wurden von einer aus Bhutan stammenden Lo-Königin gegründet.

Unterwegs in bizarrer Landschaft

Von Lori geht es zurück nach Yara und dort auf einer Hochfläche mäßig aufwärts bis auf ca. 3.800 Meter Seehöhe. Nun folgt ein kurzer, steiler Abstieg ins schmale Tal des Gechung Khola, und hier gibt es die einzige Flußdurchquerung unserer Tour. Das wadentiefe, wenn auch eisigkalte Gewässer bietet aber keine weiteren Probleme.

Für die nassen Füße werden wir durch reiche Funde von „Saligrams", jenen wunderschönen, bis handtellergroßen, schwarzen Ammoniten entschädigt, die wir hier im Flußgeröll finden. Diese Fossilien kommen praktisch in Nepal nur in diesem Bereich vor und werden besonders von den Hindu im Kathmandutal als göttliche Emanationen gehandelt und verehrt.

Es folgt ein nicht allzu langer Aufstieg auf einen kleinen Paß und sodann eine lange Hangquerung abwärts in den Ort Tangye mit seinen acht hübsch bemalten Tschorten hintereinander. Auch hier gibt es oberhalb des Dorfes (3.400 m) wieder jede Menge verlassener Höhlenwohnungen.

Am nächsten Morgen müssen an die 800 Höhenmeter im Aufstieg auf den Tangye La (4.180 m) bewältigt werden, aber durch das Auf und Ab der letzten Tage ist man ja schon bestens trainiert. Nun folgt ein langer, aber landschaftlich außerordentlich reizvoller Weg auf breitem Saumpfad durch eine bizarre Landschaft von Sandsteinformationen. Formationen von Orgelpfeifen, Riefen und Türme in den verschiedensten Farben – vornehmlich grün, gelb und ocker – begleiten uns.

Am Weg nach Chusang

Zum Schluß folgt ein steiler Abstieg hinunter nach Chusang, das vor roten Felstürmen im Kali Gandaki-Tal liegt. Hier berühren wir unsere Route vom Hinweg nach Lo, verlassen sie aber am nächsten Tag wieder, um über Muktinath dann endgültig nach Jomosom abzusteigen.

Chusang (auch Chuksang) besteht eigentlich aus drei Dorfteilen, von denen Chuk der bedeutendere ist. Er beherbergt die Reste einer Burg, um die sich die Häuser drängen. Auch hier gibt es eine, fast dem Verfall preisgegebene Ghompa mit Buddha Maitreya als Hauptfigur, dessen riesenhafte Statue über zwei Stockwerke reicht.

Über den 4.000 Meter hohen Dzong La nach Muktinath

Noch einmal beginnen wir einen deftigen Aufstieg und steigen von rund 3.000 Metern im Kali Gandaki-Tal hinauf auf den

Tetang mit seinen prachtvollen Ackerterrassen

Dzong-Paß. – Zuerst gelangen wir aber zum interessanten Dorf Tetang mit seinen trutzigen Häusern und den abgezirkelten Terrassenfeldern.

Im Taleinschnit geht es dann zuerst flach hinauf, später steiler längs der Hangflanken und schließlich nach rechts in die weiten Hochkare unterhalb des Dzongpasses.

Etwa 150 Meter unterhalb des Passes gibt es eine Wasserstelle, wo gerne jene Trekker campieren, die am nächsten Tag beim Übergang nach Muktinath noch den knapp 5.000 Meter hohen Mustang Peak „mitnehmen" wollen. Er ist über Rasen, Schrofen und Geröll leicht zu besteigen.

Vom Dzong La gibt es einen wunderbaren Blick nach Süden auf die Himalayakette mit Dhaulagiri, Tukuche Peak, Nilgiri, Tilicho Peak und Teile der Annapurna. Man kann sich fast nicht losreißen vom prachtvollen Schauen!

Zweieinhalb Stunden benötigen wir über weite Hänge zum gemächlichen Abstieg nach Muktinath, das wir schon von oben voll überblicken können.

Wasser und Feuer im heiligen Muktinath

In Muktinath (3.600 m) gibt es viele Lodges und Shops sowie auch genügend Zeltplätze. Das Tempelareal liegt eine Viertelstunde oberhalb der Siedlung in einem umfriedeten, großen Birkenhain.

Der Vishnu-Tempel ist das Hauptheiligtum für die Hindus. Unzählige Gebetsfahnenschnüre sind über sein vergoldetes Pagodendach gespannt und geben dem Platz eine besonders feierliche Atmosphäre.

Daneben entspringt aus einem oberhalb liegenden Quellteich aus 108 bronzenen Wasserspeiern eiskaltes heiliges Wasser, mit dem sich die Pilger waschen. Sie kommen nicht nur aus Nepal, sondern auch aus Indien (manche hoch zu Roß), gilt Muktinath doch für den gesamten hinduistischen Glaubenraum als eines der wichtigsten Heiligtümer.

Besonders während des Dasain-Festes im Oktober – und da beim Vollmond – strömen die Pilger herbei. Vishnu der „Erhalter und Bewahrer" wird im Tempel auch als Ammonit mit seiner „Schnecke des ewigen Kreislaufs" dargestellt; dies steht im Zusammenhang mit den versteinerten „Saligrams", die man im Gebiet findet. Vishnu gilt auch als „Gott der Befreiung", was „Mukti Nath" in der Übersetzung auch heißt. Die Pilger bieten Vishnu Reisopfer dar, läuten die Glocke vor dem Tempel, und der „Pudschari", der Hindupriester, macht jedem – auch den Buddhisten und Christen – ein glückbringendes Tika-Zeichen auf die Stirn.

Ein Stückchen abseits im Areal steht die buddhistische Ghompa mit Nebengebäuden. Sie ist von einem Wald von Gebetsfahnen umgeben. Im Inneren geschieht seit urdenklichen Zeiten das große Mysterium einer Vereinigung von Wasser und Feuer: Über einer Quelle tanzen bläuliche Flammen, die von einem Erdgasvorkommen gespeist werden. Durch ein Tuch wird die Höhlung abgedunkelt, so daß die Pilger das Phänomen auch gut beobachten können. Was könnte merkwürdiger und übernatürlicher sein, als diese Kombination von Flammen und Wasser! Sonst ist die Ghompa – so wie andere – mit Fresken an den Wänden und einer Buddha-Shakyamuni-Statue am zentralen Altar ausgestattet (siehe auch S. 103).

Zurück ins Kali Gandaki-Tal

Nun folgt der landschaftlich reizvolle Abstieg (siehe auch „Annapurna-Umrundung", S. 98) über den wehrhaften Ort Jharkot

– immer mäßig bergab – und sodann längs der Bergflanken bis hinunter nach Eklobathi am Kali Gandaki.

Mit einem Halstuch vor dem Mund und möglichst seitlich abschließenden Brillen (Gletscherbrillen) – um den ab 11 Uhr unweigerlich einsetzenden Sandstürmen im Tal zu trotzen – wandern wir nun das letzte Stück am Rand des Flußbettes hinaus bis Jomosom.

Auch bei (unerläßlich) vorgebuchtem Flug nach Pokhara muß eine eintägige Verzögerung einkalkuliert werden.

Lopa-Familie, unterwegs in Mustang

Mustang-Tour

Das Trekking ist nicht schwierig, der ständige Aufenthalt in Höhen zwischen 3.700 und 4.000 Metern verlangt aber gute Höhen-Verträglichkeit. Die täglichen Etappen sind mehrmals sieben Stunden lang.

1. Tag: Flug oder Fahrt von Kathmandu nach Pokhara
2. Tag: Flug nach Jomosom und $1^1/_2$-stündiger Abstieg nach Marpha
3. Tag: Akklimatisierung in Marpha
4. Tag: Marpha – Jomosom – Kagbeni; 5 Std.
5. Tag: Kagbeni – Cheli; 5 Std.
6. Tag: Cheli – Tamargaon; 7 Std.
7. Tag: Tamargaon – Tsarang; 7 Std.
8. Tag: Tasarang – Lo Gekar – Lo Mantang; 7 Std.
9. Tag: Aufenthalt in Lo Mantang
10. Tag: Lo Mantang – Yara; $5^1/_2$ Std.
11. Tag: Yara – Lori – Yara; $3^1/_2$ Std.
12. Tag: Yara – Tangye; 5 Std.
13. Tag: Tangye – Chusang; 9 Std.
14. Tag: Chusang – Muktinath; 6 Std.
15. Tag: Aufenthalt in Muktinath
16. Tag: Muktinath – Jomosom; 4 Std.
17. Tag: Flug Jomosom – Pokhara
18. Tag: Flug oder Fahrt nach Kathmandu

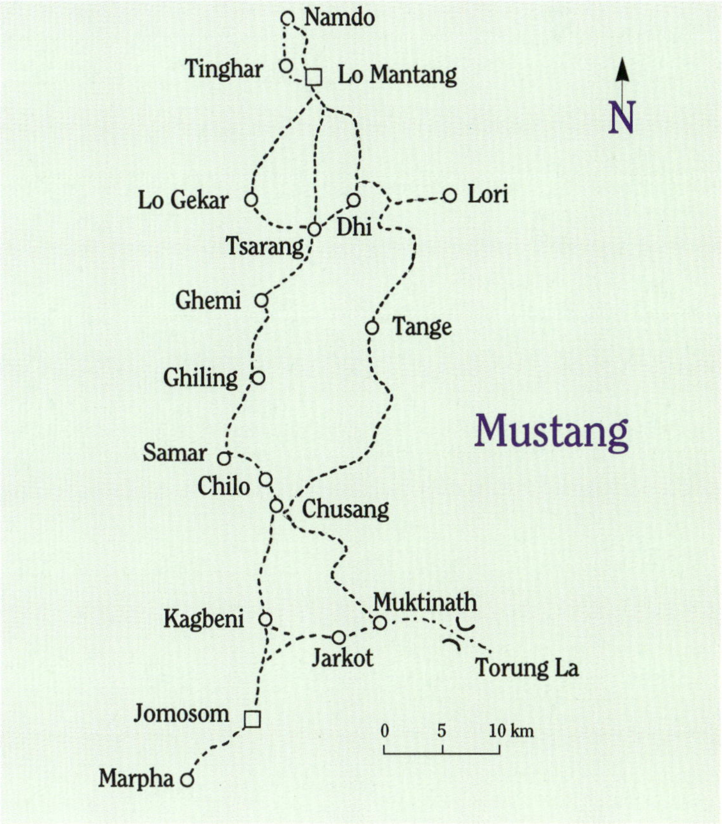

Die Annapurna-Umrundung

Annapurna, Dhaulagiri und Manaslu sind jene der höchsten Gebirgsstöcke Nepals, die nicht gleichzeitig Grenze zu Tibet sind und daher bei einem Trekking voll umrundet werden können. Im Jahre 1950 wurde die Annapurna I, mit ihren 8.091 Metern als erster der 14 Achttausender des Himalaya erstiegen.

Das Annapurna-Massiv wird von den zwei gewaltigen Flußtälern des Marsyandi (auch Marsyangdi) und des Kali Gandaki umfaßt, und beide Täler treffen sich am Thorong La, der bei diesem Trekking auch überschritten wird.

Die „Annapurna-Runde" wird am besten gegen den Uhrzeigersinn unternommen, weil dabei der 5.416 Meter hohe Thorongpaß wesentlich leichter bewältigt werden kann. 18 Tage sollte man für diese klassische Route einplanen, die bis zum tibetischen Bereich alle Klimastufen und viele der bedeutenden Lebensformen Nepals berührt.

Marsyandi bei Chame (Foto Engert)

Ausgangspunkt ist Besisahar im Marsyandital

Von Kathmandu fahren wir auf der „Pokhastraße" bis Dumre und von dort die holprige und rauhe Seitenstraße in nordwestlicher Richtung bis zum Distriktsort Besisahar (auch Bensisahar). Sieben Stunden müssen für die Fahrt mit guten Fahrzeugen veranschlagt werden.

Nach Dumre geht es durch Reisterrassen und kleine Dörfer, die von Newar, Chetri und Brahmin bewohnt werden. Vorüber an gewaltigen Banyanbäumen, folgt die Straße dem Marsyandi aufwärts. Wir sind hier nur 500 Meter hoch und genießen umsomehr den Blick auf die Eisflanken des 7.893 Meter hohen Himalchuli. Schließlich steigt die Straße an und erreicht bald das auf einem ausgedehnten Plateau gelegene typische Straßendorf Besisahar (820 m). Hier gibt es viele gute Zeltplätze und auch – das gilt für die gesamte weitere Rundtour – genug Unterkünfte für einzelreisende Trekker in Lodges.

Das Marsyandital aufwärts

Gleich zum Beginn des Trekkings müssen wir 150 Meter in ein trockenes Flußbett ab- und drüben ebenso wieder hinaufsteigen. Aber dann geht es ständig mäßig ansteigend durch Reisfelder, kleine Wäldchen und vorbei an Häusergruppen aufwärts. Bald erreichen wir Khudi, das erste Gurungdorf auf der Strecke. (1996 war eine Straßenverlängerung von Besisahar bis hierher im Bau).

Nun steigt der Pfad weiterhin nur mäßig an, und wir gelangen in das hübsche Dorf Bulbule (830 m) mit einem Checkpost. Hier ist auch auf einer Tafel zu lesen, daß Hubschrauberrettung für Verletzte und Höhenkranke bis auf eine Höhe von 5.200 Metern möglich ist, wenn jemand für die Bergungskosten garantiert.

Auf einer neuen Seilbrücke überqueren wir hier den Marsyandi und haben gleichzeitig auch einen Prachtblick hinüber zum Achttausender Manaslu. Viele gute neue Brücken sind in Nepal in den letzten Jahren gebaut worden und zeigen zusammen mit den unzähligen Dorf-Wasserleitungsprojekten, daß im Lande doch einiges geschieht.

Vorbei an unzähligen Terrassen, auf denen nicht nur Reis, sondern – bei zwei Ernten pro Jahr – auch Weizen und andere Früchte angebaut werden, erreichen wir Nadi (Ngadi). Nun geht es steil hinauf zum attraktiven Dorf Bahundanda (1.300 m), das sich auf einem langgezogenen Höhenrücken erstreckt. Es ist die höchstgelegenen Brahmanensiedlung im Marsyandital.

Nochmals geht es kurz abwärts zum Dorf Khane (1.180 m), das hoch über dem hier immer wildromantischer werdenden Marsyandi liegt. Durch Rhododendronwald steigen wir weiter auf und erreichen schließlich Jagat (1.500 m), wo schon der tibetische Kultureinfluß an den Steinmauer-Häusern voll sichtbar ist. Und weiter geht es durch Wald hinauf nach Chyamje. Der Pfad führt hier meist oberhalb der wilden Abstürze zum Fluß, und wir genießen das gewaltige Schluchtensystem des Marsyandi, dessen Wasser manchmal unter Felsstürzen völlig verschwindet.

Die Wasserfallkaskaden von Tal

Unser nächstes Ziel sind die weiten grünen Weideflächen von „Tal" (1.700 m), in deren Hintergrund ein riesiger Wasserfall in mehreren Kaskaden vor einem Bündel von Gebetsfahnen herabstäubt. Die ebene Fläche war einmal ein See („Tal" heißt ja soviel wie „See").

Tal gehört schon zum Bezirk Manang und wird auch schon von Bothia bewohnt. Es war ein alter Handels-Umschlagplatz mit Tibet, und die Region hat erst im letzten Jahrzehnt durch den Tourismus wieder einen wirtschaftlichen Aufschwung erfahren. So stößt man alle halben Stunden auf kleine „Hotels" und „Restaurants", die durchwegs sehr ordentlich gehalten sind. Das Klima ist hier noch immer so günstig, daß zwei Ernten pro Jahr eingebracht werden können.

Weiter geht es das prächtige Marsyandital aufwärts. Manchmal hat es Schluchtcharakter, dann wird es wieder weit, überall stürzen Wasserfälle von den Seitenflanken, und zwischendrinn gibt es immer wieder kleine Ackerbauoasen.

Ein Tschorten markiert den Eingang zum Dorf Daropani (1.900 m) mit seinem Polizei-Checkpost, das sehr romantisch im hier sehr steilen Tal des Marsyandi liegt. Hier fließt der Dudh Khola, vom Manaslu kommend, in den Marsyandi.

Durch schöne Nadelwälder voller Tränenkiefern, aber auch schon Fichten, Tannen sowie Ahorn und Eichen schlängelt sich der Pfad nun im Manangtal aufwärts. Viele Tannenhäher kann man hier sehen; sie leben vor allem von den Samen der Föhrenzapfen.

Bagarchap (2.160 m), das nächste Dorf, zeigt teilweise schon tibetische Architektur mit Flachdächern, auf deren Rand Brennholz gestapelt ist. Aber auch einzelne holzschindelgedeckte Satteldächer sind noch anzutreffen; hier beginnt bereits die trockene Klimazone des inneren Himalaya. Bagarchap bietet auch eine sehenswerte Ghompa mit Statuen und Malereien.

Vom Weiterweg gibt es immer wieder großartige Blicke auf Lamjung Himal, Annapurna II (7.937 m) und den Manaslu. Weiter geht es durch prachtvolle Nadelwälder hinauf nach Dhanakyu (2.290 m) mit mehreren „Hotels".

Der Weg wird nun steinig, und es folgt, direkt am Fluß aufwärts, wieder ein schönes Waldstück. Wir erreichen Kodo (2.590 m) mit seiner Polizeistation, die den Zugang hinauf in die Bothiadörfer des Nar-Phu-Tales kontrolliert. Diese entlegene Talschaft wird von knapp eintausend Menschen besiedelt und ist eine der drei Unterbezirke von Manang. Knapp an der tibetischen Grenze gelegen, benötigt man für dieses Gebiet eine Sondergenehmigung.

Leittier einer Maultierkarawane im Marsyandital

Im nächsten Dorf, Chame (2.630 m), befindet sich der Sitz der Verwaltungsbehörde für den Bezirk Manang mit Polizei, Post, Telefonverbindung, einem „Health Post“, Elektrizität und sogar einer Bank. Jenseits des Flusses gibt es zwei kleine heiße Quellen, und der Blick auf Lamjung Himal sowie Annapurna II und IV (7.525 m) ist großartig.

Nach Chame wird ein Seitenfluß und gleich darauf der Marsyandi selbst überquert. Vorbei an Apfel- und Pfirsichgärten wird Bratang erreicht, wo sich nach 1959 Khampas festgesetzt hatten.

Das dicht bewaldete Tal wird nun eng und steil. In etwa 3.000 Meter Seehöhe wird der Marsyandi wieder gequert, und wir stehen vor dem wilden Felszahn des Paungda Danda, der sich 1.500 Meter über dem Fluß erhebt. In nordöstlicher Richtung sehen wir zum tragische Berühmtheit erlangten Pisang Peak hinüber und steigen auf steilem Pfad nunmehr ins Obere Marsyandital mit dem Ort Pisang (3.200 m) hinauf.

Braga Ghompa: Gebetszeremonie (Foto Glöckler)

Von Pisang nach Manang

Es geht nun ins Obere Manang-Gebiet mit sechs größeren Dörfern und immerhin an die 5.000 Einwohner. Hier wird das Klima absolut trocken, denn die Annapurna-Kette im Süden hält den größeren Teil der Monsun-Regenfälle zurück. Auf teilweise künstlich bewässerten Feldern werden Weizen, Gerste, Buchweizen und Kartoffeln gebaut, und es gibt natürlich nur noch eine Ernte pro Jahr. Yaks, Ziegen und Pferde werden gezüchtet.

Besonders die Pferdezucht hat Bedeutung. Im flachen oberen Manang-Bezirk wird das Pferd häufig als Reittier verwendet, und mit Packpferden wird sogar der Thorong La hinüber nach Jomosom überschritten. Sehr hübsch mit farbigen Federbüschen und buntem Zaumzeug sind die Leittiere einer solchen Karawane geschmückt ein besonders farbenprächtiges Bild.

Die „Manangi“ sind aber nicht nur geschickte Karawanenleute, sondern auch gevifte Händler, die traditionell während der Wintermonate ihren Bezirk verlassen und bis nach Hongkong anzutreffen sind. Hinter Pisang „klettert“ der Pfad einen steilen Rücken hinauf, und oben gibt es einen ersten guten Ausblick über das Manangtal sowie zum stark vergletscherten Tilicho Peak (7.132 m).

Nach einem kurzen Abstieg erreichen wir den breiten, teilweise bewaldeten Talboden, der aber vor allem ausgedehnten Yak-, Schaf- und Ziegenherden sowie Pferden als Weideland dient.

Wir gelangen zu der kleinen Flugzeug-Landepiste von Hongde (3.325 m) und dem letzten Polizei-Kontrollposten im Tal und zu mehreren Lodges. Es gibt Linienflüge nach Pokhara und Charters nach Kathmandu, die aber alle fast ausschließlich von den Manang-Händlern benützt werden.

Wir kommen am breiten Seitental des Sabje Khola vorüber, in dessen Hintergrund sich Annapurna III und Annapurna IV aufbauen. Gleich in der Nähe steht das auffallende Gebäude der „Nepal Mountaineering Association“, wo in Zusammenarbeit mit der „Union of International Alpine Associations“ jedes Jahr im Sommer mehrwöchige Bergsteigerkurse angeboten werden. (Gegründet wurde die Vereinigung in den siebziger Jahren durch jugoslawische Bergsteiger.)

Zu den beiden bedeutenden Bothia-Dörfern Braga und Manang

Unser Pfad kreuzt nun den Marsyandi nochmals, und wir kommen in das prachtvoll gelegene Braga (3.475 m). Seine mehr als 200 Häuser mit ihren gebetsfahnengeschmückten Flachdächern liegen stufenförmig übereinander, so daß jeder das Dach des Nachbarn als Terrasse benützt. Mehrere Lodges stehen zur Verfügung; es gibt aber auch sehr gute Zeltplätze.

Die Ghompa liegt am höchsten Punkt. Von ihr überblickt man das gesamte Dorf. Sie ist die größte im Manang-Bezirk und birgt eine Vielzahl wertvoller Statuen, Thankas und vor allem viele an die 500 Jahre alten Schriften.

Graue Felswände und gelbgefärbte Klippen – manche zu Steinpfeilern erodiert – säumen den Weiterweg nach Manang. Beiderseits ge-

säumt von Manimauern, überqueren wir einen Seitenfluß mit mehreren Mühlen und erreichen bald darauf das Plateau von Manang (3.535 m).

Der große Ort umfaßt an die 500 Häuser im tibetischen Stil mit Flachdächern, gestapelten Brennholzbündeln am Dachrand und unzähligen Gebetsfahnen. Seine Lage mit den Gipfeln von Annapurna und Gangapurna und ständig in Bewegung befindlichen Eisfällen an ihren Flanken in nur acht Kilometer Entfernung ist außerordentlich spektakulär.

Manang ist mit Elektrizität versorgt, und so gibt es in einigen der vielen Lodges sogar tatsächlich „hot showers". Von großer Bedeutung für den Trekking-Tourismus ist der in der Saison ständig mit einem Arzt besetzte Posten der „Himalayan Rescue Association". Täglich werden hier auch Kurzvorträge über die Höhenkrankheit gehalten.

Vernünftigerweise legt man in Manang einen Tag zur Akklimatisation ein, wozu verschiedene Exkursionsmöglichkeiten einladen:

Sehr lohnend ist eine Ersteigung des nördlich gelegenen Höhenrückens mit exzellenten Ausblicken auf Annapurna IV und II sowie auf den Tarke Kang (7.193 m), früher als „Glacier Dome" bekannt. Interessant ist auch eine Wanderung zum Gletschersee am Fuß des großen Eisfalls, der von der Gangapurna herunterstürzt.

Oben: Dorf Braga (Foto Engert)

Darunter: Braga Ghompa (Foto Engert)

Der Weg zum Tilicho Lake (siehe Abb. Seite 102) ist aus militärischen Gründen gesperrt. Aber besonders lohnend ist ein Besuch der Bhoja Ghompa, die mit ihrem rot gefärbelten Mauerwerk auf einem Hügel zwischen Braga und Manang liegt und deren Mönche sehr aktiv sind.

Ehe die ersten Trekker im Jahre 1977 nach Manang kamen, war die Bevölkerung den Fremden gegenüber eher abweisend eingestellt. So wird berichtet, daß Maurice Herzog 1950 in seinem Lager am Tilicho Lake fast verhungert wäre, da es ihm nicht gelang, in Manang größere Mengen Lebensmittel einzukau-

Manang und Ti-licho-See (Foto Engert)

fen, was aber kaum verwunderlich war, da die Manang-Both keinerlei Vorräte übrig hatten. Heute ist die Situation gänzlich verändert: Die geschäftstüchtigen Einheimischen haben ihre Chancen im Tourismus erkannt.

Die Überquerung des 5.400 Meter hohen Thorung La

An die 2.000 Höhenmeter müssen zum Thorung-Paß hinauf bewältigt werden. Der Pfad wendet sich gleich anfangs aus dem Marsyandital in nordwestlicher Richtung in das Jarsang Khola hinauf. Der Wald bleibt langsam zurück, und vorbei am Dorf Ghunsa geht es durch Weideland und Yakalmen aufwärts.

Wir erreichen Letdar und queren den Jarsang Khola auf einer überdachten Brücke. Auf schmalem Pfad gelangen wir schließlich nach Thorung Phedi („Phedi" bedeutet „am Fuß des Berges") in 4.420 Metern. Auf einer felsblockdurchsetzten Wiese gibt es die letzten Möglichkeiten zum campen. Auch einige Lodges gibt es hier; sie sind bei zu hoher Schneelage des Passes allerdings oft arg überfüllt, denn manchmal müssen Trekker tagelang warten, bis der Paß wieder passierbar ist. Obwohl im April / Mai und im Oktober / November die Wettersituation meist sehr stabil ist, kann es immer zu Wetterstürzen mit plötzlichen größeren Schneefällen kommen. In Phedi werden übrigens erstaunlich oft Schneeleoparden gesichtet, und beim Aufstieg zum Paß ziehen nicht selten Lämmergeier ihre Kreise am Himmel.

Die Einheimischen reiten häufig in einem „langen" Tag von Manang bis Muktinath, und gegen entsprechende Bezahlung kann man auch als Tourist ein Reittier mieten; man kann sich allerdings nicht darauf verlassen, daß immer Pferde zur Verfügung sind.

Zur Paßüberschreitung empfiehlt es sich natürlich, schon um 5 Uhr morgens aufzubrechen: Der Pfad wird sofort steil, quert Moränenhänge und folgt felsigen Rücken. Der Weg selbst wird von den Einheimischen schon seit uralten Zeiten benützt und ist daher überall gut ausgetreten und nicht zu verfehlen.

Die Route steigt ständig an, senkt sich zwischendurch auch immer wieder ein bißchen ab und schlängelt sich von einem Seitengraben in den anderen. So scheint der vier- bis sechsstündige Aufstieg fast nicht endenwollend.

Schließlich ist aber die Anhöhe mit ihrem Tschorten, den Gebetsfahnen und Lhartses, den Steinmännern, auf genau 5.416 Metern erreicht. Die Mühsal des Aufstiegs wird mit ei-

Thorung La (Foto Engert)

nem großartigen Blick auf Annapurna und Gangapurna im Süden, auf das Kali Gandaki-Tal weit draußen im Westen, die Felsspitze des Thorungtse (6.482 m) im Norden und den vergletscherten Yak Gawa (6.470 m) direkt im Süden belohnt. Sehr gut akklimatisierte Bergsteiger besteigen gelegentlich den Yak Gawa im Zuge der Paßüberquerung.

Der Abstieg ist steil und rauh, und für die 1.600 Höhenmeter benötigt man gute drei Stunden. Vielfach geht es über lockere Moränenhänge abwärts, und manchmal muß man bei den vielen Pfadspuren auch den richtigen Weg suchen. Während des Abstieges dominiert der großartig direkt gegenüber in den Himmel ragende Dhaulagiri die Szenerie.

Schließlich gehen die Moränenhänge in rasige Flanken über, und der endgültige Abstieg nach Muktinath (3.800 m) durch den oberen Teil des Jhong Khola-Tales ist dann recht angenehm.

In etwa 4.100 Metern, wo die Grashänge beginnen, gibt es eine kleine Lodge; hier nächtigen jene, die den Paß in umgekehrter Richtung überschreiten. Dann sind wir auch schon unten bei den heiligen Tempeln des berühmten Pilgerortes Muktinath; die vielen Lodges und Hotels befinden sich aber im zehn Minuten entfernten Ranipauwa.

Muktinath

Millionen von Hindus und Buddhisten aus Indien und Nepal haben den Wunsch, einmal in ihrem Leben die Pilgerreise nach Muktinath antreten zu können. Dabei wirkt Muktinath auf den ersten Blick für den Touristen enttäuschend:

Oberhalb des etwas auseinandergezogenen Ortes mit einigen „Lodges" und „Guesthouses", die allerdings „hot shower" aus einem von oben zu füllenden Behälter bieten, liegt das Heiligtum in karger Landschaft. Es besteht aus einem Hain mit 108 Wasserspeiern, dem Gott Vishnu geweihten Hindutempel mit Pagodendächern, einem Pilgerhaus und der in einer anderen Ecke des umfriedeten Geländes stehenden lamaistischen Ghompa.

Diese bietet allerdings etwas Sensationelles. Neben dem Altar brennt hier in einem Schacht ständig eine bläuliche Gasflamme, und dane-

Muktinath: Buddhistisches Feuer-Heiligtum

ben hört man das Plätschern von Wasser. Zwei einander feindliche Elemente und doch friedlich nebeneinander existierend – ein Gleichnis für göttliche Allmacht. Ihr vertraut sich der Pilger an, entzündet eine Butterlampe, geht dann zu den 108 bronzenen Tierköpfen hinüber, um je einige Tropfen Wasser zu trinken, und ganz Abgehärtete baden im eiskalten Wasser.

Rechts: Vishnu-Heiligtum in Muktinath mit den 108 Wasserspeiern

Unten: Buddhistisches Heiligtum Tschenresi in Muktinath

Von Muktinath ins Tal des Kali Gandaki

Der Weiterweg von Muktinath über Jomosom nach Marpha führt nicht nur in einen geschlossenen Bereich tibetischer Kultur, sondern auch in eine extreme Klimazone mit unglaublich starken Winden, hervorgerufen durch die Düsenwirkung und Temperaturunterschiede im tiefen Kali Gandaki-Tal. Das Tal gilt mit 7.000 Metern Höhendifferenz als tiefstes der Welt, denn die beiden Achttausender Dhaulagiri und Annapurna sind nur 30 Kilometer entfernt, und der Talboden (etwa in Tatopani) ist im untersten Teil bloß 1.000 Meter hoch. Der Abstieg von Muktinath geschieht auf den Bergflanken hoch über dem Jhong Khola-Tal. Auf der anderen Seite liegen die malerischen Ruinen von „Dzong“, dem ehemaligen Hauptort der Region.

Bald erreichen wir sodann den großartig auf einer Felsstufe gelegenen Bothia-Ort Jarkhot (3.500 m) mit seiner über die Abstürze kühn hinaus gebauten Ghompa. Diese selbst bietet nur eine künstlerisch wenig bedeutende Ausstattung mit einigen größeren Statuen; das Kloster gehört zur Sakja-Sekte.

Durch bewässerte Wiesen und Felder mit Pappeln und Obstbäumen geht es nunmehr angenehm weiter abwärts bis Khingar (3.200 m); hier kann man auch immer wieder Kraniche beobachten. Die Blicke auf Nilgiri und Dhaulagiri sind gewaltig.

Das letzte Stück hinunter ins Tal des Kali Gandaki, längs der vegetationslosen Bergflanken, ist wüstenähnlich „tibetisch“. Bei Eklabhatti (= „alleine liegendes Hotel“) erreichen wir in 2.730 Metern den Talboden. Manchmal auf der Uferterrasse der letzten Eiszeit, dann wieder unten im breiten, schottergefüllten Stromtal, geht es nun hinaus bis Jomosom (2.700 m), dem Hauptort des Gebietes.

Ab 10 bis 11 Uhr Vormittag bis gegen 17 Uhr bläst hier ein sturmähnlicher Wind talaufwärts, der meist den feinen Sand im Flußbett hochwirbelt und an Staubstürme in der Sahara erinnert. Gletscherbrillen und ein Halstuch vor dem Mund sind für dieses Wegstück fast unentbehrlich. Aus dem selben Grund gibt es praktisch nach 10 Uhr vormittags keinen Flugverkehr zwischen Pokhara und Jomosom.

Jomosom besteht aus drei Ortsteilen, der alten Siedlung (mit einer interessanten Bön-Ghompa oberhalb am Berg), dem „modernen“ Verwaltungsteil mit Militärlager und District-Office sowie dem Flugplatz (keine Düsenflugzeuge) und mehreren, zum Teil recht guten Lodges. Die neuen Ortsteile wirken in der „tibetischen Umgebung“ eher deplaziert.

Die Thakali-Dörfer Marpha und Tukuche

Von Jomosom fliegen mehrere Fluglinien mit bis zu 20-sitzigen Maschinen regelmäßig nach Pokhara. Wer nicht schon vorreserviert hat, muß mit mindestens ein bis zwei Tagen Wartezeit rechnen. Wer aber weitere sechs Tage erübrigen kann, sollte unbedingt bis in die Gegend von Pokhara hinauswandern – man wird dabei ein prachtvolles, typisches Stück Nepal erleben können. Es ist wohl am besten, von Jomosom noch die Stunde bis nach Marpha (2.665 m) hinunter zu gehen, um in diesem besonders hübschen Ort die Nacht zu verbringen, wobei man wegen der starken Winde einer Lodge gegenüber dem Zelt unbedingt den Vorzug geben sollte.

Marpha liegt hinter einem Geländevorsprung an der Talflanke von den stärksten Winden abgeschirmt und darf mit seinen tibetischen Flachdachhäusern als „Schmuckkästchen" gelten. Die sehenswerte Ghompa überragt den Ort und ist in den letzten Jahren renoviert worden. Hübsche Tortschorten stehen an beiden Enden von Marpha.

Nicht nur, daß die Häuser solide gebaut sind, sondern auch die Wege sind blitzsauber, und der zentrale Hauptweg durch den Ort ist sogar mit einem abgedeckten Schwemmkanal voll gepflastert. Nach wie vor ziehen durch ihn die Pferdekarawanen, aber die „Roßäpfel" werden sofort immer wieder aufgekehrt.

Eine Vielzahl guter Lodges (mehrere sogar mit westlichen Toiletten) und „Restaurants" bietet den Trekkern ungewohnten Komfort. Die hier siedelnden Thakali hatten lange Zeit den Salzhandel mit Tibet über Mustang in ihren Händen und brachten im Gegenzug Getreide und andere Güter nach Tibet. Nach 1959 kam der Handel mit Tibet zum Erliegen. Derzeit ist er im bescheidenen Umfang wieder belebt, aber das tibetische Salz ist viel teurer als das indische, welches außerdem Jod enthält, so daß sein Ankauf von der nepalischen Regierung wegen der Vermeidung von Kröpfen gefördert wird.

Die Thakali haben daher voll auf den Fremdenverkehr gesetzt und auch ihre bewässerten Feldkulturen stark verbessert. So werden verschiedene Gemüse, aber auch Äpfel, Birnen, Aprikosen und Mandeln gepflanzt, und die Thakali verstehen es auch, sehr gute Obstbrände zu erzeugen.

Der nächste Ort ist Tukuche (2.590 m), einst der wichtigste Handelsumschlagplatz mit Tibet für die Thakali. Auch hier gibt es hübsche Lodges und eine kleine Ghompa. Weiter geht es im breiten Flußbett des Kali Gandaki (der

Ganz oben: Das Dorf Marpha

Mitte: Tantrische Gottheiten (Marpha-Ghompa)

Links: Die „Hauptstraße" von Marpha ist sogar gepflastert

Dhaulagiri von Ghorapani

hier im Oberlauf von den Einheimischen „Thak Kola“ genannt wird) zwischen Sand- und Schotterbänken dahin. Der sich hier in viele kleine Arme aufteilende Fluß wird mehrmals von Stegen und schließlich von einer guten Brücke überquert. Hier können die sturmähnlichen Winde nochmals wilde Staubfontänen hochwirbeln.

Die geschäftstüchtigen Thakali

Die Thakali leben vor allem am Oberlauf des Kali Gandaki mit den Ortschaften Tuktsche, Marpha, Jomosom und Muktinath, siedeln aber auch in anderen Gebieten in der Nähe Mustangs sowie im Bereich von Manang. Sie sind in vier Sippen gegliedert und sprechen einen tibetischen Dialekt, der jenem der Gurung und Tamang ähnlich ist.

Den Thakali liegt das Handeln im Blut, und sie zählen zu den erfolgreichsten Händlern Nepals. Nicht wenige von ihnen treiben nicht nur mit indischen Partnern Handel, sondern sind auch in Hongkong und Japan zu finden. Die meisten Familien sind daher deutlich wohlhabender als dies in anderen Regionen Nepals gegeben ist, und ihr Lebensstandard ist auch deutlich höher.

Tuktsche Bazar ist das alte Haupthandelszentrum im Gebiet. Von hier gingen die Pferde- und Maultierkarawanen über Mustang nach Tibet. Sie waren mit Getreide, Konsumgütern, Petroleum usw. beladen; Güter, die von Trägern aus dem Süden durch die Kali Gandaki-Schlucht heraufgebracht wurden. Im Gegenzug transportierten die Thakali vor allem Salz aus Tibet nach Nepal. Das Handelsgeschehen mit Tibet war in den sechziger und siebziger Jahren stark eingeschränkt, erfährt aber in den letzten Jahren wieder eine deutliche Belebung.

Sehr tüchtig sind auch die Thakali-Frauen, die an vielen Stellen der Handels- und Trekkingrouten Restaurants und in den größeren Orten auch Lodges und kleine Hotels eröffnet haben; die neueren bieten sogar „Zimmer mit Dusche“. Nur die offensichtlich im Handel weniger Erfolgreichen befassen sich intensiv mit der Landwirtschaft, die in den klimatisch besseren Lagen überall zwei Ernten ermöglicht.

Die Thakali sind Buddhisten, und es gibt in ihren Dörfern auch schöne Ghompas. Leider fällt aber auf, daß die erfolgreichen Händlerfamilien mehr oder weniger zum Hinduismus – der Staatsreligion Nepals – konvertiert sind, wovon sie sich offensichtlich wirtschaftliche Vorteile versprechen. Ein gewisser hinduistischer Einfluß im Gebiet hat aber schon immer Tradition, befindet sich doch in Muktinath eines der größten Heiligtümer der Hindu in Nepal.

Zu den heißen Quellen von Tato Pani

Schließlich erreichen wir das Ende des flachen Talbodens und betreten nun praktisch eine andere Welt. Das Tal wird eng, und dichter Hochwald umfängt uns; gleich die ersten Bestände sind prachtvolle, alte Eiben. Einen derartigen, geschlossenen Eibenwald haben wir sonst nirgends in Nepal angetroffen. Weiter unten gedeihen dann auch Kastanien, Ahorn, Zypressen und Tannen. Zelten läßt sich in diesem Bereich sehr angenehm auf einer Waldwiese in Kalopani (2.550 m).

Steil geht es hinunter nach Lete (2.470 m) und sodann im engen Talbereich des Kali Gandaki auswärts. Meist hoch über dem Fluß über Passagen, die teilweise aus dem Fels gesprengt wurden; oft aber auch unten am Wasser, das hier wild dahintost.

Wir erreichen Ghasa (2.000 m), das letzte Thakalidorf und auch die letzte, tibetisch-buddhistische Siedlung. Neben dem wild schäumenden Fluß geht es weiter talauswärts, und die Vegetation wird immer subtropischer, mit Orangen, Zitronen, Grapefruit, Limonen, Taro und schließlich auch Bananen.

Nach insgesamt sieben Stunden Gehzeit von Kalopani erreichen wir die berühmten Quellen von Tatopani (= „heißes Wasser") in 1.200 Meter Seehöhe. In zwei in Beton gefaßte Becken fließt das 35 bis 40 Grad C heiße Wasser und gestattet echtes „Thermalbadevergnügen". Der Wasserdurchfluß der mit 60 Grad direkt in Flußnähe entspringenden Therme ist relativ stark, so daß man vor Infektionen wohl nicht allzugroße Besorgnis haben muß.

Eine Reihe guter „Hotels" und Lodges gibt es in Tatopani, und die Restaurants wetteifern mit weißen Tischtüchern und kühlem Bier um die Gäste. Die Zeltplätze sind im engen Tal recht beschränkt, so daß man unbedingt einen Sherpa zur Reservierung vorausschicken muß.

Die 5.000 Stufen nach Ghorapani

Der nächste Tag bedeutet 1.700 Höhenmeter Aufstieg nach Ghorapani, dem berühmten Ausflugsort im nepalischen Mittelland mit Prachtausblicken auf Dhaulagiri und Annapurna. Obwohl wir sie nicht gezählt haben, sind dabei verbürgt an die 5.000 Steinstufen zu bewältigen, was bei feuchten Verhältnissen absolut von Vorteil ist.

Ehe wir den – übrigens nie steilen, sondern durchwegs angenehmen – Aufstieg durch die vielen Dörfer beginnen, müssen wir noch beim Polizeiposten von Tatopani unsere Trekkingpermits vorzeigen.

Zauberhafter Machapuchare

Die ersten 500 Höhenmeter des Aufstieges sind neben terrassierten Äckerchen und kleinen Bauernanwesen etwas steiler. Wir erreichen Ghara (1.705 m) und schließlich Sikha (1.980 m), ein wohlhabendes Magar-Dorf mit mehreren Lodges. Hier gibt es in der Nähe ein Ausbildungslager der britischen Armee.

Ständig vorbei an Tea-Shops, führt unser breiter Weg durch Terrassenfelder weiter aufwärts. Wir erreichen Chitre (2.390 m), und nun geht es durch Rhododendren- und Magnolienwälder hinauf in die weit verstreute Siedlung Ghorapani (2.800 m) mit mehreren Touristenunterkünften. Die meisten Trekker gehen aber noch die zehn Minuten weiter hinauf zum Deurali-Paß in 2.830 m, wo es viele Lodges, Shops, einen Polizeiposten und auch reichlich Zeltplätze im Almwiesengelände gibt.

Schon von hier hat man einen großartigen Blick auf Dhaulagiri, Tukuchepeak, Nilgiri, Annapurna I, Annapurna Süd, Hiunchuli und Glacier Dome. Viele steigen am nächsten Morgen zum benachbarten Poon Hill (3.200 m) hinauf, wo der Blick auf die genannten Gipfel noch umfassender ist.

Bei Pokhara: Anblick von Annapurna Süd

Abstieg angesichts Annapurna und Machapuchare

Durch wunderbaren Rhododendronwald führt unser Weiterweg am nächsten Tag nach unten bis zum Murlu Khola auf 2.500 Meter. Eine halbe Stunde geht es sodann hinauf nach Dadapani (Lodge mit sehr schöner Aussichtsterrasse). Dann folgt ein sehr schöner Abstieg durch einen echten Rhododendron-Märchenwald und weiter in die steile Terrassenlandschaft der Ortschaft Gandrung (auch Chandrung). Sie dehnt sich über einen weiten Hügelzug aus und liegt zwischen 1.950 und 2.000 Höhenmetern. Viele Lodges und romantische Zeltplätze auf schmalen Terrassen laden zum Verweilen ein. Der Blick geht von hier über den Modi Khola hinweg zu den Annapurnagipfeln.

Am nächsten Tag muß man allerdings zum Fluß auf 1.300 Höhenmeter hinunter – und drüben gleich wieder auf 1.670 Meter nach Landrung aufsteigen. Aber der gesamte Tag gewährt eine Prachtschau auf die Annapurnakette.

Nach einer längeren Hangquerung und einem dreiviertelstündigen steilen Aufstieg auf 2.200 Meter erhaschen wir einen ersten Blick auf den Phewarsee und einen Teil von Pokhara. Schließlich folgt ein mäßiger Abstieg nach Pothana (2.000 m) mit schönen Zeltplätzen und einen weiteren Prachtblick auf den Machapuchare, Annapurna Süd, Annapurna IV, Gangapurna, Lamchung Himal und Manaslu.

Weiter geht es sodann flach bis Dhampus, und zum Schluß gibt es noch einen steilen Abstieg nach Phedi an der Straße nach Pokhara, das wir nach wenigen Kilometern erreichen.

Die wunderschöne „Annapurna-Umrundung“ dürfen wir wahrscheinlich in einem guten Hotel in Pokhara mit Blick aus den Zimmerfenstern auf den Machapuchare ausklingen lassen ...

Übersicht Annapurna-Umrundung

Körperliche Anforderungen: Anspruchsvolle Tour für geübte Wanderer mit sehr guter Kondition. Tagesetappen von 5 bis 9 Stunden.

1. Tag: Fahrt nach Bensisahar und Wanderung bis Khudi; 2 1/2 Std.
2. Tag: Khudi – Shyange; 5 1/2 Std.
3. Tag: Shyange – Tal; 4 1/2 Std.
4. Tag: Tal – Bagarchap; 5 Std.
5. Tag: Bagarchap – Chame; 5 1/2 Std.
6. Tag: Chame – Pisang; 5 Std.
7. Tag: Pisang – Manang; 4 1/2 Std.
8. Tag: Manang
9. Tag: Thorung Phedi; 4 Std.
10. Tag: Thorung Phedi – Muktinath; 9 Std.
11. Tag: Muktinath – Marpha; 6 1/2 Std.
12. Tag: Marpha – Kalopani; 4 Std.
13. Tag: Kalopani – Dana; 4 1/2 Std.
14. Tag: Dana – Sikha; 4 1/2 Std.
15. Tag: Sikha – Ghorapani/Deurali; 3 Std.
16. Tag: Deurali – Ghandrung; 7 Std.
17. Tag: Ghandrung – Pothana; 5 Std.
18. Tag: Pothana – Phedi; 2 1/2 Std. und Fahrt nach Pokhara

Annapurna

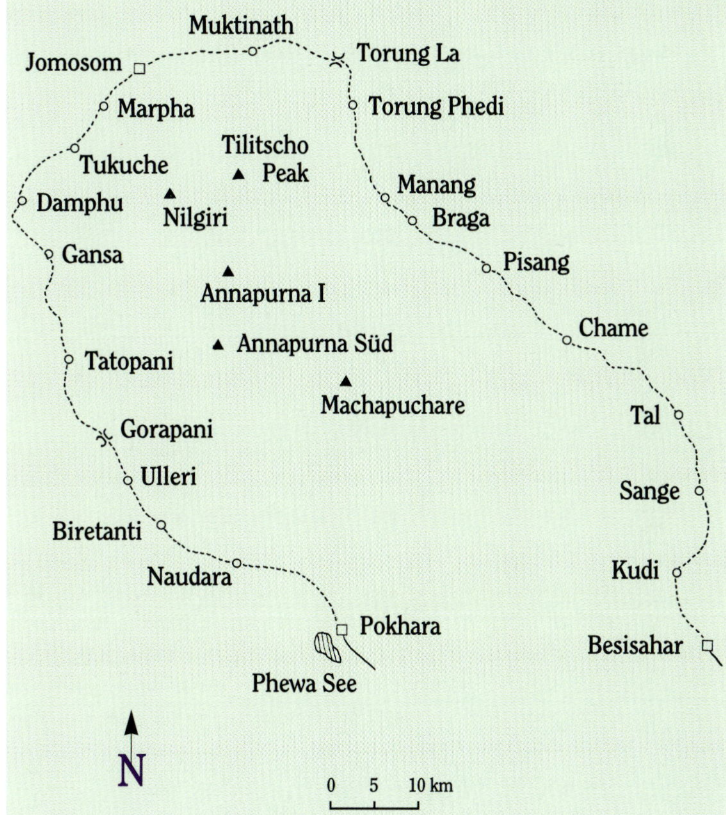

Das „Annapurna Conservation Area Project“

Das „Annapurna-Naturschutzgebiet“ umfaßt 7.000 Quadratkilometer, ist von einigen der höchsten Berge der Welt umgeben und umfaßt klimatische Gegensätze auf engstem Raum. In den höheren Lagen befindet sich noch einer der letzten geschlossenen Lebensräume des Schneeleoparden und des Blauen Schafes; in den tieferen Zonen gedeihen zum Beispiel mehr als 100 verschiedene Orchideenarten und erstrecken sich die größten Rhododendronwälder Nepals.

Zum Schutz dieser großartigen natürlichen Resourcen und der unverwechselbaren „Bothia-Kultur“ der Bewohner wurde das A.C.A.P.-Projekt ins Leben gerufen, damit der stark wachsende Tourismus sowie die unaufhaltsam auch in Nepal vordringende „technische Zivilisation“ keine nicht wieder gut zu machenden Schäden anrichten.

Die Hauptziele des Projektes sind:

- Schutz der Wälder und des Holzbestandes; Entwicklung einer „Waldgesinnung“ der Bevölkerung;
- Einsatz von Alternativenergien (Trekkinggruppen dürfen nur mit Kerosin kochen; Anschaffung holzsparender Herde und Öfen; Solartechnik, Bau kleiner Wasserkraftwerke);
- Naturschutz-Ausbildung in den Schulen;
- Ausbau von Informationsstellen für Touristen;
- Entwicklung von Kommunalprogrammen (Reparatur von Brücken und Wegen; Verbesserung der Landwirtschaft);
- Gesundheits- und Sanitärprogramme (Bau von Wasserleitungen, Bau von Toiletten, Abfallbeseitigung);
- Förderung wissenschaftlicher Untersuchungen über Natur und Umwelt.

Die Bothia des Annapurna-Gebietes

Die Hauptzentren der Manang-Pa sind die Dörfer nördlich von Lamjung Himal und Annapurna mit den Zentren Manang, Braga und Chaku.

Abseits der Haupt-Trekkingroute, ein kleines Stück weiter gegen die tibetische Grenze zu, gelangt man hier in die beiden entlegenen Bothiadörfer Nar und Phu. Sie wurden vom britischen Tibetologen Snellgrove und wenigen anderen Völkerkundlern in den beiden letzten Jahrzehnten etwas näher untersucht und lassen so die kleinen und größeren Unterschiede zu den anderen Bothia – etwa zur Kultur der Sherpas – erkennen.

Nar, das größere der beiden Dörfer, mit rund 60 Häusern, bedeutet soviel wie „Platz der Blauschafe", die in entlegenen Teilen des Himalaya, so wie etwa im Gebiet des Kangchenjunga, noch ziemlich häufig sind. Phu, im obersten Talschluß gelegen, heißt soviel wie „Kopf des Tales" und zählt etwa 40 Häuser.

An der Form der Gebäude, mit Flachdächern und steingemauert, erkennt man sofort, daß hier, nördlich von Lamjung und Annapurna, wenig Niederschlag fällt (etwa im Gegensatz zum Sherpaland, wo die Hausdächer Sattelform haben und es deutlich mehr regnet). Von den Ecken der Dächer flattern Gebetsfahnen, und der Gesamteindruck der Dörfer ist völlig ident mit jenen nördlich in Tibet. Meist sind die Häuser terrassenförmig ansteigend der Hanglage angepaßt.

Im Kontrast zu den groben Steinwänden sind die Türstöcke und die wenigen Fensterrahmen mit Holzschnitzereien hübsch verziert und auch bemalt. Alle Häuser sind zweigeschossig. Das Untergeschoß birgt einen Lagerraum und meist auch ein Stallabteil für Jungvieh. Das Obergeschoß enthält den gemeinsamen Koch-, Aufenthalts- und Schlafraum; er ist in der Regel nur über eine Außenleiter und häufig auch nur über eine zentrale Dachlucke zugänglich. Der Hauptraum hat oft nur schießschartenähnliche kleine Fenster, so daß auch der Großteil des Tageslichtes durch diese Öffnung bezogen werden muß.

Die meisten Häuser sind so untereinander über die angrenzenden Flachdächer verbunden, so daß der gesamte Komplex in früheren Zeiten auch zur Verteidigung gegen Banditen geeignet war.

Die Feuerstelle besteht aus einem einfachen eisernen Gestell über Steinplatten im Holzboden mit Auflagehältern für die Töpfe. Direkt daneben befindet sich auch ein Regal für das Koch- und Eßgeschirr. So wie in allen Bothiadörfern gibt es auch hier keine Rauchfänge; glänzende Rußgebilde hängen wie kleine Eiszapfen von den Bohlen der Decke herab.

In einer Ecke steht der bescheidene Hausaltar mit den üblichen Wasserschalen, die täglich zu Ehren der Götter gefüllt werden müssen, sowie Butterlampen und ein Behälter für Räucherstäbchen.

Eine niedrige Holzwand trennt die Schlafstelle mit einem Stapel von Decken teilweise vom Hauptraum ab. Alle Personen des Haushaltes teilen sich diesen Schlafplatz. Eine Privatsphäre, wie wir es im Westen gewohnt sind, gibt es bei den Bothia-Familien nicht.

Landwirtschaft auf mehreren Höhenstufen

Die allermeisten Bothia – so auch die im nördlichen Annapurnagebiet – leben mit ihren Viehherden auf drei Höhenstufen. Das Hauptdorf ist in höheren Lagen gleichzeitig auch das „Sommerdorf". Von ihm werden die Viehherden ab Juni auf die Hochalmen getrieben, wo die Hirten in Yakhaarzelten oder einfachen Stein-Unterständen leben.

Von Januar bis März wird mit dem Vieh in das „Winterdorf" übersiedelt, das einige hundert Meter tiefer in windgeschützten Talsenken liegt. Für die Bewohner von Nar und Phu im nördlichen Annapurnagebiet sind das z. B. die Dörfer Meta und Chaku, die schon innerhalb der Waldzone liegen. Allerdings bleiben die ganz Alten und auch einige starke junge Männer während der kältesten Jahreszeit im Hauptdorf, um es nicht unbeaufsichtigt zu lassen.

Im Winterdorf besitzt jede Familie ebenfalls Ackerland, und hier beginnt auch die Aussaat von Gerste und Buchweizen sowie das Pflanzen der Kartoffel entsprechend früher als im Sommerdorf, so daß es auch zu einem günstigen Arbeitsausgleich kommt. Im Winterdorf wird auch während des Sommers ein Futtervorrat derart angelegt, daß vor allem Heu und Stroh in Baumgabeln aufgehängt wird. Das Instandsetzen der Bewässerungskanäle ist übrigens die erste Arbeit im Frühjahr; sie wird gemeinschaftlich durchgeführt.

Viele Männer ziehen im Hochwinter als Händler in die wärmeren Gefilde Nepals und

Nordindiens, so daß man eigentlich von einer Dreiteilung des Jahresrhythmus sprechen kann: Ackerbau – Viehhaltung – Handelsgeschäfte.

Die Yakherden werden nicht wahllos auf die Hochweiden getrieben, sondern nach einem ausgefeilten Schlüssel, der alle Besitzer gleichmäßig mit gutem und schlechtem Weideland beteilt und auch Ruheperioden für den Futternachwuchs garantiert, auf die Futterplätze gebracht.

Der Yak ist die Quelle des Einkommens

Bescheidener Wohlstand ist auf die einzelnen Familien – je nach Tüchtigkeit und Schicksalsschlägen – recht unterschiedlich verteilt. So gibt es Besitzer von 100 und mehr Yaks und auch solche von nur fünf bis zehn Stück.

Alle Teile des Yaks werden verwertet. Besonders wichtig ist die Wolle. Die langen Bauchhaare werden ausgerissen und ausgekämmt und zu Zeltbahnen verwoben, während das feinere, dichte Haar geschoren und zu groben Kleidungsstücken verarbeitet wird.

Im Annapurna-Gebiet wird den Yaks, wenn sie im Sommer durch das reichliche Futter fett geworden sind, sogar Blut aus den Venen mit einem speziellen Messer und einer Adernpresse abgezapft. Eine Methode die auch aus Tibet, aber sonst eigentlich nur von den Massai aus Ostafrika bekannt ist. Das Blut wird erhitzt und mit Tsampa zu einem Kuchen vermengt, der angeblich getrocknet bis zum Winter aufbewahrt werden kann.

Ausgewachsene Yaks haben übrigens keine Feinde, wohl aber die Kälber, von denen jährlich einige den Schneeleoparden zum Opfer fallen.

Auch die Bothia sind, gleich wie die Sherpas, in Sippen gegliedert (innerhalb derer nicht geheiratet werden darf). Interessant ist nun, daß z. B. in der Ortschaft Nar jede der dort lebenden Sippen einen „Tsota", einen Yak besitzt, der den Göttern geweiht ist und eine Art Totem darstellt. Er wird nach bestimmten Regeln ausgewählt und bekommt erst einen Nachfolger, wenn er eines natürlichen Todes stirbt. Dieser Tsota tragt niemals Lasten und wird auch nicht geschoren.

Die Erdgötter müssen versöhnt werden

Vor der Aussaat muß jedes Jahr den Erdgöttern geopfert werden. Das geschieht auf einem bestimmten Acker, von dem die Sage erzählt, daß hier der einstige Gründer der Dorfgemeinschaft das erstemal Gerste ausgesät hatte. Der Oberlama läßt sich zu diesem Zweck Milch einer weißen Nak und einer weißen Ziege reichen, nimmt einige Schlucke in den Mund, spuckt sie über das Feld und rezitiert heilige Texte. Sodann werden weitere Opfergaben in Form von Tschang, Tsampa und Reis von den Dorfbewohnern gebracht. Sie werden an Ort und Stelle gesegnet und anschließend von allen gemeinsam verzehrt.

Auch der Beginn des Pflügens geschieht nach einem bestimmten Ritual: Der Vater versammelt seine Familie um sich und klebt jedem ein Stückchen Butter auf den Scheitel. Dasselbe geschieht mit den Pflug-Yaks, deren Hornspitzen ebenfalls mit Butter gesalbt werden. Zum Pflügen sind übrigens immer zwei Personen notwendig: eine leitet die Yaks, und der Stärkere führt den Pflug. Frauenarbeit ist das Zerkleinern der zu groben Pflugfurchen, das Aufarbeiten der Erdschollen in den Winkeln, wo der Pflug nicht eingesetzt werden kann, und anschließend das Eggen des Feldes mit hölzernen Rechen.

In den besonders hoch gelegenen Bothia-Dörfern reicht die Ernte von Gerste und anderen Feldfrüchten für die Ernährung nie vollständig aus, so daß jedes Jahr Butter, getrocknete Milch sowie Wolle und auch einige Yaks und Naks bzw. Zopkios und Zhums in den südlich gelegenen Nachbardörfern gegen Weizen und Reis eingetauscht werden müssen.

Nach der Pflugarbeit gehen in der Regel alle Yaks auf die Sommerweide. Nun werden die Felder bewässert und später durch die Frauen unkrautfrei gehalten. Ab dem Spätsommer, gegen den Herbst zu, beginnt die Erntezeit. Zuerst wird die Gerste gesichelt, in Schober zum Trocknen aufgestellt und sodann an bestimmten Plätzen ausgedroschen. Das Dreschgut wird schließlich auf den Flachdächern fertiggetrocknet. Danach beginnt die Buchweizen- und Kartoffelernte.

Zwei verschiedene Hochzeitsformen

Junge Leute beiderlei Geschlechter lernen sich vor allem bei der Aufsicht des Weideviehs auf den Hochalmen näher kennen. Dabei bleiben auch engere Beziehungen – mehr oder weniger mit Wissen und Duldung der Eltern – nicht aus. Kenner der Situation sagen, daß beide Geschlechter ab einem Alter von 16 Jahren schon sexuelle Erfahrungen haben. Entstehen aus einer solchen Verbindung Kinder, so werden sie im Haus der Mutter aufgezogen.

Gleich wie bei den Sherpas, gibt es auch bei den Bothia eine Art offizelle Verlobung, hier „Rik Chang" genannt, was soviel wie „Gabe von Bier" bedeutet. Beide Elternteile haben die Verbindung arrangiert und auch die Höhe des Verlobungsgeschenkes an die Braut festgelegt. Es gibt eine gegenseitige große Einladung zwischen den beiden Familien, bei der viel geschmaust und vor allem viel Bier konsumiert wird. Das Paar schläft nun sozusagen „offiziell" miteinander, und alle geborenen Kinder gelten als „legal". Beide Teile behalten aber im jeweiligen Elternhaus ihren Hauptwohnsitz.

Die richtige Hochzeit, „Chang Dzang Chen", findet dann aber meist mehrere Jahre später statt. Bei ihr leistet man sich einen größeren Aufwand als bei der „Rik-Zeremonie": Die Familienangehörigen der Braut werden im Dorf zeremoniell empfangen, der Tschang fließt in Strömen, und die Bräutigam-Eltern lassen sich in der Bewirtung der Festgäste nicht lumpen.

Viele Paare trennen sich aber während der langen Zeit der „Verlobung", zumal diese „halblegale" Bindung ja meist von den beiden Elternteilen über die Köpfe der Jungen hinweg arrangiert wurde und beide auch noch sehr jung waren.

Erstaunlich viele Verbindungen dieser Art halten aber, und wenn nach sieben oder zehn Jahren dann die endgültige Hochzeit stattfindet, dann kann das nur geschehen, wenn die Bräutigam-Familie imstande ist, ein eigenes Haus für den Sohn bereit zu stellen. Die Kosten dafür sind recht beträchtlich und machen den Gegenwert von 12 bis 15 Yaks aus. Nicht wenige Ehen gehen aber später wieder auseinander, was aber keineswegs als Kapitalsünde angesehen wird.

Das gesamte Brauchtum über Verlobung, Heirat und Scheidung ist ähnlich wie bei den Sherpas, und es wird auf das dortige Kapitel verwiesen. Unterschiede scheint es bei den meisten Bothia-Stämmen lediglich in der Frage der Polyandrie, der „Vielmännerei" zu geben. Im Gegensatz zu den Sherpas, den Lo-Pa in Mustang und den Tibetern selbst, gibt es bei den Bothia nur ganz selten polyandrische Ehen.

In jedem Bothiadorf gibt es einen Dorfvorstand, der meist aus sieben Mitgliedern besteht, die nach einem strengen Rotationssystem für jeweils ein Jahr ausgewählt werden. Sie haben für die geregelte Weide- und Forstbewirtschaftung, für das Ausrichten der großen Feste und für die Steuereinhebung an die Regierung zu sorgen; letzteres könnte aber seit der kürzlich erfolgten Einführung gesamtstaatlicher demokratischer Prinzipien für ganz Nepal geändert werden.

Es ist interessant, daß die Institution des Dorfvorstandes meist über eigene Grundstücke verfügt, die von den Dorfbewohnern bearbeitet werden müssen und deren Ertrag die Vorstandsmitglieder für ihre Mühe entlohnt. Besonders streng wird eine sparsame und schonende Bewirtschaftung der von Natur aus schon geringen Waldbestände gehandhabt.

Daß es unter den Bothia noch starke Einflüsse der vorbuddhistischen Bönreligion gibt, zeigt die Tatsache, daß z. B. im Manang-Gebiet das Blauschaf gejagt wird. (Und dies, obwohl der fromme Buddhist ja überhaupt nicht jagt!) Dies geschieht aber unter größter Schonung der an sich sehr knappen Wildbestände nur an wenigen Tagen im Jahr, wobei auch alle Dörfler von der Jagdbeute ihren Anteil kriegen.

Bothia-Nomaden

Praktisch alle vom tibetischen Hochland nach Süden über den Himalaya eingewanderten Bothia wurden gezwungenermaßen seßhafte Ackerbauern. Allerdings mit den üblichen jährlichen Wanderungen der Viehherden auf die Hochalmen und dem Zurückziehen in feste Winterdörfer für zwei bis drei Monate, was übrigens auch manche tibetische Hochlandnomaden machen.

Daneben gibt es aber auch einige wenige echte Nomaden im Bothia-Gebiet. Meist sind es allerdings tibetische Flüchtlinge, die nach 1959 nach Nepal kamen.

Diese Nomaden leben jahrein, jahraus in ihren klassischen schwarzen Yakhaarzelten, von deren Verstrebungen lustig die Gebetsfähnchen flattern. In der Regel besteht so ein Zelt aus etwa 15 zusammengenähten Einzelbahnen, die das Innere wasserdicht und warm halten. Das Gewebe hält viele Jahre, kann aber auch leicht ausgewechselt werden. Meist 5 mal 5 Meter im Geviert, bietet so ein Zelt einer sechsköpfigen Familie leicht Platz.

Im Zelt gibt es eigene Bereiche für Kochen, Essen, Schlafen und den Empfang von Gästen. Einige Truhen und Stellagen, ein winziger Altar sowie kleine Teppiche sind neben den Kochutensilien der einzige – aber ausreichende – Hausrat. Dieser wird natürlich noch durch vielerlei Werkzeug ergänzt.

Ein Zelt kann in etwa zwei Stunden abgebaut werden. Zurück bleibt eine Unterlage aus Steinplatten, die gleichzeitig auch den Zeltplatz reserviert. Die Nomaden folgen ja dem Futterwuchs mit ihren Viehherden konsequent und wechseln ihre Wohnplätze mehrmals im Jahr.

Bei trockenem Wetter wird das Gewebe der Zeltbahnen locker und durchsichtig. Bei Feuchtigkeit ziehen sich die Fäden zusammen, und die Nomaden sagen, daß es ohne weiters fünf Tage regnen könne, ohne daß ein Wassertropfen nach innen dringt. Im trockenen Klima der Hochtäler ist das aber praktisch nie der Fall.

Das Glaubensleben der Bothia

Jedes Dorf hat seine geräumige Ghompa; in den Trockengebieten mit Flachdach und gebetsfahnengeschmückten Steintürmchen an den vier Ecken. In der Mitte ist das Dach häufig von einem Aufsatz mit goldenem Knauf gekrönt, der gleichzeitig auch dem Lichteinlaß von oben dient.

Die Dorftempel werden von Lamas der Ningmapa-Richtung, also Rotmützen-Mönchen betreut. Sie sind meistens normale Bauern im Dorf und auch verheiratet. In allen Dörfern der Bothia gibt es zumindest einen mehr oder weniger hauptberuflichen Priester, der als „Oberlama“ sowohl über das nötige Wissen der buddhistischen Morallehre als auch über die Kenntnis magischer Praktiken zur Abwehr der bösen Geister und Dämonen verfügt.

In vielen Dörfern ist sein Amt erblich, und diese Lamas haben immer nur aus der traditionellen Überlieferung ihrer Vorgänger das gesamte Wissen bezogen. Sie besitzen Fähigkeiten in der Heilkunst und vor allem auch im Vertreiben der krankmachenden bösen Mächte. Der Oberlama unterweist möglichst viele junge Männer im Dorf im Lesen der heiligen buddhistischen Texte und dem Ausführen der nötigen Rituale, so daß meistens etwa ein Drittel der Dorfbewohner auch mehr oder minder gut ausgebildete „Laien-Lamas“ sind.

Zeremonie zur Vertreibung böser Geister

Ist etwa eine Seuche im Dorf ausgebrochen, so geschieht folgendes: Aus Tsampa und Butter wird ein mit roter Farbe bemaltes Abbild jenes Dämons angefertigt, der für Krankheiten im Dorf verantwortlich gemacht wird. Daneben wird sodann ein großer kegelförmiger Torma aufgestellt, und beide werden mit einem Geflecht bunter Fäden in Trapezform übersponnen. In diese „Geisterfalle“ werden durch längere Beschwörungs- und Gebetsriten die bösen Geister und Dämonen sodann hineingetrieben. Dazu muß die örtliche Schutzgottheit aber vorerst herbeigefleht werden, denn nur mit ihrer Hilfe kann die Dämonenaustreibung aus dem Dorf gelingen; häufig nimmt dies einen ganzen Tag zum Rezitieren der buddhistischen Texte in Anspruch. Am dritten Tag erreicht dann der „Exorzismus“ seinen Höhepunkt: In einer langen Gebetszeremonie, begleitet von den getragenen Tönen der drei Meter langen Sangdungs, der alphornähnlichen Bronzetrompeten, wird die Schutzgottheit herbeigerufen, und gleichzeitig wird auch ein Korb mit Sand geweiht.

Ein Lama kann nun persönlich die Rolle der Gottheit übernehmen und nähert sich immer wieder dem Abbild des Dämons. Bald wird er von weiteren Lamas unterstützt, die sich nun auch die heiligen Tempelmasken aufsetzen und zu tanzen beginnen. Schließlich wird das Dämonen-Ebenbild ergriffen und in feierlicher Prozession ins Freie getragen, wo der Zug schon von fast allen Dörflern erwartet wird.

An einem bestimmten Platz werden die Figuren dann niedergestellt und mit geweihtem Sand bestreut. Die Reste des Sandes werden aber von den Dorfbewohnern mit nachhause genommen, um dort – so ähnlich wie Weihwasser bei den Katholiken – gegen die Seuche in den Häusern zu wirken. Nach nochmaligem Umtanzen der Figuren werden diese schließlich in Brand gesetzt und die Reste den Raben überlassen. Besonders stark ist in allen Bothia-Gemeinden der Glaube an Hexerei verbreitet, wobei oft ganze Sippen in Verruf kommen.

Die Wiedergeburt ist im Lebensrad dargestellt

Das Lebensrad, welches Yama, der fratzengestaltete „Herr des Todes“ in seinen Klauen hält und welches praktisch in jeder Ghompa als Fresko zu sehen ist, zeigt die möglichen Stufen der Wiedergeburt an: Nach dem Tod wird die Seele vor Yama gebracht. Er hält ihr den Spiegel vor, in dem alle guten und bösen Taten aufscheinen. Sein Helfer wiegt nun die Taten mit weißen und schwarzen Kieselsteinen. Je nachdem, wo die Zeiger der Waage stehen bleiben, wird die Seele nun in einem der sechs Bereiche der möglichen Wiedergeburt eingewiesen.

War es ein gutes Leben, dann kommt die Wiedergeburt in der Welt der Götter oder der Menschen in Frage. Bei einer gewissen Anhäufung von Sünden wird man als Tier geboren. War man z. B. hochmütig und den Nachbarn gegenüber nicht hilfsbereit, dann kommt man in die Welt der Halbgötter, die ständig mit den Göttern Krieg führen müssen. Geizige Menschen gelangen in die „Welt der gequälten Geister", wo man ewig Hunger und Durst leidet, obwohl es genug Nahrung gibt – bloß die Hälse sind so dünn, daß man nichts hinunterschlucken kann. Ewig verdammt zu Qualen in bitterer Eiseskälte oder im Röstfeuer ist aber jene Seele, die in die Hölle kommt. Schließlich gibt es auch die ewige Seeligkeit, das „Nirwana"; aber die Bothia wissen, daß dies nur den Allerwenigsten vergönnt ist.

Für alle Anhänger des tibetischen Buddhismus sind mehrere Pilgerreisen im Leben zur Anhäufung „guter Taten" äußerst wichtig. So pilgern fast alle wenigstens einmal im Leben nach Bodnath ins Kathmandutal, und manche schaffen auch die Umrundung des Kailash in Tibet, des „heiligsten Berges der Welt"; dies erfordert aber eine mehrmonatige Abwesenheit von zuhause.

Fast jeder Bothia fühlt in sich die Fähigkeit, gewisse Omen, vom Schrei eines Vogels, bis zum Schatten, das ein Feuer wirft, auszulegen. Auch die Gebetsschnur mit ihren 108 Perlen hilft mit einer willkürlich herausgegriffenen Zahl von Perlen, ob man z. B. bei einer unbekannten Wegkreuzung den linken oder rechten Pfad einschlagen soll. Gerne werden auch Samen auf eine Trommel geschüttet, und nach dem Anschlagen der Bespannung werden die Muster, welche die Samen bilden, interpretiert.

Auch bei den Bothia gibt es die Himmelsbestattung

Begraben, Verbrennen und Aussetzen für die Geier – alle drei Bestattungsformen sind bei den Bothia üblich. Kinder werden normalerweise begraben. Das Verbrennen oder die „Himmelsbestattung" hängt vom Oberlama ab, der seine Orakel befragt. Wo aber Brennholz knapp ist, wird in den allermeisten Fällen die Himmelsbestattung praktiziert; sie geht im allgemeinen folgend vor sich:

Drei Tage wird der Leichnam im Sterbehaus belassen. Während dieser Zeit finden die Totenrituale statt. Am vierten Tag verläßt ein Trauerzug, begleitet von Klängen der Knochentrompeten und dem Schlagen der kleinen Handtrommeln, das Haus. Der Leichnam ist in ein Tuch eingeschlagen und wird in einem Korb transportiert. Vorweg gehen die Leichenzerstückler. In kleinen Gemeinden sind es nach einem Rotationssystem normale Dorfbewohner, in größeren Siedlungen aber Personen eines niedrigen Sozialstatus (meist Schmiede), die es gelegentlich in ganz geringer Anzahl gibt.

Am Bestattungsplatz, der immer ein ziemliches Stück außerhalb des Dorfes gelegen ist, wird ein Kreis gebildet, werden Opferkuchen ausgelegt und nun auch die Kanglings geblasen. *„Es werden die Geier gerufen"*, sagen die Leute. *„Wenn der Verstorbene ein gutes Leben hinter sich gebracht hat, kommen sie bald"*, ist die allgemeine Ansicht.

Die beiden Zerstückler beginnen nun in stoischer Ruhe die Körperteile zu zerlegen und in kleine Stücke zu zerschneiden, die sodann auf die umliegenden Felsblöcke ausgelegt werden. Das Ganze dauert etwa eine Stunde, währenddessen die Hinterbliebenen Gesänge anstimmen. – Nun wird vom Bestattungsplatz etwas abgerückt und auf die Vögel gewartet, was eigenartigerweise nie sehr lange dauert. Zuerst kommt meist ein Schwarm Krähen, die sich vor allem an den Opferkuchen delektieren. Aber wenig später taucht bereits der erste Griffon-Geier auf. Bald folgen weitere, und ein Gezerre und Gezänk beginnt. Auch die riesigen Lämmergeier finden sich bald ein, die bis zum Schluß auf die zurückbleibenden Knochen warten. – Die Trauergäste begeben sich befriedigt nachhause.

Das große Frühsommerfest

So wie im gesamten tibetischen Kulturkreis, findet auch bei allen Bothia, meistens im Mai – nach dem Ende der Aussaat und vor dem Viehtrieb auf die Sommerweiden – ein mehrtägiges Fest statt. Dabei werden vor allem die bösen Mächte in Abbilder aus Teig und Ton hineinbeschworen und anschließend rituell vernichtet. Bei den Sherpas ist es das „Dumje Fest", das im dortigen Kapitel ausführlich beschrieben wird. Auch bei den Bothia kommt dabei den Schwarzhuttänzern besondere Bedeutung zu. Mit wilden Tanzsprüngen rufen sie die Schutzgötter um Hilfe für das Dorf und die zu erwartende Ernte sowie das Wohlergehen der Yakherden auf den Hochweiden an. Andere Laien-Lamas setzen sich die in der Ghompa aufbewahrten Göttermasken auf und vollziehen ihre nach alter Tradition vorgeschriebenen Tanzfiguren.

Rund um den Manaslu – einem der schönsten Achttausender

Der 8.156 Meter hohe Manaslu – von vielen Teilen Mittelnepals als markantes Gletscherhorn zu sehen – bildet zusammen mit seinen ebenfalls mächtigen Nachbarn, dem 7.893 Meter hohen Himalchuli und dem 7.835 Meter hohen Ngadichuli, den selbständigen Gebirgsstock des Gurkha Himal.

Der Buri Gandaki im Osten und der Marsyandi im Westen umrahmen den Gebirgszug, und die Trekkingroute folgt auch beiden Flußtälern. Seit einigen Jahren ist nun die volle Umrundung des Manaslu und der Besuch der nördlich davon liegenden Bothiadörfer gestattet. Sie liegen direkt an der tibetischen Grenze, weshalb die nepalische Regierung auf die Mitnahme eines „Liaison Officers" besteht. Die zu entrichtende Trekkinggebühr ist daher hier auch etwas teurer, aber die interessante und prachtvolle Gegend lohnt die Mehrausgabe.

Gorkha, das Stammschloß der Könige von Nepal

Wir beginnen unsere Trekkingtour in Gorkha (1.100 m), wohin man auf leidlich guter Straße von Kathmandu aus mit einem Kleinbus etwa viereinhalb Stunden fährt.

Sehr hübsch liegt die behäbige – offensichtlich wenig benützte, aber sehr gut erhaltene – Burg am Rande des gleichnamigen Dorfes, oberhalb weiter Talflanken. Von hier aus haben die Gurkha vor rund zweihundert Jahren endgültig das reiche Kathmandutal erobert. Damit wurde gleichzeitig auch das Königreich Nepal geschaffen. „Gurkhali", das heutige „Nepali", wurde die Landessprache, und der Begriff „Gurkha" hat heute noch die Bedeutung eines bedonders gewandten und tapferen Soldaten. Die britische Armee unterhält ja noch immer eine kleine Einheit von „Gurkha-Fremdenlegionären".

Hier, in Gorkha, beginnen wir also unsere Wanderung und steigen vorerst einmal über Steintreppen zu einer sehr hübschen Tempelanlage hinauf, die neben dem Schloß den Ort dominiert. Der Kali-Tempel mit schönen Holzschnitzereien – ähnlich wie im Kathmandutal – wird sogar von einer Ehrenwache beschützt. Nach streng hinduistischem Ritual muß man beim Besuch der Tempelanlage alle Ledersachen, wie Schuhe und Gürtel, ablegen.

Wir wandern nun längs eines Bergrückens immer in etwa 1.200 Metern – mit guter Aussicht nach beiden Seiten – durch mehrere hübsche Dörfer. Im Frühjahr blühen die Orangenbäume.

Interessanterweise kommen wir hier auch durch ein von Muslimen bewohntes Dorf, das sich im Baustil kaum von den anderen unterscheidet. Auffallend sind nur die bärtigen Männer und die etwas zurückhaltenderen Frauen, die aber nicht verschleiert sind.

Bald nachher beziehen wir auf Rasenterrassen unser erstes Zeltlager.

In das Tal des Buri Gandaki

Die bereits gewonnene Höhe verlieren wir heute wieder und wandern auf gemütlichem Pfad mäßig abwärts zum Dorf Kanchak. Auf besonders aussichtsreichem Höhenrücken geht es weiter. Ganz draußen im Westen sehen wir den Machapuchare, sodann den Lamjung Himal, gefolgt von den prachtvollen, wilden Gipfeln des Himalchuli, und rechterhand begleiten uns die Berge des Ganesh Himal.

Zu Anfang April wird auf vielen Äckern gerade gepflügt und auf tiefer gelegenen, bewässerten Terrassen Reis ausgepflanzt und auch Weizen gesät. Durch ein Seitental geht es neben einem Flüßchen mit vielen Badegumpen dahin, und schließlich erreichen wir den netten und auffallend sauberen Ort Arughat Bazar (480 m), das größte Dorf im Buri Gandaki-Tal. Die Bevölkerung setzt sich aus Chetri, Brahmanen, Newari und Tamang zusammen.

Die Vegetation ist voll subtropisch; ja es gibt hier sogar Mangobäume, die an sich vor allem in rein tropischen Regionen gedeihen. – Wir gehen noch eine halbe Stunde fast eben flußaufwärts und campen auf einem schönen Platz direkt am Flußufer.

Wir folgen am nächsten Tag den Buri Gandaki auf breitem Pfad durch Reisterrassen, Weizenfelder und an einer Stelle sogar durch eine kleine Zuckerrohrplantage aufwärts. Im Talhintergrund blinken die Gletscher des Ga-

Buri Gandaki-Tal

nesh Himal herunter. Die sauberen Dörfer werden hier von Newari und Mangar bewohnt.

Wir kommen durch den letzten größeren Ort, Arkhet, und steigen nun im sich verengenden, landschaftlich reizvollen Tal aufwärts. Der Pfad führt uns manchmal hoch über den Talboden hinauf. Wir wandern durch hübschen Laubwald, und an vielen Stellen gibt es Wasserfälle. Es geht längs der Bergflanken im steten mäßigen Auf und Ab dahin, bis wir schließlich zu den berasten Terrassen von Khorsani (ca. 800 m) kommen, wo wir unser Zeltlager aufschlagen. – Wir sind hier fast zweihundert Meter über dem Flußniveau.

Sehr romantisch geht es am nächsten Tag auf schmalem, aber gutem Pfad etwa hundert Meter oberhalb der Flußschlucht weiter. Es folgt ein kurzer Abstieg zum Bett des Buri Gandaki hinunter, und gleich anschließend geht es wieder auf die obere Flußterrasse hinauf.

Durch Terrassenfelder gelangen wir ins Dorf Labubesi, steigen sodann kurz ab, bis linkerhand bei einem günstigen Rastplatz ein wunderbarer Wasserfall herunterstäubt. Mehrmals folgen nun Auf- und Abstiege zum Fluß, je nachdem, ob steile Felswände das Flußufer unbegehbar machen. So geht es weiter, bis linkerhand der Machha Khola in den Buri Gandaki mündet. Neben einem kleinen Weiler schlagen wir am Fluß in etwa 850 Meter Seehöhe unser Lager auf.

Die Schlucht wird enger

Weiter geht es – nunmehr wieder einmal oberhalb des tiefgrünen, tosenden Wassers. Auf der Schattenseite turnen Langur-Affen in den Bäumen. Wir kommen am kleinen Weiler Kholabensi vorbei und erreichen dann bald im Talboden die heißen Quellen von Tatopani. Sie sind einfach gefaßt und treten etwa mit 45 Grad zutage, irgendwelche Häuser gibt es in der Nähe keine.

Gleich nachher führt eine Hängebrücke über den Fluß, und bald darauf erreichen wir die Häuser von Doban (1.000 m), die sich in ein enges Seitentälchen schmiegen. Maisäcker wechseln hier mit Getreidefeldern, und überall an den Ackerrändern wächst Hanf, der in diesem Bereich praktisch als Unkraut anzusehen ist, von den Einheimischen aber wahrscheinlich auch geraucht wird.

Der Buri Gandaki zwängt sich nun im weiteren Verlauf durch eine enge Schlucht. Unser Weg führt oberhalb des tosenden Wassers recht romantisch dahin. Bald queren wir aber einen hohen und steilen Rutschhang, der im Monsun und überhaupt nach stärkeren Regenfällen ziemlich unangenehm sein dürfte. Der Buri Gandaki schießt hier durch ein ganz enges Bett. Gleich danach folgt aber eine große Überraschung: Denn abrupt ist das Flußtal plötzlich breiter und völlig eben; es gibt beiderseits Grünflächen und kleine Terrassenäckerchen. Unglaublich kontrastreich kann diese Landschaft sein!

Wir erreichen die Häuser von Jagat (1.340 m), die von fast lotrechten Felswänden gesäumt sind. Die hübschen Häuser sind mit Steinplatten gedeckt, und hier sehen wir auch den ersten buddhistischen Tschorten.

Wir schlagen ein kurzes Stück oberhalb des Dorfes am Fluß unsere Zelte auf und beobachten nach Eintritt der Dunkelheit an mehreren Stellen in den Bergflanken die Feuer von Bienenjägern.

Wir sind im tibetischen Kulturkreis

Nachdem wir beim Checkpost von Jagat unsere Trekkingpermits vorgewiesen und uns in ein Registerbuch eingetragen haben, trekken wir die Hänge oberhalb des Flusses talaufwärts. Es geht vorbei an kargen Weizen- und Maisäckerchen, und am Eingang der nächsten Weiler und kleinen Dörfer stehen immer mehr Manimauern und auch kleine, gebetsfahnengeschmückte Tschorten.

Hier siedeln Tamang, die ja tibetischen Ursprungs sind und sich zum Lamaismus bekennen. Auffallend sind die grünen Nadelbäumchen, die neben vielen Tschorten im Boden stecken – auch ein tibetisches Merkmal. Die Frauen tragen Samtleibchen und große Kupferblechscheiben in den Ohren, eine Schmucksitte, die in Nepal nicht häufig zu sehen ist.

Vor uns bauen sich die Schneeberge des Sringi Himal auf, der ein Teil des Ganesh Himal ist. Am Dorf Gatakhola mit seinen vielen Mühlen vorbei, gelangen wir nach Philim mit seinen steingemauerten Häusern. Hier gibt es eine sehenswerte Seil-Hängebrücke mit einer Zugvorrichtung. In einem Bastkorb werden hier Personen und Kleintiere befördert.

Etwa 150 Meter über der Schlucht des Buri Gandaki folgt auf gutem Weg eine längere Hangquerung, und wir blicken dabei zu extrem steil gelegenen Dörfern auf der anderen Hangseite hinüber. Unter uns tobt der Fluß durch eine enge Klamm; zwischendurch blinkt ruhiges Wasser in Gumpen herauf, die verlockend zum Baden einladen, aber das Wasser ist auch wohl zu kalt! Unser Camp (1.720 m) schlagen wir dort auf, wo der Chulung Khola in den Hauptfluß mündet.

Am nächsten Morgen steigen wir in der spektakulären Flußlandschaft durch lockeren Pinienwald zu einer Brücke ab, und sodann geht es auf gutem Weg längs der Felsflanken hoch über dem Fluß weiter talaufwärts.

Manchmal folgen etwas heikle Stellen mit in die glatten Wände hinausgebauten, mit Holzpfosten vertärkten Steinmäuerchen. Wenn sie unsicher erscheinen, dann holt man auch einmal ein Seil zur Sicherung aus dem Gepäck. Normalerweise sind die Pfade aber alle gut in Schuß, weil ja auch die Einheimischen diese Wege ständig benützen und allfällige Schäden immer wieder sehr geschickt beheben.

Wunderbar blühen im Frühjahr an den Felswänden weiße Orchideen, und in den Bambuswald mischen sich nun auch die ersten Rhododendren. Felsenbirnen, Sommerflieder (Budlaya) und gelbblühende Berberitzen bereichern zusätzlich die romantische Landschaft. Die Gletscher des Sringi Himal haben wir nun ständig vor uns, und im Hintergrund ragen die scharfen Gipfel des Ganesh Himal auf.

Wir gelangen nach Deng; hier sind die steingemauerten Häuser erstmals mit steinbeschwerten Holzschindeldächern gedeckt, denn hier gibt es ja bereits Wald. Mit Gebetsfahnen geschmückte Nadelholzbäumchen zieren die Dachfirste. Die Frontseite eines Tschorten ist auf einer Steinplatte mit einem sehr schönen Mandala (ein Kreis mit Buddhafiguren) verziert. Wieder einmal steigen wir zum Fluß ab (1.900 m), und nun windet sich unser Weiterweg in engen Serpentinen neben der Schlucht nach oben – wieder ist diese Landschaft von einer unglaublichen Romantik. Dahinter wird das Tal breit, und wir lassen den grünen Fluß mit seinen vielen gletschergeschliffenen Felsplatten nun wieder tiefer unter uns.

Manistein bei Ghap

Bothia-Dorf Lho

Hübsche Bothia-Dörfer

Im Wald finden sich die ersten Fichten, Schlehdorn und Felsenbirne blühen zu Anfang April. Auf den breiten Terrassenfeldern werden die Äcker gerade für die Aussat von Hirse und Gerste und für das Auspflanzen der Kartoffeln vorbereitet.

Plötzlich turnt eine Herde von gar nicht besonders scheuen Languraffen mit ihren langen Schwänzen über die Felsblöcke am Weg. Ihre schwarzen Gesichter sind von einem Kranz weißer Haare umgeben; ein reizender Anblick.

Wir gelangen in das hübsche Bothiadorf Ghap (2.100 m) und passieren vorher einen schönen Torbogen-Tschorten mit dreistufigem Dach; im Inneren sind schöne Malereien angebracht, die sich in der trockenen Luft sehr gut halten. Viele Manimauern mit eingelegten Stein-Bildtafeln, die hauptsächlich mit Buddha-Motiven geschmückt sind, säumen den Weg.

Auf einer der vielen Wiesen hinter dem Dorf gibt es gute Zeltplätze. Am nächsten Morgen wandern wir in der prachtvollen Gebirgslandschaft längs des Flusses weiter. Mächtige Fichten mit bis zu zwei Metern Durchmesser, noch immer Bambus, aber immer häufiger auch Rhododendren, sowie Budlaya und Seidelbast (darunter auch eine weißblühende Art) begleiten unseren Pfad. Vor uns ragen die wilden Felswände des fast 7.000 Meter Pangpuchi in den Himmel; er ist ein Grenzberg zu Tibet.

Schließlich gelangen wir in das Dorf Namru (2.600 m) mit netten Steinhäusern, vielen Manimauern (einige davon sogar mit bemalten Bildtafeln) und einer kleinen Ghompa mit vergoldetem Knauf. Es gibt hier sogar eine neue, kleine Lodge, wohl ein Zeichen dafür, daß man künftig mit etwas mehr Tourismus in diesem Bereich rechnet. Beim Checkpost müssen wir unsere Trekkingpermits vorweisen.

Weiter wandern wir durch reizvolle lockere Nadelwälder und gelangen durch mehrere Weiler und kleine Dörfer. Mit ihren „Feld-Oasen" hinterlassen sie einen sehr romantischen Eindruck. Auf 2.500 Meter Seehöhe ist der Weizen schon grün; hier in 2.800 Metern wird das Getreide eben erst gesät.

Alle Weiler betritt man durch einen Torbogen. Bei den größeren Dörfern stehen aber ausnahmslos Tor-Tschorten mit hübschen Innenmalereien; manche haben drei und vier Dachstufen und häufig auch aufgemalte „Buddha-Augen".

In allen größeren Dörfern gibt es kleine Ghompas mit wenigen Figuren (meist Padmasambhava und einige „zornige" Schutzgottheiten) sowie einfache Wandmalereien. Auf den steingeschlichteten Häusern mit den heimeligen Holzschindeldächern stehen überall Fichten- oder Tannen-„Gräslinge", von denen die Gebetsfähnchen flattern.

Sama, das Zentrum der Larkye-Bothia

Wir wandern nun durch Fichten-, Tannen- und Eibenbestände, queren einige Seitengräben und auch Lawinenstriche. – Und dann ist bald das große Dorf Lho (auch „Logaon“) auf 3.250 Meter Seehöhe mit vielen schönen Manimauern erreicht.

Eine stattliche Häuserzahl steht auf einem kleinen Hochplateau direkt unter wilden Felsflanken, die auf der Schattseite zu Anfang April noch tief verschneit sind. Direkt westlich von Lho präsentiert sich nun aber der Manaslu in all seiner Gletschermajestät.

Oberhalb des Dorfes gibt es gute Zeltplätze.

Es folgt ein kurzer Abstieg, dann geht es hinauf bis auf 3.500 Meter in das prachtvoll gelegene Almhüttendorf Shiala. Gleich am Dorfzugang steht ein hübscher, gebetsfahnengeschmückter Tschorten, und um die urigen holzgezimmerten Hütten stehen reihum die schönsten Gletschergipfel, die man sich denken kann; ein wahrhaft einmaliges Panorama! Im Norden sind es die wilden Gipfel des Sringi Himal, gegenüber im Süden der großartige Himalchuli, dann der spitze Ngadi Chuli (auch „Peak 29“ genannt), die Sechstausender des Larkya Himal und alles überragend der phantastische, zweigipfelige Manaslu. Nochmals wird ein Nadelgehölz gequert, einige Nebenbäche werden auf Stegen überschritten, und dann geht es ein kurzes Stück abwärts auf die weite Ebene von Sama (3.600 m), dem Hauptort von Larkya.

Mehrere Tor-Tschorten mit wertvoller Innenbemalung und außen aufgemalten „Buddha-Augen“ begrenzen die Gemarkungen. Mit seinen gebetsfahnengeschmückten Flachdächern, auf denen Brennholzbündel gestapelt sind, und den eng zusammengebauten Häusern ist Sama ein echtes Bothiadorf, das

Tor-Tschorten bei Lho mit farbenprächtiger Innenbemalung (oben) und „Buddha-Augen“ (unten)

Manaslu bei Sama

genauso auch irgendwo in Tibet stehen könnte. Ein Stück oberhalb des Dorfes liegt die große Ghompa mit ihrem Goldknauf am Dach, der mit den Gletschern des dahinter aufragenden Manaslu prächtig harmoniert.

Die Ghompa ist reich ausgestattet. Ihre zentrale Figur ist – wie sehr häufig im Gebiet der Sherpas und Bothia – Padmasambhava, der Guru Rimpoche, der „Weise Wiedergeborene", wie die Bothia und Tibeter ihn auch gerne nennen. Er ist den einfachen Menschen viel aussagekräftiger als etwa Buddha Shakyamuni selbst. Die nächstwichtige Statue in der Ghompa von Sama ist Tschenresi mit seinen vielen hilfreichen Händen, der alles Leid auf der Erde sieht. Schöne Wandmalereien zieren die Seitenflächen, und auffallend ist auch der zugebaute „Raum für die heiligen Schriften" mit einer kompletten Ausgabe von Kandjur und Tandjur. Auch in Sama sind es natürlich die Ningmapa, die „Rotmützen", welche die Lamas für das Kloster aus den Reihen der örtlichen männlichen Bevölkerung stellen.

Wir erleben hier gerade eine Opfer-Gebetszeremonie für eine vor fünf Tagen verstorbene Frau. Familienangehörige und viele Nachbarn bringen Opferkuchen aus Reis, sogenannte Tormas, und sehr schön bemalte Butter-Opferfiguren. Diese Opfergaben werden auf einem Mittelaltar aufgebaut. Alle nehmen sodann an Gebetsritualen teil, die mit den klarinettenähnlichen Sangdungs, mit Trommeln und Becken begleitet werden.

Die Larkye-Bothia

Drei 6.000 Meter hohe, aber im Sommer leicht begehbare Pässe führen nach Tibet hinüber, so daß der Tauschhandel „Salz gegen Getreide" für das Gebiet immer eine große Bedeutung hatte. Heutzutage gibt es nach Jahren der Stagnation wieder einen eingeschränkten Handelsverkehr mit Tibet.

Die Larkye-Bothia treiben sogar mit den ziemlich weiter östlich lebenden Sherpas, vor allem aber mit den südlich anrainenden Gurung, Handel. Südlich des Manaslu besteht seit einigen Generationen eigenartigerweise auch eine Sherpa-Siedlung.

Die Larkye-Bothia lassen sich offiziell recht gerne den Gurung zurechnen, die sozusagen ein bißchen das modernere Nepal repräsentieren. Einen eigenen Nationalstolz als Bothia haben sie leider noch nie entwickelt, gelten die Bothia doch in den südlicher gelegenen Gebieten gerne als „Hinterwäldler".

Ehe wir Samdo, unser nächstes Ziel, das letzte Dorf unterhalb des Larkya La, ansteuern, erkunden wir noch Sama. In einem großen Hof wird gerade geschlachtet, es werden Würste gefüllt und Fleisch zum Lufttrocknen in kleine Stücke geschnitten und auf Schnüren aufgefädelt. Am Bach steht ein Mann, der auf Wollmaterial mit einem Stock einschlägt, das Vlies immer wieder einweicht, umdreht und weiter mit Schlägen bearbeitet; es ist die hiesige Methode des Filzens. Auch der in der Nähe gelegenen Gletschersee des Manaslu ist unbedingt einen Besuch wert.

Bei Sama: Das Filzen ist eine mühsame Arbeit

Shiala-Kharka mit Manaslu

Links: Bothia-Kind

Zum tibetischen Flüchtlingsdorf Samdo

In Sama zweigen die meisten Expeditionen zum Manaslu ab, denn der Zugang durch das Buri Gandaki-Tal gilt noch immer als der beste Anstiegsweg; wir wenden uns aber nach Norden.

Bei unserem Weiterweg nach Samdo lassen wir den Manaslu-Gletscher linkerhand liegen und wandern über flache, mit Wacholderbusch bestandene Almweiden gemächlich aufwärts. Wir kommen durch die beiden bescheidenen Siedlungen Kermo Kharka und Kermo Manan und vermeinen, irgendwo in den Hohen Tauern der Ostalpen unterwegs zu sein.

Wenn wir uns allerdings umdrehen, dann stehen talauswärts die wilden Siebentausender des Gurkha Himal, und direkt vor uns schiebt der knapp 7.000 Meter hohe Pang Phuchi seine Eisflanken in den Himmel.

Weiter geht es durch einen schönen Birkenwald und sodann über kahle Flanken, vorbei an Lawinenstrichen, hinauf auf das Plateau von Samdo (3.900 m) mit seinen kargen Äckern.

Etwa 25 Flachdach-Steinhäuser mit Brennholzbündeln und Gebetsfahnen auf den Dächern ducken sich unter die Gletscher-

Sama Ghompa

brüche des Pang Phuchi. Gleich daneben ist der Einschnitt des Layan Banjang, eines 4.998 Meter hohen Übergangs nach Tibet, ganz nah zu sehen; im Sommer ist er leicht zu begehen. Im Talhintergrund sehen wir den Larkya La, unsere weitere Route.

In Samdo leben etwa 100 tibetische Flüchtlinge, die sich nach 1959 hier niedergelassen haben. Von den begrenzten Ackerbau- und Weidemöglichkeiten können sie nicht voll leben, und so sind die meisten Männer den Winter über als Händler in Nepal und auch in Indien unterwegs. Zu Anfang April treffen wir nur ältere und einige jüngere Frauen, an die 30 Kinder und lediglich zwei junge Männer im Dorf. In den nächsten Tagen werden fast alle wieder zurückkommen, denn jetzt beginnen die Aussaat- und Pflanzarbeiten, sagt man uns.

Die Leute haben sich hier natürlich auch eine kleine Ghompa gebaut. Sie birgt eine Reihe mittelgroßer, sehr schöner alter Bronzestatuen sowie einige schöne alte Thankas, die offensichtlich von den Flüchtlingen seinerzeit von „drüben“ mitgebracht wurden. Fünf Rotmützen-Lamas sorgen sich im Dorf um das spirituelle Wohl.

Wir legen aus Akklimatisationsgründen in Samdo einen Rasttag ein und besteigen dabei trainingshalber auch einen Gipfel oberhalb des Dorfes.

Unten links und rechts: Totenritual in der Sama-Ghompa

Über den 5.150 Meter hohen Larkya La

Am Fuß des Passes ist es jedenfalls zweckmäßig, ein Zwischenlager zu beziehen: Wir steigen von Samdo kurz in den Talboden ab. Hier standen früher einmal die Häuser von Larkya Bazar, einem Sommer-Handelsplatz mit Tibet; heute ist davon kaum mehr etwas zu sehen.

Wir wandern sodann gemächlich längs bewachsener Moränenhügel auf der anderen Seite aufwärts. Über Gletscherbrüche hinauf gibt es durch ein Seitental imposante Blicke auf den Manaslu-Nordgipfel. Durch ein Schneetälchen erreichen wir nach guten drei Stunden Gehzeit bereits unser heutiges Ziel beim sogenannten „Larkya-Resthouse", einem leerstehenden, kleinen Steinhaus in 4.450 Metern.

Gerade am Tag unseres Paßüberganges ist uns das Wetter nich besonders hold; es ist nebelig, und einige Schneeflocken sind beigemischt. Wir gehen aber im Bewußtsein los, bei Einsetzen schlechterer Bedingungen jederzeit wieder umdrehen zu können. – Und es hat dann erfreulicherweise doch keine weiteren Niederschläge gegeben.

Durch Moränentälchen und über Moränenhänge geht es ständig mäßig steigend aufwärts. Steinmännchen markieren den Pfad in lockeren Abständen, und es gibt keine weiteren Probleme bis auf die Paßhöhe hinauf. Nebelschwaden ziehen um uns und geben nur kurze Blicke auf eine weite, steinblock- und geröllerfüllte Einsattelung frei, über der sich in einiger Entfernung Gletscherbrüche aufbauen.

Nach viereinhalb Stunden stehen wir vor einigen Steinmännern, zwischen denen Gebetsfahnenschnüre gespannt sind, und an anderen Stellen stecken Bambusstäbe mit Gebetsfahnen in Lhartses. Unsere Höhenmesser zeigen 5.150 Meter, und so wissen wir auch, daß die Paßhöhe erreicht ist.

Plötzlich bricht doch die Sonne durch, die Nebelschwaden lösen sich auf, und wir genießen eine phantastische Aussicht auf die Sechs- und Siebentausender des Larkya-, Cheo- und Himlung Himal im Westen. Genau muß man im weitläufigen Paßbereich auf die wenigen Steinmänner achten, um sich hier nicht zu verlaufen und beim Abstieg in schwieriges Gelände zu kommen.

Es folgt eine längere Querung, und sodann geht es über steile Moränenkämme und zum Schluß längs einer gewaltigen Eiszeitmoräne und über lange Geröllstrecken bis auf die weiten Almen und Weideflächen von Bimtang – nunmehr bereits im Einzugsbereich des Dudh Khola – hinunter.

Links: Tschenresi in der Sama-Ghompa

Unten: Padmasambhava in der Sama-Ghompa

Bimtang (3.750 m) liegt auf einer sehr schönen, weiten Grasfläche, umgeben von mehreren Siebentausendern, am Rande einer riesigen Moräne, die von den Gletschern des benachbarten Himlung Himal aufgeschoben wird.

Punghi-Massiv bei Bimtang

Eisriesen und Rhododendronwälder

Wir queren am nächsten Tag den Moränenwall, blicken zu den wilden Himlung-Gletschern hinauf und haben nach der anderen Seite eine phantastische Schau zum „Gletscherzirkus" des Manaslu, besonders aber zum ganz nahen, 7.000 Meter hohen Punghi, ein stolzes Fels- und Eisgebilde, das dem Ama Dablam im Everestgebiet kaum nachsteht.

Zu unserer großen Überraschung setzt gleich hinter dem letzten Moränenwall ein prachtvoller Tannenwald an; wenig später sind Rhododendren beigemischt. Gegen Mitte April blühen sie wunderbar; was kann es schöneres geben, als tiefrote Blüten vor Gletschereis!

Wir begehen einen sehr gut angelegten Karawanenweg, ging hier doch früher eine direkte Handelsroute über den Larkya La nach Tibet hinüber. Nun überblicken wir auch das Manaslu-Basislager der Nordwestseite mit einer Vielzahl seiner umgebenden Eisgipfel und Gletscherbrüche – ein echter „Eiszirkus".

Weiter geht es durch den wunderbaren Tannen-Urwald mit Stämmen von bis zu zwei Meter Durchmesser. Zwischengestreut sind kleine Almflächen, und nun sehen wir auch auf den grünlichweiß schäumenden Dudh Khola hinunter („Dudh" bedeutet „Milch") – einen echten Gletschermilch-Fluß.

Auf angenehmem Weg verlieren wir doch rasch an Höhe und kommen nun schon an den ersten holzschindelgedeckten Almhütten vorüber. Wenig später gelangen wir in das große Gurungdorf Tilje (2.400 m) mit schönen Steinhäusern. Man sieht viele Tschorten und auch Gebetszylinder; die Gurung bekennen sich hier zum tibetischen Buddhismus, aber wir haben hier auch die Grenzzone zum Hinduismus erreicht, was sich nicht zuletzt im Fehlen einer Dorfghompa ausdrückt.

Am nächsten Tag folgt ein angenehmer Abstieg bis nach Thonje (2.000 m), wo der Dudh Khola in den Marsyandi mündet und wir auf die „Annapurna-Route" stoßen. (zur Beschreibung der nächsten Tage siehe auch „Annapurna-Umrundung", S. 98).

In Daropani befindet sich der Kontrollposten für die „Manaslu-Trekker"; wir gehen aber talaus und genießen das schöne Marsyandi-Tal. Freilich ist es mit der totalen Einsamkeit, wie wir sie rund um den Manaslu hatten, auf dieser Strecke vorbei. Man muß aber der Wahrheit die Ehre geben, daß man auch bei dieser meistbegangenen Trekkingroute Nepals keineswegs Platzangst haben muß, denn es begegnen einem eben mehrere Trekkinggruppen und vielleicht an die dreißig Einzelgänger oder Zweiergruppen pro Tag.

Das Tal zeigt oft Schluchtcharakter. Immer wieder stürzen Wasserfälle über die Bergkanten, und kleine Ackerbauoasen nehmen zu, je weiter man nach unten kommt. Es folgen Terrassenäckerchen sowie Bambushaine, und schließlich erreichen wir die weite grüne Weidefläche von „Tal" mit seinem spektakulären Wasserfall.

Das sehenswerte Marsyandi-Tal

Fast alle halben Stunden finden sich kleine „Hotels", Lodges und „Restaurants"; die saubersten sind sämtliche von Bothia betrieben. Weiter wandern wir das Marsyandi-Tal durch das tiefe und wilde Schluchtensystem abwärts. Manchmal von Felsstürzen abgesperrt, verschwindet der Fluß gänzlich unter den Felsblöcken; der bestens angelegte Pfad führt aber immer in entsprechendem Abstand am Rande vorbei. Häufig kommen uns Pferde- und Maultierkarawanen entgegen; die Leittiere sind meist mit roten Federbüschen hübsch geschmückt. Das ist noch immer „erlebtes Mittelalter".

Angenehm geht es weiter bis Jagat (1.500 m), wo wir am Schulplatz unsere Zelte aufstellen.

Der nächste Tag bringt mäßiges Auf und Ab; es folgt ein kurzer Abstieg zur Brücke zwischen Mirpa und Syang, und dann geht es hinauf in die reizende Terrassenlandschaft mit den breiten Feldern von Balundanda (1.420 m). Es folgt nochmals ein kurzer Aufstieg, dann geht es aber in mäßigem Gefälle längs unzähliger Terrassen abwärts bis Nadi, das wir über eine gewaltige Hängebrücke erreichen. Am Rande dieses klassischen Karawanendorfes gibt es schöne Zeltplätze (1.100 m).

Das Marsyandi-Tal wird nun breit, und die letzte Etappe führt uns auf guten Wegen, vorbei an reisstrohgedeckten Anwesen und breiten Terrassenfeldern, in das hübsche Dorf Bhubule mit einem Touristen-Checkpost. (Auf einer Informationstafel kann man hier lesen, daß eine Hubschrauberrettung bis auf eine Höhe von 5.200 Metern möglich ist, allerdings muß eine Agentur für die Bergungskosten garantieren.)

Das nächste Dorf ist Kudi Bazar, und bis hierher wird derzeit die Straße verlängert. Nun geht es nochmals in ein kleines Seitental hinunter und drüben hinauf auf das Plateau von Besisahar (800 m). Am Rande des typischen Straßenortes mit Betonhäusern und der üblichen langen „Geschäftsstraße" gibt es gute Zeltplätze. Sieben bis neun Stunden dauert die Fahrt bis Kathmandu (die letzten zwei Drittel auf der „Pokhara-Straße").

Bei Samdo

Manaslu-Umrundung

Anspruchsvolles Trekking mit Höhenverträglichkeit für den Larkya La (5.150 m). Die Tagesetappen sind im Durchschnitt nicht länger als 6 bis 7 Stunden.

1. Tag: Fahrt Kathmandu – Gorkha; 5 Std. und 2½ Std. bis Zeltplatz
2. Tag: bis nach Arughat Bazar; 6½ Std.
3. Tag: Arughat Bazar – Khorsani; 6 Std.
4. Tag: Khorsani – Machho Khola; 5½ Std.
5. Tag: Machho Khola – Jagat; 6½ Std.
6. Tag: Jagat – Chuning Khola; 4½ Std.
7. Tag: Chuning Khola – Ghap; 7½ Std.
8. Tag: Ghap – Lho; 7 Std.
9. Tag: Lho – Sama; 4 Std.
10. Tag: Sama – Samdo; 3 Std.
11. Tag: Akklimatisationstag in Samdo
12. Tag: Samdo – Resthouse unterhalb Larkya La; 4 Std.
13. Tag: über Larkya La – Bimtang; 8 Std.
14. Tag: Bimtang – Tilje; 6½ Std.
15. Tag: Tilje – Jagat; 7½ Std.
16. Tag: Jagat – Nadi; 5 Std.
17. Tag: Nadi – Besisahar; 4 Std.
18. Tag: Fahrt nach Kathmandu; 7 Std.

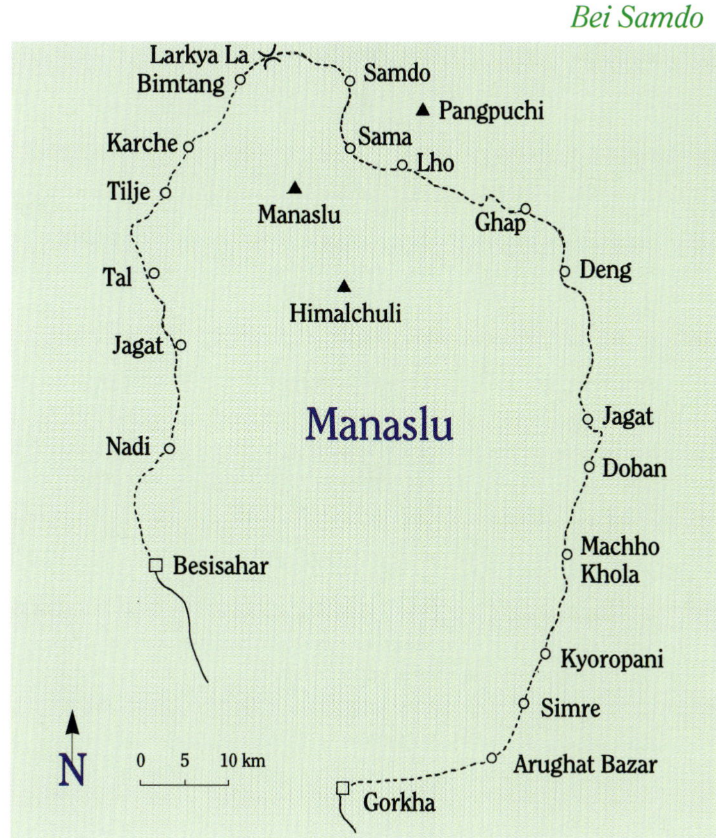

Zu den Seen von Gosainkund und ins Langtang-Tal

Nepalisches Mittelland

Diese Routenführung ist so gelegt, daß zwei verschiedene Landschaftstypen durchwandert werden und nur das mittlere Langtang-Tal doppelt begangen werden muß. Eine Überschreitung des schwierigen Ganja La sollte nur in Zweier- oder Dreier- Gruppen mit besonders ausgerüsteten Trägern erfolgen; nach etwas stärkeren Schneefällen ist der Paß für Trekker überhaupt unmöglich. (Die Autoren haben den Ganja La einmal mit einer Trekkinggruppe zu Anfang Mai bei günstigen Firnschneeverhältnissen – jedoch unter beträchtlichen Schwierigkeiten – vom Langtang ins Helambu überschritten und kamen glücklicherweise durch, ohne daß Menschen zu Schaden kamen.)

Zu den Gosainkundseen und ins Helambu sind es die einzigen Touren, die man direkt von

Kathmandu aus beginnt. – Wir fahren an den Stadtrand bis nach Sundarijal (1.350 m) und wandern durch das hübsche Dorf längs eines wasserreichen Flusses mit Gefällstufen und großen Felsblöcken im Bett vorerst einmal zügig aufwärts.

Wir folgen einer Wasser-Druckrohrleitung bis hinauf zu einem kleinen Stausee (1.600 m), der seinerzeit die Trinkwasserversorgung Kathmandus besorgte, heute aber natürlich längst nicht mehr ausreicht. Oberhalb gibt es schöne Zeltplätze, wir steigen aber über Ackerbauterrassen und mehrere kleine Ortschaften hinauf zum Rasthaus von Mulkharka (1.895 m), wo schon Tamang siedeln. Von hier überblickt man sehr schön das gesamte Kathmandutal.

Eine weitere Stunde geht es noch durch tief eingeschnittene Hohlwege aufwärts bis auf einen Höhenrücken in etwa 2.400 Metern. Rhododendren gedeihen hier bereits in den kleinen Waldflecken.

Wir betreten unterwegs das voll abgezäunte „Shivapuri Watershed & Wildlife Reserve“ (siehe dazu „Nationalparks und Wildreservate Nepals“, S. 153). Für das Durchqueren des steilen Schluchtwaldgebietes, das sich bis auf 2.700 Meter hinaufzieht, muß man einen Eintritt zahlen. Da die Helambu-Route durch den oberen Teil des Reservates führt, benötigt man die „Tickets“ für alle Fälle.

Auf dem Weg nach Helambu

Tharke, Hauptort des Helambu

Vom Höhenrücken geht es nun in etwa einstündigem Abstieg hinunter zu den Häusern von Chisopani (2.150 m), wo wir auf einigen Rasenterrassen unsere Zelte aufschlagen. Obwohl wir nur vier Stunden gegangen sind, erinnert nichts mehr an die Nähe von Kathmandu.

Am nächsten Morgen genießen wir einen wunderbaren Blick über das Bergland, vom Manaslu über Langtang Lirung, Dordsche Lakpa, Gaurisankar und ganz weit im Osten bis zur Ama Dablam.

Wir steigen über ausgeschwemmte Pfade etwa eine Stunde ab bis Pati Banyang (1.730 m), das nicht im Tal, sondern auf einem kleinen Sattel, einer echten Wasserscheide, liegt. Hier siedeln Brahmanen und Chetri, und es gibt nicht nur einen Polizeiposten, sondern auch mehrere Lodges.

Durch die klassische mittelnepalische Terrassenlandschaft geht es nun ziemlich steil, jedoch in angenehmen Kehren aufwärts bis in das Dorf Chipling (2.160 m). Hier finden sich die ersten Häuser von Helambu-Sherpas mit Gebetsfahnenmasten im Hof.

Nochmals folgt ein steiler Aufstieg auf den bewaldeten Rücken von Jhogin Danda

Mönchsnovizen der Tharke Ghompa

(2.470 m) und sodann über Almflächen und durch kurze Waldabschnitte ein kürzerer Abstieg in das große, sehr saubere Tamangdorf Gul Banyang (2.130 m). Ein schöner großer Tschorten mit aufgemalten Augen und Bildnischen überragt das Dorf mit seinen vielen Lodges. Aber es gibt hier auch gute Zeltplätze.

Wieder folgt ein kurzer Aufstieg auf einen kleinen bewaldeten Paß (2.550 m), und drüben geht es gleich wieder hinunter in das große Tamangdorf Kutumsang (2.400 m) mit mehreren größeren Lodges. Hier finden sich auch die ersten Manimauern. Die Tamang sind tibetische Buddhisten, und es ist auch hier wieder interessant zu beobachten, daß die Äußerlichkeiten des Glaubens, wie Manimauern, Tschorten und schließlich Ghompas, erst dann in größerer Anzahl oder überhaupt zu sehen sind, wenn man tiefer in das Glaubensgebiet eindringt; in Kutumsang gibt es z. B. noch keine Ghompa.

Es folgt ein längerer Aufstieg durch herrlichen Rhododendronwald mit den ersten Tannen und zwischendurch auch Büschen des Sadebaumes auf 3.200 Meter. Über den Pangu Dhanda-Rücken geht es sodann fast eben weiter. Es gibt lohnende Ausblicke zum Dordsche Lakpa mit seiner scharfen Gletscherflanke; in einige Tagen werden wir direkt zu Füßen des stolzen Berges stehen.

Schließlich erreichen wir die Paßhöhe mit gebetsfahnengeschmückten Lhartses auf 3.270 Meter und haben von dort nur einen kurzen Abstieg zum Weiler Mangen Goth (3.200 m), wo es auf einer Waldlichtung einige Zeltplätze gibt.

Im Haus einer Helambu-Sherpa-Familie

In Helambu gibt es noch das seltene Moschustier

In den Bergurwäldern des Helambu kommt es noch immer vor, das „Kasturi", das seltene Moschustier. Diese eigentümliche, rehähnliche Säugetierart ist nur etwa 60 cm lang, am Hinterteil aber 5 cm höher als an den Schultern, was ihm ein eigentümliches Aussehen verleiht. Dieses wird noch durch die bis zu 8 cm langen Eckzähne der Böcke verstärkt, mit denen sie ihre Platz- und Rangkämpfe austragen. Krickel oder Geweihe tragen sie nicht; wahrscheinlich wären diese im dichten Bergwald nur hinderlich. Den Kopf zieren zwei große, abgerundete Ohren, die eher an Hasenlöffel als an Rehlauscher erinnern.

Die Böcke scheiden am Bauch über eine Drüse während der Brunftzeit den berühmten, schon seit dem Altertum heißbegehrten, eigenartig duftenden Moschus aus. (Die arktischen Moschusochsen haben übrigens mit dem Moschustier nur den „Vornamen" gemein; Sekret sondern sie keines ab.)

In Asien wird heute noch dem Moschus medizinische, vor allem aber potenzsteigernde Wirkung nachgerühmt. Im Mittelalter glaubte man, mit ihm auch die Pest vertreiben zu können. Die Asiaten verwenden den Moschus aber auch als Grundlage zur Parfümherstellung. Auch derzeit wird noch immer ein Gramm Moschus mit mehreren Gramm Gold aufgewogen, so daß die streng geschützten Tiere nach wie vor gewildert werden und vom Aussterben bedroht sind, obwohl das Sekret schon lange auch synthetisch hergestellt werden kann.

Die Helambu-Sherpas

Die im Landstrich „Helambu" lebende Bevölkerung tibetischen Ursprungs nennt sich „Helambu-Sherpas", was aber von den

Sherpas des Solu-Khumbu-Gebietes nicht anerkannt wird; sie sagen, die Sprache stimme nicht voll überein. Jedenfalls sind sie aber „Bothia", deren Sitten und Bräuche mit jenen der klassischen Sherpas stark übereinstimmen.

Der Hauptort Tharke-Ghyang liegt in einer freundlichen Talmulde. Eng drängen sich die Häuser um die Ghompa der Rotmützen-Mönche. Mit ihren Schindeldächern und Gebetsfahnen sowie dem Wohnraum im ersten Stock ähneln die Häuser jenen der Sherpas; lediglich die Anordnung der Fenster ist anders. Auch befindet sich die Zugangstreppe außerhalb des Hauses und mündet auf einem geräumigen, überdachten Vorplatz.

Die Wohnräume zeugen von relativem Wohlstand: Der aus Holzbohlen gefertigte Fußboden ist spiegelblank poliert, und der große Raum ist rundum mit Einbauschränken versehen. In daneben befindlichen Regalen stehen blankgescheuerte Kochtöpfe, schimmernde Kupferteller, Porzellanschüsseln, Gläser und Porzellantassen. Über der offenen Feuerstelle wieder säuberlich aufgereiht eine Anzahl von Küchenutensilien.

An der Wand neben der Feuerstelle befindet sich der reichgeschmückte Hausaltar mit Buddhastatuen, Halter für Räucherstäbchen und Silberschalen für das tägliche Opferwasser. Daneben die Ehrenbank für Gäste, mit tibetischen Teppichen belegt, und davor ein geschnitztes Tischchen. Vor der Fensterfront die breite, mit Teppichen belegte Bettstelle. Dort schlafen die Eltern und kleineren Kinder. Für die größeren werden Matten und Decken aus den Kästen geholt.

Aufstieg zum Laurebina La

Die Helambu-Sherpas sind als geschickte Landwirte, besonders auch als Obstbauern und Viehzüchter, aber auch als Händler mit weitreichenden Beziehungen bekannt.

Ein wunderbarer „Panoramaweg"

Durch lockere Rhododendron-, Tannen- und Sadebaumwälder geht es am Kammrücken weiter. Immer wieder gibt es kleine zwischengestreute Weideflächen. Die Sicht auf den scharfgratigen Dordsche Lakhpa, auf Lang Chisa, Gaurisankar und weit im Osten auf Ama Dablam und Lhotse ist prachtvoll.

In 3.500 Metern erreichen wir eine weitere Geländestufe, und es geht über einige kleine Satteleinschnitte, jeweils mit Lhartses und einfachen Tschorten markiert. Der Pfad führt längs der Bergflanken aussichtsreich weiter, und leicht ansteigend erreichen wir die beiden „Teahouses" von Tarepati (3.570 m) mit einem kleinen Wald von Gebetsfahnen am darüber liegenden Hügel. Hier zweigt in östliche Richtung der Weg nach Tharke, dem Hauptort der Helambu-Sherpas ab.

Wir wenden uns aber in nordwestliche Richtung zum Laurebina-Paß, dessen Einschnitt wir schon von der Ferne ausmachen können. Auch Gopte, unser heutiges Ziel, sehen wir ziemlich weit entfernt auf der anderen Bergflanke. Vorerst müssen wir aber ziemlich steil bis auf 3.270 Meter absteigen. Es folgt eine lange Hangquerung durch schöne Rhododendronwälder und schließlich ein kurzer Aufstieg nach Unter-Gopte (3.400 m) mit seinen zwei, drei Steinhäusern. Unzählige langstielige, lilablühende Primeln gedeihen hier auch im Herbst.

Nun queren wir die gewaltige Bergflanke weiter in ständigem Auf und Ab bis hinauf zu den wenigen, aber reizvoll gelegenen Zeltplätzen von Ober-Gopte (3.550 m). – Hier sind wir schon am Fuß des Laurebina-Passes.

Über den Laurebina La

Am nächsten Morgen queren wir nochmals einige steile Seitenflanken und gelangen bald nach Phedi, direkt am Fuß des

Passes, mit zwei kleinen Teahouses, wo es auch einige Schlafstellen und Zeltplätze gibt.

Nun geht es endgültig in Richtung Paß: Mäßig steil steigen wir vorerst durch schrofiges Gelände voller Zwergrhododendren und Zwergberberitzen an. Auf den rasigen Flächen dazwischen stehen Tausende hellblau blühende Enziane. Über 5.000 Meter hohe Schrofenberge begrenzen das weite Talrund, an dessen tiefster Stelle der Paß liegt.

Das Gelände legt sich im oberen Teil eher zurück. Gelegentlich stoßen wir auf steingeschlichtete Almhäuser, und die scharfen Augen unserer Sherpa-Begleiter machen immer wieder Rudel von Blauschafen aus.

In weiten, flachen Kehren geht es im Hochkar weiter, und schon nach insgesamt viereinhalb Stunden erreichen wir die Gebetsfahnen, Lhartses und Tschorten des 4.600 Meter hohen Laurebina La. Gleich unterhalb des Passes liegt der erste der vielen Gosainkund-Seen, eingebettet in gletscherfreie Felsberge. Äußerst ansprechend ist diese Landschaft!

Die heiligen Gosainkund-Seen

Vorbei an weiteren Seen, die allesamt stark an die Seenlandschaft in den Tauern der Ostalpen erinnern, erreichen wir einen kleinen Absatz und blicken nun direkt hinab auf das gleichmäßige Rund des größten, des eigentlichen Gosainkund-Sees, mit den Steinhäusern und dem Tempel am Westende. Ganz weit draußen, im Westen, erkennen wir die gewaltigen Gletscherberge von Annapurna und Manaslu.

Gosainkund-See

Unzähligen Steinmännchen folgen wir hinunter zum See (4.380 m), an dessen Ufer sich ein mit Steinplatten ausgelegter Pfad entlangzieht. Die Pilger umrunden ihn auf diesem Weg und werfen dabei auch immer geweihte Reiskörner in das Wasser.

Neben einigen Steinhäusern, die als einfache Lodges geführt werden, steht ein kleiner Shivatempel mit einem steingeschnitzten Nandi und einer großen Glocke vor dem Eingang. Der See ist den Hindu heilig, die hier herauf vor allem während des Vollmondes im August pilgern, Shiva verehren und im See baden.

Ein regelmäßig geformtes, schwarzes Felsstück ist in der Mitte des Sees gut auszumachen. Es soll der Kopf von Shiva sein. Die Legende spricht auch von einem weißen Fels unterhalb der Oberfläche, der ein alter, untergegangener Shiva-Schrein sein soll.

Der fromme Hindu glaubt, daß Shiva den Gosainkund-See selbst geschaffen hat: Er mußte nämlich einen Gletscher mit seinem Dreizack durchbohren, um seinen unmäßigen Durst zu stillen, den er nach einer Vergiftung verspürt hatte. – Man erzählt sich auch, daß das Wasser aus dem See unterirdisch abfließt und bei den Quellen von Kumbeshvar, direkt neben dem fünfstöckigen Shivatempel in Patan (etwa 50 Kilometer Luftlinie entfernt), zutage tritt.

Es ist an einem hier eingeschalteten Rasttag sehr lohnend, die Umgebung des Sees ein wenig zu erforschen und auch zu den Nachbarseen beziehungsweise in die Seitentäler hinaufzusteigen.

Landschaftlich besonders reizvoll ist der Weiterweg talauswärts, vorbei am unteren Gosainkund-See, dem Bhairav Kund. Der gute Pfad quert eine lange Talflanke, und dann gibt es einen kurzen Aufstieg zum Kleinen Laurebina-Paß auf 4.430 Metern. Hier steht ein neuer, gebetsfahnengeschmückter buddistischer Schrein. Man hat das Gefühl, daß die hier ausschließlich buddhistischen Tamang

Manimauer bei Langtang

Unten: Kartoffelernte in Langtang

und Helambu-Sherpas, welche die umliegenden Täler besiedeln, dem Hindu-Heiligtum etwas Entsprechendes entgegensetzen wollen. Es ist ja auch zum Beispiel in Muktinath so, daß neben dem Vishnu-Heiligtum ein buddhistischer Tempel steht.

Über Singh Ghompa ins Langtang-Tal

Wir genießen einen phantastischen Ausblick von der Annapurna über den Ganesh Himal mit dem Manaslu bis zum Langtang Lirung. Auch nach Dunche, von wo wir etwa zehn Tage später nach Kathmandu zurückfahren werden, sehen wir hinunter.

Auf breitem Almrücken folgt nun ein mäßig steiler Abstieg. Wir freuen uns an der zauberhaften Nachmonsun-Flora mit Edelweiß und Astern und umrunden weiter unten einen mit herrlichen Tannen bewaldeten Bergrücken.

Zum Schluß durch eine Waldbrandfläche erreichen wir schließlich, nach nur dreieinhalb Stunden Gehzeit von Gosainkund, den kleinen Ort Singh Ghompa (3.300 m) mit mehreren guten Lodges und seiner – wie der Name schon besagt – schönen Ghompa. Interessant sind die Newari-Schnitzereien über dem Eingang; ein Zeichen, daß wir dem kulturellen Einflußbereich des Kathmandutales verhältnismäßig nahe sind. (Innen konnten wir die Ghompa leider nicht sehen; der verantwortliche Lama war verreist.)

Bekannt ist Singh Ghompa aber vor allem wegen seiner Käserei, die hier seinerzeit von Schweizern aufgebaut wurde und nun offensichtlich auch ohne deren ständige Betreuung gut floriert; der erzeugte Hartkäse schmeckt jedenfalls ausgezeichnet. Die Käserei verarbeitet während der Saison von April bis Mitte Oktober 200 Liter Milch täglich, die von den umliegenden Yak-Almen herbeigetragen wird. Aus dem Rahm wird Butter erzeugt und aus der auf 60 Grad erhitzen Magermilch nach den auch im Westen üblichen Methoden Hartkäse erzeugt. Die Bauern erhielten 1996 zwölf Rupien pro Liter Milch, was für Nepal ein guter Preis ist.

Der Weiterweg von Singh Ghompa nach Syabru führt um eine weite Bergkuppe herum durch einen selten prächtigen Tannenbestand mit bis zu 400 Jahren alten, mächtigen Stämmen; auch Rhododendron und Ahorn wachsen im Unterholz. Glücklicherweise steht das Gebiet schon unter Naturschutz!

Durch Buschwerk und über Terrassenfelder gelangen wir schließlich in das besonders

schön auf einer abfallenden Kammschneide gelegene Dorf Syabru mit seinen übereinander gestaffelten, holzschindelgedeckten und steinbeschwerten Dächern. Auf 2.150 bis 2.250 Höhenmeter liegen die von Helambu-Sherpas bewohnten Häuser.

Die Ghompa ist einfach, aber sehenswert; mit Padmasambhava als zentrale Figur, daneben eine einfache Tschenresi-Statue und einfache, aber interessante alte Wandfresken. Den Eingang zieren die „Wächter der vier Himmelsrichtungen".

Am oberen Rand des Ortes, der auch einen Militärposten beherbergt, gibt es schöne Zeltplätze und im Ort mehrere sehr gut geführte Lodges. Besonders eindrucksvoll ist der Blick in die Durchbruchschlucht des Langtang-Tales, in das wir auf der nächsten Etappe hinabsteigen werden.

Durch die Urwälder des unteren Langtang Khola

Wir steigen durch das hübsche Dorf abwärts. Es geht durch Terrassenfelder ziemlich weit hinunter und dann durch Eichen-, Ahorn- und Bambuswald hinüber zur neuen Brücke über den Ghopcha Khola, einen Seitenfluß.

Oben: Langtang-Dorf

Darunter: Languraffen im Langtang-Nationalpark (Foto Brantner)

Der Pfad wendet sich auf die Seitenflanke hinauf, und es geht flach vorbei an einigen Häusern bis zur Abbruchkante oberhalb des Langtang Khola. Nun folgt ein steiler Abstieg in engen Serpentinen durch Bambuswald bis hinunter zum wild schäumenden Fluß auf 1.600 Meter. Beiderseits des Flusses entspringen hier heiße Schwefelquellen, deren Geruch man schon aus größerer Entfernung wahrnimmt. Sie sind nur mit einem Schlauch gefaßt.

Nun folgt ein langer Aufstieg durch herrlichen Urwald mit verschiedensten subtropischen Gewächsen, wovon besonders Philoden-

Langtang Ghompa: Die beiden Gattinnen Padmasambhavas sowie der „Gründer" der Ghompa

dron auffällt. Hier, im Urwaldabschnitt des Langtang-Nationalparks, gibt es auch eine reiche Fauna von Languraffen, Wildschweinen, Schwarzbären, und sogar der seltene Rote Panda kann angetroffen werden. Berühmt ist dieser Teil des Weges auch für seine reiche Vogelwelt.

Einige Lodges stehen am Weg. Der Pfad steigt manchmal steil an, quert einige Seitengräben, und immer wieder müssen auch Erdrutsch-Passagen bewältigt werden. Schließlich führt eine neue Hängebrücke auf die Nordseite des Tales hinüber, und es geht an einer Serie von Wasserfällen vorbei.

Auf der besonnten Flußseite wachsen Eichen und Tränenkiefern, und es geht nochmals steiler hinauf zu einigen Lodges, ziemlich hoch oberhalb des tosenden Flusses. Hier zweigt

Oben: Wandfresken mit Schutzgottheiten
Darunter: Großer Gebetszylinder
Links: Padmasambhava (alle Abb. Langtang Ghompa)

eine Route nach Syabrubesi ab; es war der seinerzeitige Hauptweg talauswärts, ehe die Hängebrücke über den Langtang Khola gebaut wurde. Nun geht es nur noch flach taleinwärts, und wir erreichen die kleine Lodge-Siedlung von Changtang, die in den meisten Landkarten als „Lamahotel“ (die seinerzeitige erstgebaute Lodge) bezeichnet ist (2.400 m). Es gibt hier auch Zeltplätze, aber die schöneren finden sich eine Gehstunde später auf der Waldlichtung von Gomna in 2.800 Metern.

Von Changtang geht es wieder durch herrlichen Bergurwald, in den sich nun auch schon Tannen einmischen. Teilweise wandern wir neben dem Fluß wie in einer Parklandschaft, teilweise müssen wir den Abstürzen von Schluchtwänden ausweichen. Zwischen den Urwaldriesen blinken nun plötzlich auch die gewaltigen Eisflanken des Langtang Lirung durch, auf den wir direkt zugehen – ein Kontrast, wie er romantischer nicht sein könnte.

Schließlich gelangen wir ziemlich überraschend auf die freie Almfläche von Ghora Tabela (genau 3.000 m) hinauf und lassen hier den Urwald hinter uns. – Nun bewegen wir uns in einer völlig anderen Landschaft.

Das wunderschöne Langtang-Tal

Ghora Tabela besteht aus einer kleinen Lodge und einem Checkpost. Ursprünglich war geplant, hier tibetische Flüchtlinge anzusiedeln, aber das Projekt ist nie realisiert worden.

Nun geht es im breit werdenden Tal aufwärts. Linkerhand die Eisbalkone des über 7.000 Meter hohen Langtang Lirung, im Talhintergrund eine Vielzahl weiterer Gletscherberge. Wasserfälle stürzen von beiden Seiten herab, und prachtvoll sind im Herbst die goldgelb verfärbten Lärchen an der südlichen Talflanke.

Mit Steinmäuerchen gesäumte Äcker auf Terrassenstufen erstrecken sich beiderseits des Weges, der mäßig ansteigt. Wir stoßen auf ein Rudel von Languraffen mit ihren hübschen schwarzen, weißumrahmten Gesichtern und dem langen Schweif. Sie lassen uns neugierig ganz nahe herankommen, ehe sie sich wieder hangaufwärts verziehen. Scheinbar holen sie sich im Herbst einige Erntereste.

Schließlich kommt das Dorf (3.440 m) mit seinen vielen, holzschindelgedeckten Häusern in Sicht. Alle Dächer sind so wie bei uns in den Alpen mit Steinen beschwert, und überall flattern die Gebetsfahnen vom Dachfirst. Die Leute hier sind Bothia mit allen Merkmalen tibetischer Kultur in Sprache und Brauchtum.

Zwei Ghompas gibt es im Dorf. Die sogenannte Kleine Ghompa enthält sehr schöne alte Figuren: Padmasambhava, flankiert von seinen beiden Frauen, und auf der rechten Seite der Gründer des Klosters, ein Lama-Abt (erkenntlich an seiner Tonsur). Kunsthistorisch recht bedeutend dürften die schon etwas restaurierungsbedürftigen umlaufenden Wandmalereien sein. Sie stellen beiderseits des Einganges je zwei Schutzgottheiten dar; auf der linken Seite Padmasambhava in seinen acht Manifestationen (davon eine, wie er auf dem Tiger reitet) und auf der anderen Seite eine Reihe von Mahakalas.

Wir folgen nun dem Tal weiter aufwärts. Mehrere lange Manimauern säumen den Weg. Die beiden Weiler Möndrung und Shingdum, umgeben von Terrassenfeldern, bleiben rechterhand und linkerhand liegen. Schmuck sind ihre schindelgedeckten Häuser. – Im gesamten Langtang-Tal zwischen Ghora Tabela und Kyangjin gibt es übrigens 275 Häuser mit rund 1.650 Personen.

Durch teilweise geröllbedecktes Almgelände geht es ständig mäßig ansteigend weiter. Und immer wieder säumen Manimauern (eine ist mindestens einhundert Meter lang) und kleine steingeschlichtete Tschorten den Pfad.

Unser nächstes Ziel, die weite Hochalm von Kyangjin mit ihrer altehrwürdigen Ghompa, muß seinerzeit ein wichtiges Wallfahrerziel gewesen sein, denn nur wegen einer Almfläche würden nicht so viele religiöse Bauten aufgeführt worden sein.

Kyangjin Ghompa

Kyangjin Ghompa

Nur zweieinhalb Stunden dauert der mühelose Aufstieg hinauf auf die weiten Almen von Kyangjin Ghompa (3.830 m). Unglaublich viel hat sich hier in den letzten zwanzig Jahren verändert. Als wir 1976 das erstemal hier waren, gab es nur eine Reihe von mehr oder weniger soliden „Sommerhäusern". Heute gibt es neben der damals schon bestehenden Käserei – und natürlich auch der Ghompa – viele Lodges; einige davon recht ordentlich.

Die offensichtlich schon sehr alte, weißgetünchte Ghompa mit ihren Holzschnitzfenstern ist von einem Wald von weißen und grünen Gebetsfahnen umgeben und harmoniert großartig mit den dahinter aufsteilenden Gletscherbrüchen, die direkt vom Lirung-Gletscher nach Süden vorstoßen.

Das Innere sah 1996, bei unserem letzten Besuch, traurig aus, denn einige Monate vorher war eingebrochen und fast alle der sehr wertvollen Figuren gestohlen worden (es ist dies leider nicht der einzige Fall in Nordnepal). Erhalten geblieben sind allerdings die prachtvollen Wandmalereien, die sowohl künstlerisch als auch vom Farbzustand her wunderschön sind. Die linke Reihe zeigt mehrere „zornige" Schutzgottheiten, sodann Tschenresi, geflankt von einer Weißen und Grünen Dolma. Auf der rechten Reihe sind Schutzgottheiten sowie Buddha Shakyamuni selbst, umgeben von an die 20 Schülern, dargestellt.

Kyangjin Ghompa: Wandfresken

Unterhalb der Ghompa liegt die Käserei, die schon 1955 von der Schweizer Entwicklungshilfe eingerichtet wurde und heute noch bestens funktioniert. Es werden in der Saison immerhin 700 Liter Milch pro Tag verarbeitet. Der Großteil des Käses wird nach Kathmandu verkauft.

In das hinterste Langtang-Tal

Es lohnt sich unbedingt, einen ganztätigen Ausflug in den Talhintergrund zu unternehmen. Nur wenig steigend, aber doch immer wieder etwas auf und ab, geht es direkt auf die Siebentausender zu, die die Grenze zu Tibet markieren.

Wir wandern auf der orographisch rechten Flußseite aufwärts. Vorbei am ehemaligen kleinen Airstrip, der seinerzeit von zwei- bis viersitzigen Kleinflugzeugen angeflogen wurde, kommen wir auch an der Abzweigung zum schwierigen Ganja La vorüber (der Pfad führt auf einem Steg über den Langtang Khola).

Rechterhand bedeckt herrlicher Birkenwald weit hinein die schattseitigen Talflanken. Wir kommen an einer Alm-Weidefläche nach der anderen vorbei. Die begrünten Stücke werden immer wieder von Geröllhalden unterbrochen, die vom Tsergo Ri und Morimo Peak bis in den Talboden herunterreichen.

Vor uns baut sich der 6.500 Meter hohe Langshisha Ri mit seinen gemeißelt wirkenden Eisriefen auf, anschließend folgt der Tilmans Col, ein schwieriger Paßübergang, der nach Panch Pokhari hinunterführt, und weiter hinten im Tal dominiert dann der Dordsche Lakpa die Szene; im oberen Teil türmen sich seine wilden Eisbalkone und Eisgrate, die von fast lotrechten, glatten Felswänden getragen werden. Ganz hinten bildet der mächtige, 7.000 Meter hohe Eisriese Kang Chenpo den Talschluß.

Reizvolle Fotomotive geben unterwegs die steingeschlichteten Almhütten vor den wilden Gletscherbergen ab; selbst gegen Ende Oktober weiden noch Yaks und Pferde bis in den obersten Talgrund. Sie treten gelegentlich sogar in Konkurrenz mit Rudeln von Blauschafen.

Wir wandern an die dreieinhalb Stunden bis zur Alm „Numtang Kharka" hinein; die Hütten werden im Spätherbst aber nicht mehr bewirtschaftet.

Auf den 5.500 Meter hohen Yala Peak

Mehrere lohnende Bergziele für Trekker bietet die Umgebung von Kyangjin. In bloß zweieinhalbstündigem Aufstieg kann der sich nach Nordosten hinziehende Kammrücken bis zum höchsten Punkt auf 4.550 Metern erklommen werden. Ein steiler, aber guter Pfad, der nur bei Neuschnee unangenehm werden kann, führt über den von unten voll einzusehenden Vorgipfel auf den weiter hinten liegenden Hauptgipfel mit seinen Lhartses und Gebetsfahnenschnüren; die Einheimischen nennen ihn Ingo Peak. Man hat von ihm einen Prachtblick hinüber zum Langtang Lirung und seine Gletscherbecken sowie auf die Drei Brüder und interessante Tiefblicke auf die Almen unterhalb des Lirung-Gletschers. Den Abstieg kann man dann – weniger steil – über die Hinterseite nach Kyangchin wählen. Ein weiteres Bergziel ist der knapp 5.000 Meter hohe Tserko Ri, den man schon vom Dorf Langtang aus, das Tal abschließend, ständig sieht. Seine Besteigung ist ebenfalls einfach, erfordert aber einen ganzen Tag.

Ein nicht schwieriges, aber doch Gletschererfahrung voraussetzendes, sehr lohnendes Unternehmen ist die Besteigung des 5.500 Meter hohen Yala Peak. Man erreicht ihn über die Yala-Alm (4.700 m), auf die wir von Kyangchin aus nach dreieinhalbstündiger Wanderung gelangen.

Der Weg dorthin zieht sich flach über die Bergflanken, vorbei an niederen Berberitzen- und Wacholderbüschen aufwärts. Immer faszinierender wird der Rundblick beim Höhersteigen. Auf dem weiten, flachen Plateau stehen mehrere steingeschlichtete einfache Sommerhütten.

Bei guter Akklimatisierung kann am selben Tag sogar noch ein ganz einfacher Fünftausender, der Yala Ri (5.020 m) erstiegen werden. Obwohl nur 300 Meter höher als die Alm, ist der Ausblick vom höchsten Punkt auf zahllose

Oben: Im hintersten Langtang-Tal mit Dordsche Lakpa

Darunter: Langtang Lirung

Terrassenlandschaft zwischen Syabru und Dunche

Fels- und Eisgipfel und die tief eingeschnittenen Täler großartig. In der Nähe gibt es auch interessante Moränenseen.

Im ersten Morgengrauen brechen wir am nächsten Tag, ausgerüstet mit Steigeisen und Pickel auf. Der Yala Peak ist nicht schwierig, aber der Aufschwung auf den Gratrücken erfordert gesichertes Gehen mit Steigeisen. Auch eine Spaltenzone muß umgangen werden, und hier muß auch aus Sicherheitsgründen angeseilt werden.

Wir hatten Ende April beste Firnverhältnisse und überhaupt keine technischen Probleme. (Ein anderes Mal sind wir im Oktober an mehr als einem halben Meter Neuschnee gescheitert.) Die Höhe macht natürlich zu schaffen, und so stehen wir nach fünf Stunden auf dem Gipfel, der sich wie ein Schiffsbug über den darunterliegenden Salbachum-Gletscher hinausschiebt.

Die Gipfelschau ist wirklich umfassend und gewaltig: Nordöstlich von unserem Standort, etwa 20 Kilometer entfernt, ragt über einer vorgelagerten riesigen Eiswand der Gipfel der über achttausend Meter hohen Shisha Pangma, des höchsten Gipfels Chinas (der nicht Grenzberg ist) auf. Als dunkler, wuchtiger, schneefreier Felsaufbau überragt er alle Berge in der Runde.

Neben vielen markanten Sechs- und Siebentausendern in der direkten Nähe stehen gegen Norden die Grenzberge Tibets vor uns. Daran schließt die Gipfelgruppe Pang Ri Guldong und Pyong Peak und weiter draußen der überaus markante Dordsche Lakpa. Beherrschend ist im Vordergrund der Khim Tung mit seinen mehrere hundert Meter hohen Eisriefen und dann natürlich auch der Langtang Lirung. Im Nordwesten erkennt man sogar Gipfel des Transhimalaya.

Den Abstieg unternehmen wir nicht bis nach Kyangchin, sondern nächtigen nochmals auf der Yala-Alm; dafür steigen wir dann am nächsten Tag bis ins Dorf Langtang ab.

Rückweg über Dunche

Besonders im Herbst kann man den Rückweg durch das Langtang-Tal genießen, wenn die Berberitzenbüsche rot und die Lärchen goldgelb aufleuchten.

Wenn es sich mit der Zeit ausgeht und man im Zelt schlafen will, dann nächtigt man am besten auf der Waldwiese von Gomna und geht dann von dort in einem durch das Tal hinunter und drüben wieder hinauf zu den besonders schönen Zeltplätzen von Syabru.

Nun folgt die letzte Etappe bis Dunche: Von Syabru geht es auf einen kleinen Geländevorsprung auf 2.400 Meter hinauf und sodann auf angenehmem Pfad, der streckenweise „Promenadencharakter" hat, längs der Bergflanken weiter. Es gibt Pracht-Ausblicke auf die Sechs- und Siebentausender des Ganesh Himal.

Wir gelangen zu einer Felsnase und schauen auf die hübsche Terrassenlandschaft des Dorfes Mungar wie aus der Vogelschau hinunter. Drüben geht es ein Stück abwärts und dann eben hinaus zur Straße beim Dorf Bargu.

Die Fahrstraße wurde von hier in den letzten Jahren bis hinunter nach Syabrubesi, am Zusammenfluß von Langtang Khola und Kyirong Chu weitergebaut; es ist aber lohnender, sie erst ab Dunche zu benützen. Die letzten zwei Gehstunden sind nun auf der Straße zurückzulegen. Es geht zuerst leicht abwärts, um eine Bergflanke herum, bis auf 1.850 Meter. Dort wird ein Seitenfluß überquert, und sodann geht es wieder 150 Meter hinauf bis in den langgestreckten Ort Dunche (ziemlich genau auf 2.000 m) mit seinem hübschen alten Kern und den vielen neuen Läden und „Restaurants"; leider alle mit Blechdächern.

Es gibt einen öffentlichen Bus nach Kathmandu, aber besser ist es, wenn man sich geländegängige Kleinfahrzeuge schon vorher bestellt hat, denn alleine die ersten 45 Kilometer hinunter nach Trisuli erfordern sechseinhalb Stunden Fahrzeit, woraus man auf die Güte der Straße schließen kann!

Es folgen nochmals 60 Kilometer bis nach Kathmandu, die schneller zurückgelegt werden, aber insgesamt kann auf der 105 Kilometer langen Strecke nur ein Schnitt von 15 bis 20 Stundenkilometer gefahren werden. Landschaftlich ist die Fahrt aber sehr schön und lohnend.

Übersicht der Gosaikund-Langtang-Tour

Leichteres Trekking (wenn auf die Besteigung des 5.500 m hohen Yala Peak verzichtet wird); 4.600 Meter hoher, unschwieriger Paßübergang. Tagesetappen von 5 bis 6 Stunden.

1. Tag: Fahrt bis nach Sundarijal, am Stadtrand von Kathmandu; 4 Std bis Chisapani
2. Tag: Chisapani – Gul Banyang; 5½ Std.
3. Tag: Gul Banyang – Mangen Goth; 5 Std.
4. Tag: Mangen Goth – Ober Gopte; 6½ Std.
5. Tag: Ober Gopte – Laurebina La – Gosainkund; 5½ Std.
6. Tag: Gosainkund – Singh Ghompa; 3½ Std.
7. Tag: Singh Ghompa – Syabru; 3 Std.
8. Tag: Syabru – Lama-Hotel; 5½ Std.
9. Tag: Lama-Hotel – Langtang; 4½ Std.
10. Tag: Langtang – Kyangjin Ghompa; 2½ Std.
11. Tag: Ausflug ins hintere Langtang-Tal; 6 – 7 Std.
12. Tag: Aufstieg auf die Yala-Alm; 3½ Std.
13. Tag: Besteigung des Yala Peak; 8 – 9 Std.
14. Tag: Abstieg über Kyangjin bis Langtang; 5 Std.
15. Tag: Langtang – Gomna; 3½ Std.
16. Tag: Gomna – Syabru; 6 Std.
17. Tag: Syabru – Dunche; 5 Std.
18. Tag: Fahrt nach Kathmandu; 8 Std.

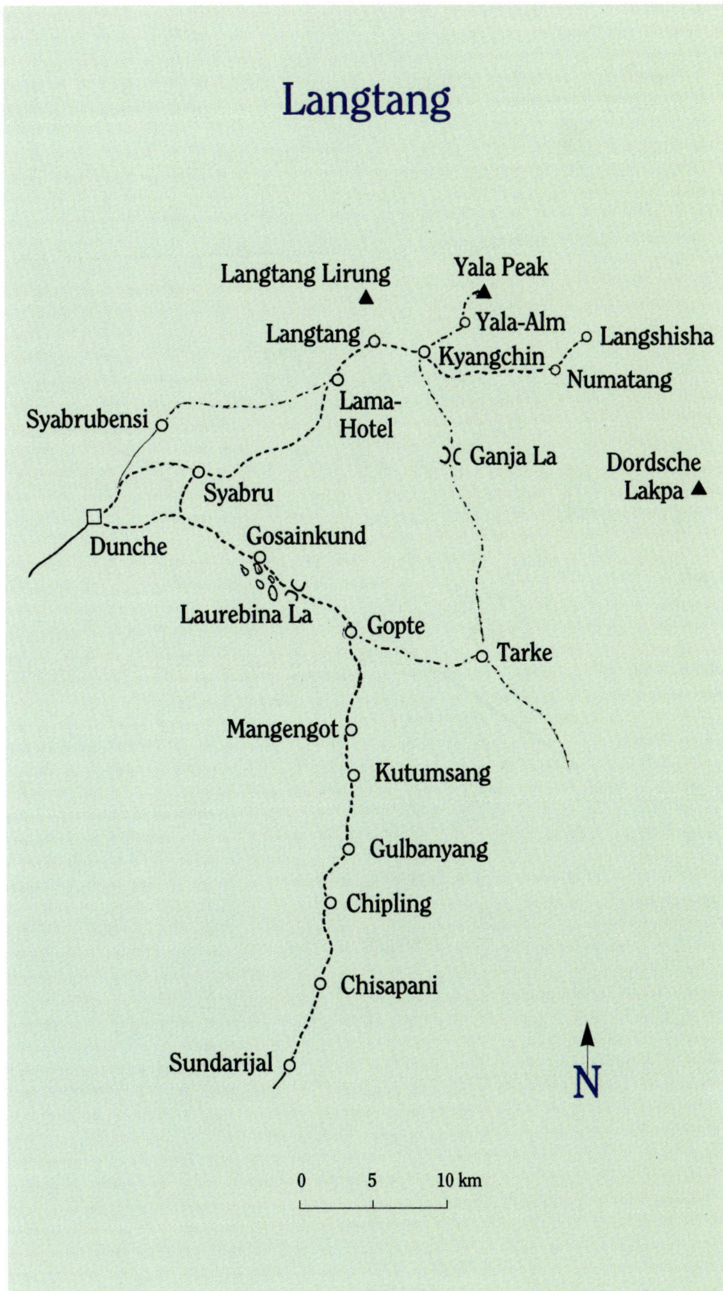

Zum Kangchenjunga, dem dritthöchsten Berg der Erde

Dieses Trekking im äußersten Osten Nepals zählt zu den großen Unternehmungen für Bergwanderer. Da es mit Anflug von Europa praktisch einen ganzen Monat in Anspruch nimmt, sind auch verhältnismäßig wenig Trekker unterwegs; eher trifft man noch auf Expeditionsbergsteiger.

Wir fliegen von Kathmandu zuerst nach Biratnagar, der zweitgrößten Stadt Nepals, im Terai auf bloß 70 Meter Seehöhe, nahe zur Grenze nach Sikkim gelegen. Leider bleibt uns dort im tropischen Klima eine Übernachtung in der Regel nicht erspart; Hotels mit Klimaanlagen gibt es nämlich vorerst noch nicht.

Am nächsten Morgen sollte aber dann der 45-minütige Weiterflug zum Ausgangspunkt des Trekkings, nach Suketar (2.450 m), klappen. Oberhalb des Dorfes Taplejung liegt der Airstrip auf einer Geländestufe.

Fischreuse am Tamur

Um uns weite Bergrücken, Maisäcker und Weideflächen sowie einzelne Gehöfte in Streulage; aber auch ein erster Blick zum Kangchenjunga, ganz in der Ferne. Um Taplejung leben schon seit alten Zeiten rund 120 Sherpa-Familien. Darauf weisen immer wieder Manimauern, Gebetsfahnen und die typischen zweigeschoßigen, weißgetünchten Häuser hin. An sich sind wir ja von Khumbu nicht allzu weit weg. Direkt darunter leben Rai, Limbu und Magar.

Drei Stunden steigen wir vom Flugplatz insgesamt bis Phurumba auf 1.750 Meter zu unserem ersten Campplatz ab. Der hübsche, flache Weg führt uns dabei längs Terrassenfelder und einzelner, blitzsauberer Rai-Häuser. Sie sind alle strohgedeckt mit Maisharfen vor den Gebäuden. Hier unten gedeihen nicht nur Mais und Reis als Hauptfrucht, sondern es finden sich auch Bananenstauden.

Durch das immer wieder bezaubernde nepalische Mittelland

Am nächsten Tag folgen wir einem angenehmen Weg längs hübscher, mit Reis und Fingerhirse bestandener Terrassen oberhalb des Tamur-Flusses, der hier schon ein starkes Gefälle hat. Durchwegs nette Häuser mit dem umlaufenden Dachvorsprung säumen den Pfad.

Nach einer Rast geht es wieder aufwärts auf einen Felsvorsprung und dann erst hinunter in den kleinen Ort Chirwa (1.350 m), der direkt am wild tosenden Tamur liegt.

Vom Tamur zum Gunsa Khola

In mäßigem Auf und Ab wandern wir nun den Tamur aufwärts. Auf den Schattseiten breitet sich Urwald aus. Auf der Sonnseite finden sich kleine Reisäckerchen und – die Spezialität der Gegend – Cardamon. Auf beschatteten Waldterrassen, unter hohen Bäumen, wird die interessante Gewürzpflanze kultiviert.

Zu unserer Überraschung finden wir hier gemauerte und verputzte Gräber, so wie man sie von den Muslimen kennt. Es sind die typischen Gräber des Volksstammes der Limbu, die also ihre Toten nicht verbrennen, wie es sonst im hinduistischen Kulturkreis üblich ist.

Wir queren kleine Seitenflüsse; es folgen steilere Auf- und Abstiege, und dann sehen wir überraschend hoch oben am gegenüberliegenden Hang vier Sherpadörfer liegen. Es sind die Häuser von Lelep, Lumtung und zwei kleinen weiteren Weilern. Schon vor 400 Jahren sind die Sherpas aus dem Solu-Khumbu über das Aruntal hier herüber eingewandert. In Lumtung gibt es eine schön ausgestattete Ghompa. – Zum Besuch dieser Dörfer braucht man eine Sondergenehmigung.

Nach Querung der nächsten Bergflanke steigen wir zum Gunsa Khola ab, wo es auf 1.680 Meter Seehöhe einen netten Campingplatz am Fluß gibt.

Den Gunsa Khola aufwärts

Romantisch geht es über dem Fluß gemächlich aufwärts. Drei Wasserfälle mit stäubenden Schleiern folgen hintereinander.

Rizinus, Tabak und Amarant wachsen in den Gärten; die Hauptfrüchte sind aber Mais und Buchweizen.

Nun folgt eine extrem steile, aber begrünte Talflanke mit zwei Wasserfällen, die von unten gar nicht begehbar aussieht. In geschickt angelegten Serpentinen führt aber unser Pfad mitten hindurch, direkt neben den Wasserfallkaskaden, aufwärts. – Eine wunderbare, fast unglaubliche Hochgebirgslandschaft!

Auf erstaunlich gutem Steig geht es durch die großartigen, extrem steilen Hänge, die bis zum Gunsa Khola einige hundert Meter hinunterreichen, weiter.

Dahinter wird das Gelände flacher, und hier zelten wir in 2.570 Metern bei den ersten Bothia-Häusern mit Gebetsfahnen auf den Dächern in Amjilassa.

Im Gebiet der Bothia

Am nächsten Morgen steigen wir über Rasenflanken bis auf 2.700 Meter hinauf, und dann geht es durch Bergurwald mit Bambus, Rhododendren, Hartriegel und Eichen hinunter zum Gunsa Khola. Primeln, Astern und Skabiosen gedeihen auf Rasenflecken.

Nach Querung eines kleinen Seitentales geht es hinauf auf die Ackerterrassen von Kyapra (2.850 m) mit seinen hübschen, holzgezimmerten Bothia-Häusern (es sind genau 22 an der Zahl). – Die Männer sind, jetzt im Oktober, gerade mit Zopkios beim Pflügen. Die Frauen zerkleinern die groben Pflugschollen mit der Haue und brechen sehr kleine Äckerchen überhaupt mit der Haue um. Anschließend wird Winterweizen ausgesät, der im Mai geerntet werden kann. Danach folgen noch Kartoffeln, so daß auf dieser Seehöhe noch zwei Ernten pro Jahr möglich sind. *„Im Winter liegt hier ein halber Meter Schnee“*, sagt man uns.

Pflugarbeit in Kyapra

Wir werden in eines der sehr gut eingerichteten Häuser eingeladen, die sich kaum von einem Sherpahaus unterscheiden: Eine doppelte Feuerstelle mit gemauertem Sockel und darüber Eisengestänge, auf dem die Töpfe stehen. Dann mehrere mit geknüpften Teppichen belegte Schlafstellen. Ein niedriges Tischchen und mehrere Regale mit Blech- und Kupfergeschirr. Die Familie besitzt 25 Dzos und Naks, fünf Zopkios und Yaks sowie fünf Ziegen. Damit und von den Erträgnissen des Ackerbaues kann man offensichtlich ganz gut leben.

Kleine Käsewürfel werden gerade aufgefädelt, und im Küchen-Wohn-Schlafraum in Nähe der Feuerstelle zum Trocknen und Räuchern aufgehängt. Der Käse wird nach Taplejung hinaus verkauft. Butter wird aber sogar mit Yaks nach Tibet hinüber gehandelt. Sechs bis acht Tage dauert es, bis ein etwa 4.600 Meter hoher Grenzpaß erreicht wird. Drüben sind es dann nur fünf Stunden bis ins erste Tibeterdorf.

Von Kyarpa folgt ein kurzer Abstieg, und dann wandern wir etwa zwei Stunden durch den prachtvollen Bergurwald der Gunsa-

Schlucht mit mächtigen Tannen und Rhododendren. Neben dem wild tosenden Fluß geht es nun stetig aufwärts. Von allen Seiten kommen Wasserfälle herunter.

Ein kurzer, steiler Aufstieg bringt uns hinauf auf das Plateau von Phere mit ausgedehnten Weideflächen, auf denen viel Berberitzen und Wacholderbüsche gedeihen. Steinmauergesäumte Äcker, auf denen gerade die Kartoffelernte im Gang ist, schließen an, und dann erreichen wir die hübschen, holzschindelgedeckten Häuser von Phere (3.100 – 3.200 m). Von Dezember bis März beziehen die Bewohner von Gunsa hier ihre Zweithäuser; Phere ist das „Winterdorf" für Gunsa.

In Phere gibt es zwei recht bescheiden ausgestattete Ghompas; in beiden leben je fünf Lamas bzw. Novizen. Die kleinere Ghompa gehört den Gelukpa, den „Gelbmützen", was in den Bothia-Gebieten sehr selten ist. Die größere, etwas besser ausgestattete, ist eine Ningmapa, eine „Rotmützen-Ghompa". Hier residiert sogar ein zehn Jahre alter „Tulku", die Wiedergeburt eines bedeutenden Lama. Er wurde aus Tibet herübergeholt und befindet sich derzeit in Bodnath bei Kathmandu zur Ausbildung. Im kleinen Zentrum von Phere stehen die Häuser etwas komprimiert; einige Familien leben ständig hier. So wie oben in Gunsa werden auch hier Teppiche mit ganz netten Motiven gewebt und zum Verkauf angeboten. Mehrere steingeschlichtete Tschorten mit Gebetsfahnenbündeln und einige Manimauern mit teilweise bemalten Steinen markieren die Ein- und Ausgänge zum Dorf.

Gunsa, das Zentrum der Bothia am Kangchenjunga

Eineinhalb Stunden sind es nur noch bis hinauf nach Gunsa auf 3.450 Meter. – Viele, mit Kartoffelsäcken beladene Yaks und Zopkios kommen uns entgegen. Der Leityak ist mit einem Glockenkranz geschmückt, und alle anderen Tiere tragen zumindest rote Wollfäden in die Ohren geknüpft – ein reizender Anblick. Wir verlassen die Hutweiden von Phere, steigen kurz zum Fluß ab und wandern längs des Wassers durch prachtvoll goldgelb verfärbte Lärchenwälder bis Gunsa.

Die Ghompas liegen etwas abseits des ausgedehnten, ringsum von hohen Bergflanken und steilen, sechstausend Meter hohen Gipfeln ein-

Unten links: Tor-Tschorten in Gunsa

Unten rechts: Sehr alte Gebetszylinder in der Gunsa Ghompa

geschlossenen Ortes am Hang. Der größere Teil der etwa vierzig Häuser befindet sich auf der anderen Flußseite auf einer Schwemmebene.

Um jedes Haus liegt etwas Acker- und Weideland; alles von Steinmäuerchen umschlossen. Die Häuser bestehen aus Trockenmauerwerk oder Holz und sind holzschindelgedeckt. Im meist halboffenen Untergeschoß sind die Stallungen untergebracht. Typisch für Gunsa und Phere sind die großen Holzveranden.

Einige Häuser haben kleine Fenster aus Glas, die meisten sind aber nicht winddicht gemacht; es werden nur bei den Schlafstellen Häute oder Stoffbahnen vor die Fensteröffnungen und anderen Fugen gespannt. Der Rauch zieht durch die Dachsparren, die nirgends verkleidet sind, ab.

Angebaut werden in Gunsa Kartoffeln, Buchweizen, Weizen und weißer Rettich.

Es gibt einen Police-Checkpost, mehrere gute Lodges, und die Schule ist das einzige Gebäude im Ort mit Blechdach. Auch ein Hubschrauberlandeplatz ist vorhanden.

Vor jedem Haus steht ein Gebetsfahnenmast, und zwischen den Dachfirsten sind Gebetsfahnenschnüre gespannt. Auf viel Niederschlag weisen die Holzschindeldächer auf den Tschorten und Manimauern hin (letzteres ist in Nepal nur sehr selten zu sehen). Einfache Opferöfen sind vor jedem Haus an einer Stange angebracht; in der Früh brennen hier die Wacholderzweige.

Beide Ghompas lohnen den Besuch. Die größere, rötlich gefärbelte, birgt schöne alte Thankas, einige alte Figuren und interessante Tanzmasken. Die kleinere Ghompa ist die ältere mit leider schon ziemlich verblaßten, alten Fresken und einigen schönen Figuren, die vor allem Padmasambhava darstellen.

Vier Rotmützen-Lamas leben ständig hier; die Frau eines der Männer ist auch die Schlüsselbewahrerin. – Besonders sehenswert ist der etwas abseits gelegenen Tor-Tschorten mit sehr schönen alten Mandalas im Inneren.

Bilder oben: Innenaufnahmen der Gunsa Ghompa

Links: Kambachen

Zur Sommersiedlung Kambachen

Wir folgen dem Gunsa Khola ein bißchen oberhalb des Wassers durch Lärchen-, Rhododendron- und Tannenurwald mit langen Flechtenbärten aufwärts. Später säumen Sadebäume den Weg, und ab etwa 3.800 Metern dominiert die Himalayabirke. Rechterhand hängen Gletscherabbrüche herein; linkerhand stäuben Wasserfälle herab – eine großartige Landschaft.

Wir erreichen die riesige Eiszeitmoräne des Jannu Gletschers, finden hier einen überraschend gut angelegten Pfad durch das Geschiebe und gelangen dann plötzlich auf das weite Almgelände von Kambachen hinaus.

Oben: Gerstendrusch (li.) u. Worfeln der Gerste (re.) in Kambachen. Unten: Hochalm von Lhonak

Die Sommersiedlung besteht aus rund 15 festen Häusern, die nur etwas kleiner als die von Gunsa sind. Prachtvoll liegen sie vor der gewaltigen Kulisse des 7.710 Meter hohen Jannu (Kumbhakarna) auf der einen und des 7.070 Meter hohen Sharpu auf der anderen Seite. Von drei Richtungen hängen Gletscher herein. Es ist erstaunlich, daß hier oben auf 4.100 Metern noch Gerste und Kartoffeln auf kleinen Äckerchen angebaut werden; hauptsächlich ist Kambachen aber Weideland für die Yaks.

Mehr oder weniger oberhalb des Flusses steigen wir weiter nach oben, queren Moränenhänge, überschreiten einen teils gefrorenen Kaskaden-Wasserfall etwas mühsam an seinem unteren Ende und gelangen schließlich hinauf auf die weite Hochalm von Ramtang auf 4.600 Meter.

Auf die wunderschöne Hochalm von Lhonak

Es gibt einen Prachtblick zum 7.900 Meter hohen Kambachen, der dem Kangchenjunga hier vorgelagert ist. Das Gelände wird nun weit und zeigt schon tibetische Dimensionen. Wir gehen auf eine Kette von Eisbergen zu, aus denen die hohen Sechstausender Nuptschu und Pandra herausragen. Rechts im Vordergrund, am Grat des Chang Himal, ragt eine wilde Felsnadel markant hervor.

Wir erreichen die Seitenmoräne des Kangchenjunga-Gletschers, der im unteren Teil stark schuttbedeckt ist. Eine Weile folgen wir ihr, queren dann aber hinüber zur bewachsenen Eiszeitmoräne und erreichen überraschend die prächtige, weite Hochalm von Lhonak (4.750 m). Sie ist hinter Moränenwällen und auf einer Seite von steil aufsteigenden Felsen wie in eine Schüssel eingebettet.

Auf der großen Weidefläche stehen mehrere schwarze Yakhaarzelte, die über eine niedrige Steinmauer gespannt sind. Das Innere birgt die Feuer- und Schlafstelle, einen winzigen Altar mit einem Bild des Dalai Lama und einen steinernen Opferofen vor dem Eingang.

Viele Yaks und Ziegen grasen im weiten Gelände, und wir können beobachten, wie jeden Abend wohl insgesamt an die 100 Naks, viele mit Kälbern, zum Melken in die Nähe der Zelte getrieben werden. Die Tiere werden dabei an Bodenseilen wechselweise angebunden – eine in ganz Tibet übliche Praxis. Der Dung wird am nächsten Morgen peinlich genau gesammelt und für Heizzwecke getrocknet.

Die Lhonakalm wird vom prachtvollen Riffeleisberg Merra und dem benachbarten Chang Himal überragt. Im Hintergrund bauen sich Drohma Peak und Jongsang Peak wuchtig auf.

Auffädeln (oben) und Lufttrocknen (darunter) von Trockenkäse in einem Bothia-Haus in Phere

Kangchenjunga-Nordseite von Pangpema

Nach Pangpema zum Kangchenjunga

Unser nächstes Ziel ist Pangpema, das Basislager auf der Nordseite des Kangchenjunga. – Es geht immer längs der Seitenmoräne des Kangchenjunga-Gletschers mäßig aufwärts. Manche Wegstücke liegen unangenehm im Moränengeröll, meistens aber in begrünten Moränentälchen.

Nach dreieinhalb Stunden erreichen wir Pangpema auf 5.150 Metern. Nun erst ist der phantastische Blick auf den 8.586 Meter hohen Hauptgipfel und den 8.420 Meter hohen Westgipfel frei. Über hohen Eisbalkonen, wilden Gletscherabbrüchen und immer wieder neuen Eisstufen bauen sich die Gipfel auf – eine überwältigende Schau! Über unglaubliche fünf Kilometer zieht sich der gewaltige Kamm – immer über 8.000 Meter hoch – dahin.

„Kangchenjunga" kann mam mit „Die fünf Kleinodien des ewigen Schnees" übersetzen. Der Name wurde dem Berg von der tibetisch sprechenden Bevölkerung auf der Sikkim-Seite gegeben, wo man die gewaltige Kette dieses dritthöchsten Berges der Erde besonders weit – ja bis nach Darjeeling – sieht. (Manchmal wird der Name auch eingedeutscht und lautet dann „Kangdschendzönga", was sicher auch nicht falsch ist, aber es hat sich nun eben immer mehr die englische Schreibweise eingebürgert.)

Rückweg nach Gunsa

Schwer trennen wir uns vom prachtvollen Anblick, verfolgen immer wieder die Gletscherströme, beachten natürlich auch den über 7.000 Meter hohen, eisverkleisterten benachbarten Nepalpeak und die Eisriefen des Chang Himal und wandern wieder langsam talauswärts. – Wir wollen die nächsten Tage noch auf die Südseite des prachtvollen „Kantsch" hinüberwechseln.

Nach sehr kalter Nacht (minus 15 Grad im Zelt zu Ende Oktober) gelangen wir am folgenden Tag wieder nach Kambachen, das so großartig unterhalb des Jannu liegt, und wandern durch die wunderschön goldgelb leuchtenden, herbstlich gefärbten Lärchenwälder zurück nach Gunsa.

Über Simon- und Mirgin La

Von Gunsa steigen wir durch prachtvollen Rhododendronwald mit langen Flechtenbärten und unwirklich gekrümmten und ineinander verschachtelten Stämmen und mächtigen einzelnen Himalayatannen ziemlich steil bis auf einen Kammrücken in 3.900 Metern hinauf. Dann lassen wir den „Märchenwald" hinter uns und wandern entlang

der Bergflanken mit prachtvollem Tiefblick auf Phere und den Gunsa Khola zuerst ein ziemliches Stück flach dahin. Schließlich folgt ein kurzer steiler Aufstieg auf einen Sattel (4.200 m), und dann queren wir durch ein Blockkar in einer Landschaft, die an die Hohen Tauern erinnert, bis zur kleinen Hochalm von Selele (4.200 m).

Ein zauberhafter, windgeschützter Zeltplatz erwartet uns an einem mäandrierenden Bächlein mit kristallklarem Wasser. Zwei Yakhirten hausen hier heroben in ihrem schwarzen Zelt und bieten zu unserer Überraschung „Gunsa-Teppiche" und für die Träger Tschang zum Verkauf an; die Bothia sind zum Teil wirklich tüchtige, aber nie aufdringliche Händler!

Wenn man sich die Wirtschaftsstruktur ansieht, die wir in den letzten Tagen in diesem Gebiet erlebt haben, so ruht die hiesige, noch immer fast mittelalterliche Gesellschaft praktisch in sich selbst und erlaubt eine volle Selbstversorgung. Die Vorteile durch den Bergtourismus verstehen die „Gunsa-Pa" aber recht geschickt in ihrem bescheidenen Rahmen zu nützen.

Durch eine Karmulde steigen wir am nächsten Tag in mäßiger Neigung hinauf zum gebetsfahnengeschmückten Lhartse am Simon La (4.650 m) und genießen einen Prachtblick zum nahen Jannu sowie hinaus zum Makalu. Nun folgt eine lange, etwas mühsame Querung im Blockwerk, vorbei an kleinen Seelein. Ein riesiger Gratturm zeigt kurioserweise ein

Oben: Jannu vom Simon La

Darunter: Kabru und Kabru Dome

Katzengesicht, und genau unterhalb am Weg haben die Einheimischen einen ganzen Wald von Steinmännern unterschiedlicher Größe aufgebaut. Offensichtlich wird diese Gestalt über eine heilige Legende irgendwie verehrt.

Schließlich steigen wir dann hinauf zum Lhartse am 4.650 Meter Hohen Mirgin La. Vorbei an einem weiteren See folgt nun nochmals eine lange Querung von Blockkaren bis hinüber zu den Steinmännern auf einem flachen Paß, der fast gleich hoch wie der vorige ist.

Hier sind wir nun in einem völlig anderen Gebiet und haben die Südseite des „Kantsch" erreicht. Uns tut sich ein phantastisches Panorama auf: Die Südseite des Kangchenjunga, der lange Gipfelkamm des Kabru, der „eisriffelige" Ratong und der spitze Koktang liegen ausgebreitet vor uns.

Kangchenjunga-Südseite von Oktang

Zum Bergheiligtum „Oktang“

Von der Paßhöhe steigen wir hinunter zu einem kleinen, smaragdgrünen Moränensee, in dem sich der Kabru spiegelt. Nun folgt ein steiler, etwa einstündiger Abstieg durch Schrofenflanken. Unten bringt uns eine kurze Querung zu einem wunderschön auf einem Geländeabsatz hoch über dem Yalungfluß gelegenen Zeltplatz (4.150 m), der von einem lockeren Sadebaumwald umgeben ist.

Ein angenehmer Pfad leitet uns längs der Moräne des Yalunggletschers am nächsten Tag hinauf auf die Ramche Kharka (4.500 m) mit ihren Almhütten, die einen glauben machen, in Tirol zu sein. Allerdings ragen hier die gewaltigen Eisgipfel von Kabru, Kabru Dome und Ratong in den blauen Himmel.

Wir biegen um den Bergsporn des ober uns aufragenden Boktoh herum und gelangen nun in das Einzugsgebiet des im Talhintergrund breit hingelagerten Kangchenjunga mit seiner Südseite. Längs der Moräne des hier unten noch schuttbedeckten Yalung-Gletschers und direkt unterhalb der Kabru-Wandfluchten, steigen wir auf die mächtige Moräne hinauf und folgen ihrem Rücken bis zu jenem Platz auf 4.800 Meter, der von den Einheimischen „Oktang“ genannt wird.

Ein großer steingeschlichteter Lhartse mit rundum aufgepflanzten Gebetsfahnen, ein schlichter Altar mit kleinen Kupfergefäßen, Trisuls, Geldscheinen und Wacholderzweigen zeigt, daß hier die auf dem Kangchenjunga residierende Berggottheit angebetet wird.

Tatsächlich breitet sich ihr Wohnsitz, ein echter „Götterthron“, in makelloser Majestät vor uns aus. Haupt- und Südgipfel (Yalung), verbunden durch den kilometerlangen Gratverlauf, präsentieren sich in all ihrer Schönheit.

Nach langem, ergriffenem Schauen reißen wir uns los und steigen heute noch über Ramche bis hinunter nach Tseram auf 3.950 Meter ab, wo wir mitten in einem Rhododendron-Sadebaumwald auf einer kleinen Lichtung unser Lager beziehen. – Nicht vergessen sei die Anmerkung, daß wir beim Abstieg mehrmals auf Rudel des seltenen Blauschafes gestoßen waren.

Durch die Urwälder des Simbu Khola

Auf weiter angenehmem Weg steigen wir längs des Simbu Khola ab, der im Yalung-Gletscher entspringt. Der Sadebaum wird nun durch Rhododendren und später durch prachtvolle Tannen abgelöst. In 4.700 Metern stoßen wir auf das kleine Felsheiligtum „Dewi Than", wo eine geologische Laune der Natur eine 30 Zentimeter breite schwarze Gesteinsschicht beiderseits von ebenso breiten weißen Schichten eingerahmt hat; alles darüber hinaus ist noch entsprechend gewunden. Die Bothia vermeinen, in der Felszeichnung Padmasambhava zu erkennen.

Die Bothia und ebenso auch die Hindu verehren diesen Platz gleichzeitig; es gibt genausoviel steinerne Lingams, wie Gebetsfahnen daneben aufgestellt sind. – Der Überlieferung nach sollen jedem, der wenigstens einmal im Jahr zum Beten hierher kommt, Wünsche in Erfüllung gehen. Man sagt auch, *„wer hier stirbt, dessen Seele bleibt in den Bergen"*.

Wir wandern den Fluß ein Stück weiter abwärts bis Trong Den (3.100 m), wo eine Brücke den Simbu Khola überquert. 20 Meter über dem wild schäumenden Simbu Khola schlagen wir hier auf engem Raum unser Camp auf.

In der Umgebung unseres Zeltplatzes stehen mächtige, bis 400 Jahre alte Tannen. Das Gebiet ist praktisch unbesiedelt, und daher sind auch die Wälder echte, vom Menschen unberührte Urwälder. Es fällt dabei die klassische Mischung des Urwaldes mit mehreren Baumarten und unterschiedlichen Baumhöhen direkt nebeneinander auf. Dazwischen gibt es im Unterholz auch reichlich Buschwerk.

Wir verlassen nun den Flußlauf und steigen mäßig steil durch prachtvollen Wald mit bis zu 60 Meter hohen Tannen und viel Rhododendren auf. Bald stehen wir auf dem 3.500 Meter hohen Paß Tie Shan La mit einer dahinter liegenden, aus dem Wald herausgerodeten, größeren Almfläche mit steingeschlichteten Almhütten.

Unser Weg bis hier herauf ist teilweise durch Trockenmauerwerk abgestützt und ausgebaut, woraus man wohl die Bedeutung dieser Route für den Viehauftrieb auf die Hochalmen von Ramche erkennen kann. Der Auftrieb muß ja während der Monsunregen möglich sein.

Vom Tie Shan La genießen wir zum letztenmal den großartigen Blick zum wilden Jannu mit seinen beiden „Schultern" und steigen nun stetig auf steilem Pfad ab. Es geht durch Rhododendren und später durch Bambusgehölze bis zum Omji Khola auf 2.500 Meter hinunter, wo es leidlich ebene Zeltplätze gibt.

Am nächsten Tag folgt ein Aufstieg durch subtropischen Urwald mit Lianen und vielen Blattpflanzen hinauf zum kleinen Almsattel Tubi Danda auf 2.600 Metern, und in weiteren drei Stunden geht es hinunter ins Tal des Kabeli Khola bis Yamphudin, wo wir in Nähe der Schule in 1.800 Meter Seehöhe zelten.

Durch das Gebiet der Limbu

Im ziemlichen Auf und Ab queren wir kleine Waldabschnitte mit Cardamonpflanzungen, gelangen dann aber beim Ort Manankhe (1.950 m) wieder in Kulturland. Wir steigen auf 1.700 Meter ab, anschließend wieder auf 2.000 Meter auf und wandern durch schönes Terrassenland.

Eine Augenweide sind die hübschen, gemauerten Häuser der Limbu. Die Fensterrahmen sind nicht nur bemalt, sondern auch mit Schnitzereien verziert. Die Dächer sind mit Bambusstäben oder mit Stroh gedeckt, und auf den Hausveranden sind Blumentöpfe arrangiert. Kunstvolle Maisharfen stehen in Hofnähe. Im Umkreis der Dörfer finden sich auch wieder die gemauerten Grabstätten.

Wir queren den Takshewa Khola auf einer Hängebrücke und steigen hinauf ins hübsche kleine Dorf Pumpe, wo wir in 2.000 Metern unsere Zelte aufschlagen. Von hier sehen wir wieder den prächtigen Jannu in einem Taleinschnitt. Ein angenehmer, wenig anstrengender Abschnitt längs der Hänge, die mit Reis und Fingerhirse bestellt sind, folgt den doch etwas mühsamen Vortagen.

Bei der Ortschaft Fun Fun genießen wir wieder einen schönen Rückblick auf Jannu, Kabru, Kabru Dome und Ratong und beenden die heutige Etappe auf dem Almweide-Sattel von Khesewa Banyang in 2.270 Metern. Bezaubernd ist der weite Blick auf das Land Tausender Ackerbauterrassen und darüber hinweg zum Kangchenjunga, der sich nun wieder den Blicken darbietet.

Der großartige Trekking-Kreis schließt sich wieder in Suketar

Weiter geht es durch die schöne Kulturlandschaft mit den schmucken Häusern. – Sodann geht es zum Abschluß noch einmal hinunter ins Tal zum Fluß Phaawa Khola (1.550 m) und jenseits über die Hänge und durch Dörfer hinauf nach Lali Kharka auf 2.450 m mit seinen guten Zeltplätzen.

Nochmals grüßen Kangchenjunga und Kabru herüber. Ein kleiner Sattel wird überschritten, und dann steigen wir die letzten eineinhalb Stunden gemächlich ab nach Suketar, dessen kleines Flughafengebäude man schon von oben sieht. – Eine der prachtvollsten Trekkingtouren Nepals ist leider beendet.

Wir sind froh, die Strapatzen hinter uns gebracht zu haben, aber heute, beim Durchsehen der Tagebuchaufzeichnungen, wird die Sehnsucht fast übermächtig und läßt uns wohl immer wiederkommen, solange das Schicksal und Alter es zulassen ...

Übersicht des Kangchenjunga-Trekkings

Anspruchsvolles Trekking, das gute Kondition und Höhenverträglichkeit bis 5.000 Meter voraussetzt.

1. Tag: Flug Kathmandu – Biratnagar
2. Tag: Flug Biratnagar – Suketar; Abstieg bis Phurumba; 3 Std
3. Tag: Phurumba – Chirwa; 5 Std.
4. Tag: Chirwa – Sokathum; 5 Std.
5. Tag: Sokathum – Amjilassa; 5 Std.
6. Tag: Amjilassa – Kyapra; 4 1/2 Std.
7. Tag: Kyapra – Gunsa; 4 1/2 Std.
8. Tag: Gunsa – Kambachen; 6 Std.
9. Tag: Kambachen – Lhonak; 5 Std.
10. Tag: Lhonak – Pangpema – Lhonak; 6 Std.
11. Tag: Lhonak – Kambachen; 4 Std.
12. Tag: Kambachen – Gunsa; 5 Std.
13. Tag: Gunsa – Sele; 5 Std.
14. Tag: Sele – Alm oberhalb Yalung; 6 Std.
15. Tag: Alm oberhalb Yalung – Ramche; 3 Std.
16. Tag: Ramche – Oktang – Ramche – Tseram; 5 Std.
17. Tag: Tseram – Simbu Khola; 4 Std.
18. Tag: Simbu Khola – Omji Khola; 5 Std.
19. Tag: Omji Khola – Yamphudin; 4 1/2 Std.
20. Tag: Yamphudin – Pumpe; 5 Std.
21. Tag: Pumpe – Khesewa Banyang; 5 Std.
22. Tag: Khesewa Banyang – Lali Kharka; 5 Std.
23. Tag: Lali Kharka – Suketar; 3 Std.
24. Tag: Flug über Biratnagar nach Kathmandu

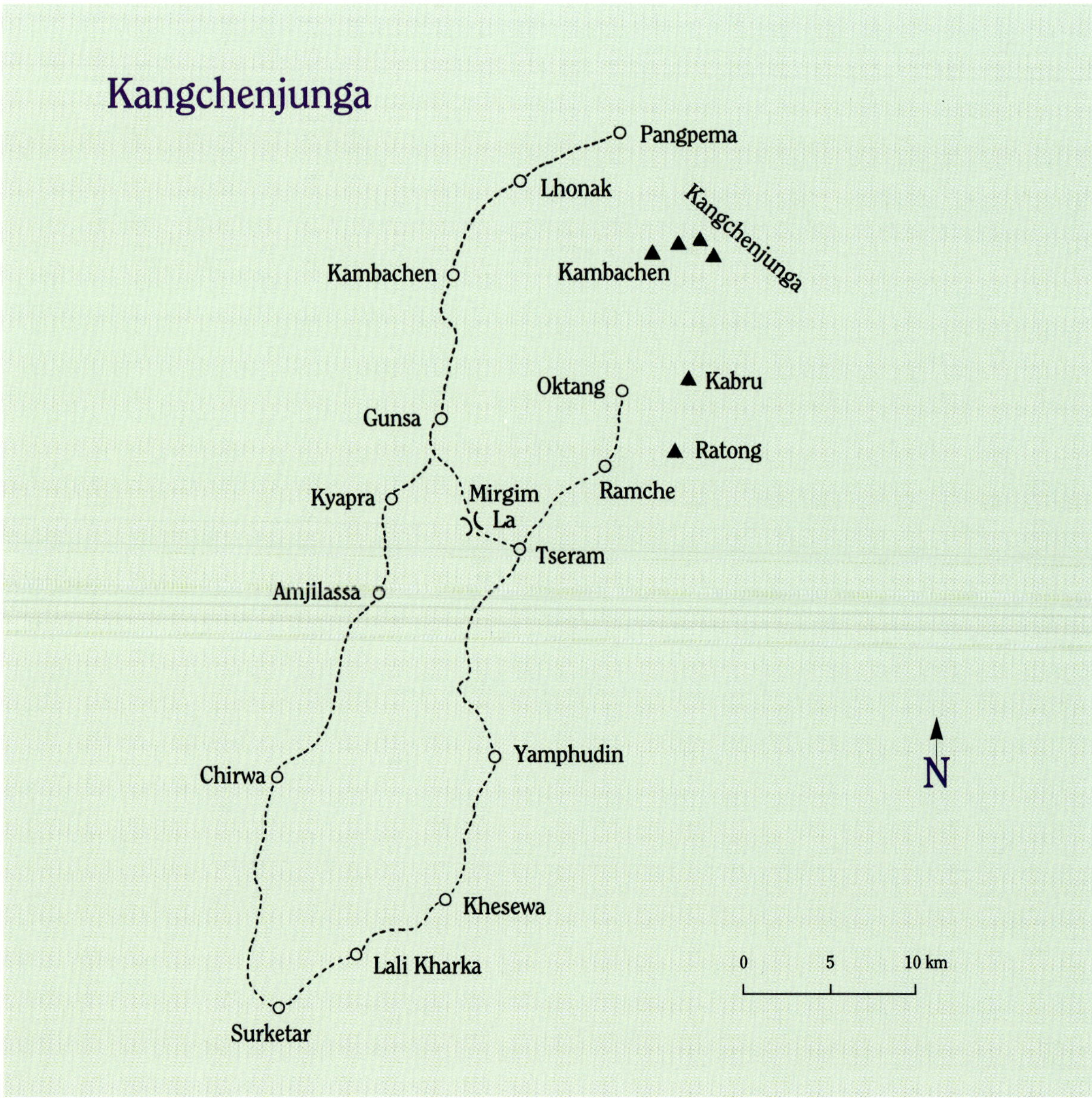

Die Rai – Nachbarn der Sherpas

Die Rai leben auf der nächstgelegenen Höhenstufe, direkt unterhalb des Siedlungsgebietes der Sherpas. Ihre höchsten Dörfer, wie z. B. Phuleli am Pharak-Fluß, liegen auf 2.400 Metern, und das ist so hoch wie die am tiefsten gelegenen Sherpa-Dörfer. Ihre Siedlungen erstrecken sich aber hauptsächlich den Dudh Kosi und Arun abwärts, bis in den Dschungel des Terai.

Die Rai-Frauen erkennt man am Nasenring und der goldenen Schmuckplatte im Nasenflügel. Bekleidet sind sie meist mit einem kurzen Rock und einer knapp sitzenden Bluse. Die Männer tragen weite, weiße Hosen und ein lang darüber fallendes Hemd. – Die Träger von Expeditionen und Trekkinggruppen im Sherpa-Gebiet sind fast immer Rai.

Die Rai-Dörfer liegen alle schon in klimatisch günstigeren Zonen und somit guten Lebensbedingungen, so daß die Dörfer meist sehr groß sind. Angebaut werden Weizen, Hirse und Mais und in den tieferen Lagen auch Reis. Fast neben jedem Haus gibt es auch einige Bananenstauden. Alle Getreidearten werden zu Bier vergoren und zu Rakshi gebrannt; es scheint eine große Nachfrage nach diesen Getränken zu bestehen.

Wie bei den Gurung, haben auch viele Rai-Männer bei den britischen Gurkhas gedient, was nach dem vierzigsten Lebensjahr eine kleine lebenslange Rente bedeutet. Die Briten werben jetzt allerdings nicht mehr so viele Soldaten wie früher an.

Zusammen mit den direkten Nachbarn der Rai im Osten, den Limbu, dürften ihre beiden Volksstämme heute etwa 800.000 Menschen umfassen. Rai und Limbu sind in Sitten und Gebräuchen recht nah verwandt.

Die Rai und Limbu verehren Berg- und Flußgottheiten sowie ihre Ahnen. Daneben gibt es aber viele Einflüsse von Hinduismus und Buddhismus. Bei wichtigen Ereignissen verläßt man sich auf die Unterstützung eines brahmanischen Hindupriesters oder auch eines buddhistischen Lamas.

Wie bei so einem Naturvolk nicht anders zu erwarten, spielt auch der Schamanenpriester eine große Rolle. Er trägt einen Federkopfschmuck, Glöckchenarmbänder und eine Trommel. In seinem ekstatischen Tanz stellt er Verbindung mit übermenschlichen Wesen, den Berg- und Flußgöttern her und versucht, sie günstig zu stimmen.

Die Gurung sind mehr Buddhisten als Hindu

Mit rund 450.000 Menschen sind die Gurung eine der wichtigen ethnischen Gruppen Nepals. Obwohl man über ihre Herkunft nichts Genaues weiß, ist es doch ziemlich sicher, daß sie irgendwann in alten Zeiten aus Tibet nach Nepal eingewandert sind. Sie siedeln hauptsächlich in Mittel- und Westnepal. Ihre Sprache ist dem Tibetischen sehr nah verwandt.

Die Gurung sind bis jetzt noch immer eine geschlossene Gesellschaft ohne Heirat nach außen; mit zwei großen Sippengruppen, die wieder in 20 Untergruppen aufgeteilt sind.

Die Gurung sind ein außerordentlich fröhlicher Stamm mit viel Sinn für Spaß und Unterhaltung. Sie besitzen in ihren Dörfern sogar eigene Häuser, die „Rodi Ghar", in denen man sich nur zum Tanzen und Singen trifft.

Ihr religiöses Leben ist ein Gemisch aus mehrheitlich buddhistischen, aber auch hinduistischen Bräuchen, wobei auch die Dorfschamanen eine große Rolle spielen. Es gibt unter ihnen Lamas und nur wenige Brahmanenpriester. So bringt man zum Beispiel beim großen Erntedankfest, dem „Dasain" (beim ersten Herbst-Vollmond), typisch hinduistische Tieropfer dar, errichtet aber auch gleichzeitig einen neuen buddhistischen Tschorten. Die Totenzeremonien werden ausschließlich von Lamas geleitet. Die Toten werden je nach Horoskopstellung beerdigt oder verbrannt.

Ihre Anwesen sind verhältnismäßig klein, so daß trotz der fast überall in ihrem Siedlungsgebiet möglichen zwei Ernten pro Jahr häufig Nahrungsmittelmagel auftritt. Sie bevorzugen für ihre Wohnorte im allgemeinen sehr hoch gelegene, luftige Plätze. Wahrscheinlich sind sie durch vom Süden nachdrängende indoarische Gruppen im Verlauf der Jahrhunderte dazu gezwungen worden. Meist kleben ihre Haufendörfer wie Adlerhorste an den Steilflanken.

Eher kleingebaut und von stämmigem Wuchs, bildeten sie im 18. Jhdt. das Hauptkontingent der Shah-Armee von Gorkha, die 1768 das Kathmandutal endgültig eroberte. Auch heute verdienen sich nicht Wenige ihr Geld im Militärdienst Englands und Indiens als „Gurkhas", aber auch in der nepalischen Armee und Polizei.

Die Gurung-Frauen sind mit ihren runden, offenen Gesichtern und ihrem strahlenden Lachen sehr attraktiv – und wissen das auch. Nicht selten lassen sie es an zweideutigen Bemerkungen gegenüber des Weges kommenden Fremden nicht fehlen und können sich vor Lachen nicht fassen.

Die Lhomi sind den Sherpas nah verwandt

Östlich des Sherpa-Gebietes, zwischen Makalu und Kangchenjunga, liegt das Aruntal. Am Oberlauf des Arun lebt eine kleine, den Sherpas sehr nah verwandte Volksgruppe. Sie bezeichnen sich selbst als „Lhomi", werden aber von den Nepali „Bhote" genannt.

In nicht mehr als zehn Dörfern siedeln sie hier auf extremen Steilhanglagen zwischen 2.000 und 3.000 Meter Seehöhe. Nach Norden, in Richtung Tibet, gibt es kaum zugängliche Pässe. Die Lhomi sind also vermutlich von Pharak, dem südlichen der drei Sherpa-Gebiete, herüber eingewandert. Auch untereinander sind die Dörfer nur über schwierig zu begehende Saumpfade verbunden; wohl ist der Weg aber nach Süden in die subtropischen Regionen des Aruntales offen.

Die Landwirtschaft wird so wie im benachbarten Sherpaland betrieben, aber auf wesentlich kärgeren Flächen. Im Gegensatz zu den Sherpas halten sie aber mehr Schafe.

Im Winter kann man in den südlichen Tälern angeblich immer auf bettelnde Lhomi treffen, was auf besondere Armut mancher Familien schließen läßt.

Auch die Lhomi-Gesellschaft ist in Sippen unterteilt, die untereinander nicht heiraten dürfen. Die Sitten und Gebräuche sind jenen der Sherpas ähnlich, aber nicht so differenziert.

Die Lhomi gelten als Buddhisten, aber ihr Schamane, der „Loben", hat noch größere Bedeutung wie der Minung bei den Sherpas. In den beiden Ghompas gibt es zwar einige Laienmönche, aber das kultische Leben wird vor allem durch Zeremonien des Schamanen bestimmt, der vor allem Schafe opfert. Diese Blutopfer werden natürlich von den Lamas nicht gerne gesehen, aber der alte Bön-Einfluß (oder ist er hinduistisch?) ist hier eben noch stärker. Auch die Lu-Geister werden von den Lhomi verehrt.

Die lamaistischen Tamang

Auch die Tamang sprechen ihren eigenen Dialekt, eine tibeto-burmesische Sprache, und scheinen daher so wie viele ihrer Nachbarstämme aus Tibet nach Nepal eingewandert zu sein.

Sie siedeln hauptsächlich in den nördlichen Teilen Nepals und gliedern sich in 19 namentlich bekannte Sippen. Die Tamang sind Buddhisten, und ihr gesamtes religiöses Leben wird durch die Laien-Lamas in ihren Dörfern gesteuert. Natürlich haben sie auch ihre Schamanenpriester, die für die Besänftigung der Dämonen, Erd- und Wassergeister zuständig sind. Sie unterscheiden sich in ihrem Glaubensgut nicht viel von den Bothia.

Da die Tamang häufig in größeren Höhenlagen siedeln, ist eine ihrer landwirtschaftlichen Hauptfrüchte die Kartoffel, gefolgt von Mais, Hirse und Reis. Auch die Rinderzucht spielt eine nicht unwesentliche Rolle.

Nationalparks und Wildreservate Nepals

Insgesamt gibt es derzeit in Nepal 14 Nationalparks und Wildreservate, wovon fast alle Nationalparks im Gebiet der Bothia und Sherpas liegen.

1) Königliches Suklaphanta-Wildreservat (305 km^2, seit 1969)
Bis vor kurzem war es nur eine königliche Jagddomäne; Lebensraum für Sumpfhirsch, Elefant, Tiger, Leopard und viele anderen tropischen Tiere.

2) Königlicher Chitwan-Nationalpark (932 km^2, seit 1973)
Diese Safari-Fremdenverkehrsattraktion birgt tropisches Gras- und Buschland mit Sal-Wäldern und 43 seltenen Tierarten. Darunter z. B. das schon vom Ausstreben bedrohte Weiße Nashorn, Tiger, Gaur, Elefant u. a. m.

3) Langtang-Nationalpark (1.710 km^2, seit 1971)
Im zentralen Himalaya gelegen, präsentiert sich das prachtvolle Berggebiet mit mehreren Vegetationsstufen von Eichen über Rhododendren bis zur Himalaya-Tanne. So kommen im Park von den Languren über den Roten Panda und dem Moschustier bis zum Muntjayk und Wildhund die verschiedensten seltenen Säugetiere vor.

4) Rara-Nationalpark (106 km^2, seit 1976)
Dieser kleinste Nationalpark erstreckt sich rund um den größten See Nepals, dem Rara-See (11 km^2) in 2.990 m. Ausgedehnte Nadelholzwälder mit Blauer Föhre und Westhimalaya-Fichte werden von Moschustier, Schwarzbär, Leopard, Ghoral und Tahr besiedelt.

5) Sagarmatha(Everest)-Nationalpark (1.148 km^2, seit 1976)
1979 wurde das landschaftlich prachtvolle Gebiet, gleichzeitig die Heimat der Sherpas, in die Liste „Weltkulturerbe“ aufgenommen.

In tiefe Schluchten zerteilt, gletscherbedeckt und bis zum höchsten Gipfel unserer Erde aufragend, reicht die Vegetation von Föhren über Tannen, Wacholder, Himalaya-Birken bis zu den Rhododendren und unzähligen Alpinpflanzen. Thar, Ghoral und Moschustier leben in den unzugänglichen Urwäldern; Schwarzbär und Schneeleopard sind leider schon sehr selten geworden.

6) Koshi-Tappu-Wildreservat (175 km^2, seit 1976)
Beiderseits des Sapta Kosi, nordwestlich von Biratnagar im Terai erstreckt sich eine Gras- und Buschwildnis, die eine der wenigen Plätze am Subkontinent ist, welche das Überleben der vom Aussterben bedrohten Arna-Büffel garantiert.

7) Königlicher Bardia-Nationalpark (968 km^2, seit 1988)
Im Südwesten liegt dieses größte ungestörte Wildnisreservat des nepalischen Terai. Dichter Sal-Urwald und undurchdringlicher Dschungel sind hier ein wichtiges Rückzugsgebiet für Nashorn, Elefant, Tiger, Krokodil und den Ganges-Delphin. Auch die Vogelwelt ist mit seltenen Exemplaren vertreten.

8) Shey-Phoksumdo-Nationalpark (3.555 km^2, seit 1984)
Dieses größte Reservat Nepals ist berühmt wegen seiner ausgedehnten Blauföhrenwälder, zusammen mit Zypresse, Deodarzeder, Pappel und Birke. Hier sind Schneeleopard und Blaues Schaf noch daheim; ebenso Ghoral, Tahr, Leopard, Wolf und Schwarzer Bär. Vielseitig ist auch die Vogelwelt im Park.

9) Khaptad-Nationalpark (255 km^2, seit 1984)
Er ist das einzige Schutzreservat für die Flora und Fauna der mittleren Lagen Westnepals. Föhre, Fichte, Ahorn, Birke und in den tieferen Lagen Bambus bestimmen die Waldstruktur. Schwarzbär, Leopard, Ghoral und Tahr kommen vor.

10) Parsa-Wildreservat (499 km^2, seit 1984)
Das Reservat grenzt an den Chitwan-Nationalpark an und wurde zur Erweiterung des letzteren gegründet.

11) Annapurna-Nationalpark (7.000 km^2, seit 1986)
Das Gebiet umschließt sowohl das Annapurna-Massiv als auch Mustang. Hier wird nicht nur die einmalige Landschaft, Flora und Fauna geschützt, die von der zentralen Himalayakette bis zum tibetischen Hochland reicht, sondern die z. B. von den Trekkern als „Eintrittsgebühr“ für Mustang eingehobenen, recht bedeutenden Beträge sollen zur schonenden Infrastrukturverbesserung des Gebietes Verwendung finden.

12) Makalu-Barun-Nationalpark (2.330 km^2, seit 1992)
Das Gebiet schließt an den Sagarmatha-Nationalpark an und wird als besonders strenges Naturschutzgebiet geführt. Es reicht von den Subtropen bis in die Hochalpinregion. Allein 25 der 30 nepalischen Rhododendronarten kommen hier vor, außerdem 19 Bambusarten, 15 Eichenarten sowie z. B. 48 verschiedene Primeln. Das Gebiet ist ein Reservat für den vom Aussterben bedrohten Roten Panda, für das Moschustier u. v. a. m.

13) Dhorpatan-Jagdreservat (1.325 km^2, seit 1983)
Südwestlich des Dhaulagiri gelegen, ist es das einzige Jagdreservat Nepals, das dem ausländischen Jäger – gegen entsprechende Bezahlung – zur Verfügung steht. Limitierte Abschußzahlen des Blauen Schafes, aber auch Leopard, Ghoral und Tahr werden jährlich freigegeben.

14) Shivapuri-Wildreservat und Wasserschutzgebiet (144 km^2, seit 1975)
Das kleinräumige Gebiet liegt nördlich von Kathmandu und stellt das wichtigste Wasserreservoir für die Stadt dar. Es steigt bis auf 2.700 Meter an und ist Lebensraum für Languren, Leoparden u. a. Die Flora des nepalischen Mittellandes kann hier bei Kurzausflügen kennengelernt werden.

Die buddhistischen Newar im Kathmandutal

Obwohl wir uns in diesem Buch an sich nur mit den Gebieten Nordnepals befassen, ist der „rote Faden" aber doch der Buddhismus. In diesem Zusammenhang lohnt es sich, auch den buddhistischen Formen im Kathmandutal ein Kapitel zu widmen.

Auf den ersten Blick hält man die Newar, die angestammte Bevölkerung des Kathmandutales für Hindu; aber das stimmt nicht. Man kann vereinfachend sagen, daß sich Buddhisten und Hinduisten etwa die Waage halten. Reine Buddhisten und reine Hinduisten gibt es unter ihnen wenige. Bei ihren Sitten und Gebräuchen gibt es viele Mischformen, und die Mehrheit der Newar nimmt an den Riten und Praktiken beider Religionen teil.

In Indien ist der Buddhismus, der unter Kaiser Ashoka (274 bis 230 vor Chr.) fast das gesamte Land beherrschte, wieder völlig verschwunden. In seiner klassischen Form hat er sich in Burma, Thailand, Laos, Kambodscha und Sri Lanka erhalten. Seine „Mahayana-Variante" hat sich seinerzeit über Tibet, China, Korea, Vietnam und Japan bis Indonesien ausgebreitet, überlebte mit Ausnahme von Tibet aber sonst kaum irgendwo.

Man kann sagen, daß der Mahayana-Buddhismus sich nur im Kathmandutal in einer südostasiatisch kulturell geprägten Umgebung erhalten hat. Nur im Kathmandutal gibt es Buddhisten, die ihre geistlichen Schriften auf Sanskrit in Formen lesen, die auf die Entstehung des Mahayana-Buddhismus vor mehr als 1.000 Jahren zurückgehen. Wissenschafter sagen uns, daß man hier bei den Newar „wie in einem Labor" die Beziehungen des „späten" Buddhismus zum Hinduismus und zum hinduistischen Königstum studieren könne.

Die Quellen des Newar-Buddhismus gehen vor allem auf die großen buddhistischen Zentren in Nordindien zurück, aus denen die Mönche im Zuge der islamischen Eroberung Indiens nach Nepal und Tibet im 7. und 8. Jhdt. vertrieben wurden.

Der Newar-Buddhismus

Der buddhistische Glaube der Newar ist im wesentlichen monotheistisch: Adibuddha, der Urbuddha, der als Flamme auf einer Lotusblume im einstigen See von Kathmandu dort erschien, wo heute der Stupa von Swayambunath steht, manifestiert sich in fünf weiteren Buddhas: Vairocana, Akshobhya, Ratnasambhava, Amithaba und Amogasiddhi.

Aus der Verbindung dieser fünf göttlichen Buddhas mit ihren göttlichen Bodhishaktis entstehen fünf göttliche Bodhisattvas: Vajrapani, Samantabhadra, Ratnapani, Avalokiteshvara (bei den Tibetern Tschenresi) und Vishvapani. Sie beherrschen nacheinander die fünf Weltzeitalter und inkarnieren sich in sterblichen Buddhas.

Die gegenwärtige Welt wird vom 4. Bodhisattva Avalokiteshvara beherrscht, der gleichzeitig der alte Fruchtbarkeits- und Regengott Madschenra ist.

Die Newar behaupten weiters, daß Avalokiteshvara drei weitere Gottheiten schuf, und zwar Brahma, Shiva und Vishnu (die drei hinduistischen Hauptgottheiten). Er übertrug ihnen die Aufgabe, die Welt zu schaffen, zu zerstören und zu erhalten. Zu seinen Diensten hat er weiters gerufen: Ganesh, Hanuman, Garuda, Lakshmi, Sarasvati, Indra, Baihrava u. v. a. m.; also alles, was im hinduistischen Pantheon Rang und Namen hat. – Die Hindu sind mit dieser Auslegung natürlich nicht einverstanden, nehmen das aber nicht weiters tragisch, sondern sagen, daß der Buddhismus ja doch nur eine Glaubensrichtung des Hinduismus sei.

Die Newar sind eine sehr tüchtige Volksgruppe von geschickten Handwerkern und erfolgreichen Händlern, die sich über ihr Stammgebiet des Kathmandutales weithin in Nepal ausgebreitet haben. Sie haben eine eigene Sprache, die sich vom Nepali stark unterscheidet; alle Newar sprechen aber beide Sprachen. Neuerdings gibt es starke kulturelle Bestrebungen, die Newar-Sprache wieder mehr zu verankern; so gibt es nun sogar eine kleine Tageszeitung, und es erscheinen auch viele neue Druckwerke.

Besonders in den letzten Jahren kann man feststellen, daß sich der wiederauflebende kulturelle Newar-Nationalismus auf den Buddhismus stützt. So tendieren auch fast ausschließlich buddhistische Newar dazu, religiöse Werke in Newari und nicht in Nepali erscheinen zu lassen. Im Gegensatz dazu publizieren hinduistische Newar hauptsächlich auf Nepali. Newari ist eine tibeto-burmesische Sprache, die wie Nepali und Hindi in der Devanagari-Schrift geschrieben wird.

Im allgemeinen gelten die Newar, die nur 6% der nepalischen Bevölkerung ausmachen, als besonders gebildet; dies äußert sich nicht zuletzt darin, daß sie 30 % aller Universitätslehrer und höheren Beamten stellen.

Nach der Volkszählung von 1971 bekannten sich 32 % der Bevölkerung Patans zum Buddhismus, verglichen mit 24 % in Kathmandu und 7 % in Bhaktapur. (Nach der Volkszählung von 1981 war die Anzahl der Buddhisten fast halbiert; aber hier ist offizielle Manipulation sowie auch eine gewisse Unsicherheit der befragten Newar, welcher der beiden Religionen sie sich zurechnen sollten, zu erkennen.)

Newar-Hindu sprechen mit ihren Kindern daheim Nepali, während die Buddhisten Newari sprechen. Die Hindu grüßen einander mit „Narayana" (die volkstümliche Bezeichnung für Vishnu), während die Buddhisten „Taremam" sagen, was soviel wie „Buddha ist meine Zuflucht" heißt.

Die Newar-Buddhisten gehören vor allem den beiden Kasten der Vajracarya und der Shakya an

Obwohl der Buddhismus an sich keine Kasten kennt, so zählen die buddhistischen Newar sich einer der beiden Gruppen der Vajracarya oder der Shakya zu. Diese wiederum sind jeweils in einer der vier großen hinduistischen Kasten verankert. Es sind dies die Brahmanen (Priester), Kshatriya (Krieger), Vaisya (Händler) und Shudra (Bauern und Handwerker). – Auch in dieser Tradition und Verhaltensweise ist die interessante religiöse Mischform der Newar-Identität zu ersehen.

Die beiden Newar-Kasten haben praktisch in jedem Haushalt ihren „Familien-Mönch", der für alle Zeremonien und die Durchführung der buddhistischen Riten verantwortlich ist. Dieser Mönch ist normal verheiratet und kann wohl mit den Rotmützen-Laienlamas verglichen werden.

Die allen westlichen Touristen bekannte „Kumari" (was soviel wie „Jungfrau" bedeutet) wird von den buddhistischen Newar als „Vajradevi", von den Hindu aber als „Taleju" oder „Lakshmi" bezeichnet. Ebenso der besonders wichtige „Matschendranath" („Regengott"); er wird von den Buddhisten „Karunamaya" genannt. Die zwei bedeutendsten Kulte der Newar-Religion, nämlich die der Kumari und des Karunamaya-Matschendranath, sind in den Händen der Buddhisten.

So ist es für uns Westliche wirklich erstaunlich, daß die berühmte kleine „Lebende Göttin", die von den Hindu als „Taleju / Durga" angebetet wird, aus einer Familie der Vajracarya oder Shakya erwählt werden muß. Und auch die Priester des Karunamaya-Matschendranath-Kultes sind Buddhisten aus dem Newardorf Buga.

Daß Buddhismus und Hinduismus im Kathmandutal in reiner Harmonie leben, ist eine Klischeevorstellung, die nicht ganz stimmt, wenngleich die Gegensätze wohl noch nie in Gewalt ausgeartet sind. Es ärgert die Buddhisten aber immer wieder, wenn in offiziellen Aussendungen der Regierung der Buddhismus bloß als eine Glaubensrichtung des Hinduismus dargestellt und Buddha als großer Sohn Nepals und Friedensbringer in der Welt verherrlicht wird.

Diese positive „Vereinnahmung" Buddhas durch die nepalischen Hindu war aber nicht immer gegeben, denn die Inschrift auf einer Säule in Harigaon (im Osten Kathmandus) aus dem 5. Jhdt. beschimpft die Buddhisten regelrecht. Sie werden dort als solche bezeichnet, die falsch argumentieren, eine teuflische Schlauheit haben und die Menschen in die Irre führen.

Der Matschendranath-Tempel in Patan zeigt eine Verschmelzung buddhistischer und hinduistischer Kulturmerkmale

Der Hinduismus ist in Nepal auf Grund der Verfassung von 1962 Staatsreligion, und der König ist in der Verfassung als Wiedergeburt Vishnus und Buddhas verankert. Die Buddhisten erkennen dies aber absolut nicht an. – Auch bei den Volkszählungen ergab sich in den letzten Jahrzehnten immer eine Mehrheit von 80 bis 90 % Hindu, wenngleich inoffiziell gleichzeitig von 30 bis 40 % Buddhisten und vorhinduistischen Glaubensformen gespro-

chen wird. Man redet ganz unverhohlen davon, daß viele aus Gründen des besseren Fortkommens im Staatsdienst usw. leider oft ihr buddhistisches Glaubensbekenntnis verbergen. In einer Gesamtschau gesehen, leben aber die buddhistischen und hinduistischen Newar gutnachbarlich in den Städten und Dörfern zusammen und begehen auch ihre Feste gemeinsam, nur daß sie eben jeweils einen anderen Glaubenshintergrund sehen.

Abschließend sei hier aber vermerkt, daß die lamaistischen Klöster in Bodnath oder in Swayambunath nicht direkt mit dem Glaubensgut der buddhistischen Newar zu tun haben.

Das Fest der Roten Matschendranath

Eines der berühmtesten und spektakulärsten Feste des Kathmandutales findet Ende April oder Anfang Mai statt, wenn Matschendras turmgekrönter Tempelwagen von Männern durch die engen Straßen Patans gezogen wird.

Der „Rote Matschendra" Patans unterscheidet sich vom „Weißen Matschendra" Kathmandus eigentlich nur durch die Gesichtsfarbe, und viele sind der Meinung, daß es sich um die selbe Gottheit handelt. Die buddhistischen Newar nennen ihn Karunamaya und identifizieren ihn auch gelegentlich als den vierten der fünf Buddhas, welche die Elemente repräsentieren. Besonders wichtig ist Matschendra für die Newar-Bauern des Kathmandutales, denn er ist der „Gott des Regens und der Fruchtbarkeit". Das Matschendranath-Fest wird daher auch immer vor dem Monsun zelebriert.

Die Statue Matschendras hat sozusagen ihre Hauptresidenz in einem Tempel im Bauerndorf Bunga – nicht weit von Patan entfernt. Schon zwei Wochen vor Beginn des Hauptfestes wird die Statue in feierlicher Prozession aus dem Tempel auf ein freies Feld getragen und hier zeremoniell gebadet, was im gesamten hinduistischen Himalayagebiet mit besonders verehrten Götterfiguren und -masken einmal jährlich geschieht.

Am Tag des Vollmondes zu Ende April oder Anfang Mai beginnt sodann die große Tempelwagen-Prozession. Hierzu wird der in Teilen zerlegte Prozessionswagen zusammengesetzt; allein seine bemalten, klobigen Holzräder mit fast zwei Metern Durchmesser sind schon sehenswert. Der Wagen selbst trägt einen

Oben und links: Buddhastatuen im „Goldenen Tempel" von Patan

thronähnlichen, kleinen Tempelaufbau, in dem sich die Matschendra-Statue befindet. Das besondere am Wagen ist aber eine 15 Meter hohe, lotrecht angebrachte Holzsäule, reich verziert mit Schnitzereien des Schlangenkönigs „Karkot", der einst half, Matschendra von Indien ins Kathmandutal zu bringen. Außerdem ist die Säule dicht mit immergrünem Laubwerk, Blumen und Girlanden geschmückt.

Am vierten Tag nach Vollmond beginnt sodann der Prozessionszug durch die engen Gassen Patans mit seinen mehrstöckigen Gebäuden. Der „Wagenturm" schwankt ständig furchterregend hin und her und bleibt immer wieder an Dachvorsprüngen hängen. Gefolgt wird der Wagen von einem kleineren Gefährt, in dem Matschendras Tochter mitgeführt wird.

Der Hauptprozessionswagen wird von vielen hundert Menschen begleitet, die den „Gott der Ernte" anbeten. Es ist eine große Ehre und religiöse Pflicht, zusammen mit vielen Anderen den schweren Wagen händisch zu ziehen. Jene, die – im wahren Sinne des Wortes – nicht zum Zug kommen, wollen wenigstens die halbarmdicken Seile berühren. Musikkapellen und Militärabordnungen begleiten die Prozession, und Musik, Lärm und Aufregung vermitteln eine ganz eigene Atmosphäre.

Der schwergewichtige, schwankende und plumpe Götterwagen schafft oft nur einige hundert Meter pro Tag und erreicht seinen Zielort Jawalakhel, außerhalb von Patan, manchmal erst einige Monate später. Das Ganze hängt von den Astrologen ab, die sorgfältig die Länge der Pausen und auch die Aufenthalte bei den notwendigen Reparaturarbeiten am Wagen kalkulieren.

An gewissen Orten längs der Prozessionsroute verbleibt der Wagen automatisch übernacht oder sogar mehrere Tage. Das ist dann Anlaß für alle Bewohner der näheren Umgebung, der Gottheit Opfergaben darzubringen, mit Freunden rund um den Wagen zu essen und zu feiern und auch Tieropfer zu vollziehen, wenn es sich um Hindu handelt.

Vom Aufenthalt im Ortsteil „Pode Tole" wird berichtet, daß die Frauen in diesen Nächten, für den Fall, daß Matschendra sie besucht, unbekleidet schlafen.

Der Höhepunkt der Festlichkeit geschieht dann auf freiem Feld in Jawalakhel – je nach Festlegung durch die Astrologen – irgendwann zwischen Ende Mai und August. Zehntausende strömen herbei, und auch der König und die Königin sind anwesend, wenn schließlich die Statue vom Wagen gehoben und ihr von der Garde ein Ehrensalut geschossen wird. Auf einem vergoldeten Tragsessel wird Matschendra sodann in feierlicher Prozession nach Bunga zurückgetragen.

Bakhtapur: Der „Matschendranath-Umzug" im Tempelwagen wird von der buddhistischen und hinduistischen Bevölkerung Kathmandus gleichermaßen begangen

Das öffentliche Bad des „Weißen Matschendra"

Der Weiße Matschendra, gleichzeitig Bruder und Schwester des Roten Matschendra von Patan, hat seinen Tempel in Kathmandu. So wie alle anderen Götter muß auch er einmal im Jahr rituell gebadet und seine Roben erneuert werden.

Obwohl Tempel und Badefest unter die Verantwortung der buddhistischen Newar-Priesterkaste fallen, wird der Weiße Matschendra genauso von den Anhängern Shiwas und Vishnus verehrt. Die ungefähr eine Woche dauernde Badezeremonie beginnt jedes Jahr am achten Tag des zunehmenden Mondes im Januar.

Das Fest beginnt mit Opfergaben, die von den Gläubigen am Tempeleingang aufgestapelt werden. Gleichzeitig wird ein prachtvoll dekoriertes Podest mit dem Badethron vor dem Tempel aufgestellt. Schließlich wird die etwa ein Meter hohe Statue mit dem weißen Buddhagesicht von einem kahlgeschorenen Priester und seinen Helfern ins Freie getragen. Flankiert wird sie von kleineren Figuren der Weißen und Grünen Tara.

Stupa von Swayambunath

Nun wird eine große Kupferschale voller Opfergaben gebracht, über die der Priester tantrische Texte spricht. Musik ertönt, denn in feierlicher Prozession erscheint sodann die „Lebende Göttin" Kathmandus, die „Kumari", in ihrer scharlachroten Robe, um der Badezeremonie beizuwohnen.

Nach weiteren Trompetenfanfaren beginnen nun zwei Priester, die Göttertstatue systematisch zu entkleiden; eine Goldbrokatschicht nach der anderen wird entfernt. Noch ein Fanfarenstoß und dann wird Wasser aus großen Kupfervasen über das Standbild gegossen. – Möglichst viel vom Wasser wird am Fuß des Matschendranath wieder aufgefangen und vom Priester über die Menge der Zuschauer gespritzt, die möglichst alle etwas vom geheiligten Wasser abbekommen wollen.

In den nächsten Tagen wird sodann noch zeremoniell Milch, Öl und heißes Wasser über die Figur gegossen, und am letzten Festtag, sagen die Leute, scheint immer die Sonne, um das Standbild zu trocknen.

Im März oder April wird dann auch der Weiße Matschendra in festlichem Umzug auf einem Tempelwagen durch die Straßen Kathmandus gezogen.

Der Stupa von Swayambunath

Die etwa hundert Meter über das Kathmandutal aufragende buddhistische Anlage ist für alle Nepali, besonders aber für die Buddhisten unter ihnen, ein herausragendes Heiligtum. Für den westlichen Touristen ist der Stupa, zusammen mit jenem von Bodnath, eines der sehenswertesten Objekte Nepals.

In den Legenden reicht der Stupa in mythische Zeiten zurück; wissenschaftlich läßt sich seine Existenz bis ins 7. Jhdt. zurückverfolgen. Der Name Swayambunath bedeutet „selbst entstanden" und beruht auf dem Glauben, der Stupa sei aus der vom „Vorzeitbuddha" geschaffenen Lotusblüte erwachsen, die im heiligen See des Paradieses stand.

Nach tibetischen Quellen soll der Stupa vom Heiligen „Santikar Acarya", einem der Begründer des tantrischen Buddhismus, zu Beginn des 7. Jhdts. errichtet worden sein. Mehrfach war Swayambunath von Erdbeben betroffen und wurde 1346 durch den Einfall der Muslime besonders stark beschädigt. Seine heutige Gestalt erhielt der gesamte Komplex erst um 1650 durch den König Pratapa Malla, dem Kathmandu auch viele andere Bauten verdankt.

Nähert man sich dem Stupa von Kathmandu, so gelangt man zum Beginn einer

Alte buddhistische Newarkunst beim Stupa von Swayambunath

Treppe mit 365 Stufen. Gleich am Anfang durchschreitet man ein bunt bemaltes Tor, das aus junger Zeit stammt und ein Geschenk der Bothia-Gemeinde Manang aus dem Annapurna-Gebiet darstellt. Gleich anschließend folgen drei bemalte steinerne Buddhas aus dem 18. Jhdt.

Weiter oben säumen die Treppe Skulpturen von Elefant, Löwe, Garuda, Pfau und Pferd – Reittiere der „Fünf transzendenten Buddhas". Und schließlich erreicht man die Plattform und steht vor einem großen vergoldeten Donnerkeil, einem „Vajra". Er verkörpert im Buddhismus das ewig Absolute. Die zwölf Tiere auf dem steinernen Sockel des Donnerkeils sind dem chinesischen Tierkreis entlehnt. Die beiden, auf dem vorderen Teil der Plattform errichteten Shikara-Türme erfüllen lediglich architektonische Zwecke.

Der große Stupa mit dem prachtvoll vergoldeten Turmaufsatz und den forschenden und allwissenden Augen Buddhas, darf nur im Uhrzeigersinn umschritten werden, um nicht die religiösen Gefühle der Einheimischen zu beleidigen. In seine Wände sind die Schreine der fünf transzendenten Buddhas eingelassen. Besondere Beachtung verdienen die unter den Schreinen angeordneten Nischen mit Flachreliefs, die aus dem 7. oder 8. Jhdt. stammen.

Neueren Datums sind hingegen die Gebetszylinder und auch die Gebetsfahnen, die von Tibetern erst in unserem Jahrhundert eingeführt wurden. Auf die Tibeter geht auch der erst 1949 errichtete Ghompa-Komplex neben dem Stupa zurück.

Prachtvoll ist der vergoldete Turmaufsatz, gekrönt von 13 sich verjüngenden Ringen, welche die 13 Himmel des buddhistischen Weltbildes und auch die 13 Wege zur Verbreitung der Lehre darstellen. Den Abschluß nach oben bildet ein vergoldeter Ehrenschirm. – Gewitterstürme haben den Turmaufsatz immer wieder schwer in Mitleidenschaft gezogen.

Bei Feierlichkeiten in Swayambunath verwischen sich die Unterschiede zwischen den hinduistischen und buddhistischen Newari

Der kleine freistehende Tempel im Westen, hinter dem Stupa, ist der Schrein für die von den Buddhisten verehrte Göttin „Hariti", die Schutzgöttin gegen die Pocken; für die Hindu verkörpert sie die Pockengöttin „Sitala Devi". Der Tempel wurde 1805 errichtet.

An den Tempel schließt ein Bereich mit vielen Votivstupas. Dahinter steht eine hübsche Buddhastatue aus dem 17. Jhdt. Besondere Beachtung verdient ein danebenstehender weißer Stein mit einem gemalten Gesicht, der vermutlich den vorbuddhistischen Feuergott Agni darstellt und damit zum ältesten Zeugnis religiösen Lebens auf dem Swayambunath-Hügel zählt.

Buddhas Geburtstag wird in Swayambunath besonders gefeiert

Die Anhänger Buddhas feiern „Purnima", den Tag des Vollmondes zu Ende April oder Anfang Mai, schon seit fast 2.500 Jahren als „Buddhas Geburtstag". Dabei wird allerdings ein dreifaches Fest gefeiert: Der Geburtstag, der Tag der Erleuchtung und der Eintritt Buddhas ins Nirwana (483 vor Chr.).

Im Kathmandutal konzentrieren sich die Feiern auf den wunderbaren Stupa von

Swayambunath. Er soll schon vor mehr als 2.000 Jahren von treuen Anhängern der Lehre zum Schutz des *„Göttlichen Lichtes von Swayambhu"*, der *„Flamme, die aus einer Lotusblüte entsprungen ist"*, erbaut worden sein. Im Stupa sollen sich echte Reliquien Buddhas befinden.

Über der weißen Kuppel von Swayambunath erhebt sich der vergoldete Turmaufsatz mit den „13 Stufen der Erleuchtung". Von ihnen blicken aber auch die „Allwissenden Augen", die den Betrachter forschend, gütig, schläfrig, anklagend oder zornig ansehen, je nachdem, in welcher Gemütsverfassung man sich befindet. Anstatt der Nase ist ein Fragezeichen im allwissenden Gesicht angebracht, es symbolisiert das „Dharma", die „Tugend im Ozean der Glückseligkeit". Der riesige, bronzene Donnerkeil vor dem Stupa versinnbildlicht die Macht des umfassenden Wissens Buddhas.

Während der ganzen Vollmondnacht brennen unzählige Butterlampen und auch elektrische Glühbirnen rund um den Stupa, und unzählige Gläubige aus der näheren und weiteren Umgebung verbringen hier die Nacht unter Fasten und Beten.

Schon beim Sonnenaufgang flattern Hunderte neue Gebetsfahnen vom Stupa, dessen Umgebung inzwischen auch reich mit Blumen dekoriert wurde. Eine große, vergoldete Buddhastatue sowie viele kleinere Götterfiguren werden aus der nebenstehenden Ghompa ins Freie gebracht, um entsprechend angebetet zu werden.

Schließlich wird die Hauptstatue von Lamas in feierlicher Prozession zum Kloster Naghal am Fuß des Stupaberges gebracht, wo ebenfalls entsprechende Zeremonien stattfinden.

Auch beim anderen, berühmten Stupa des Kathmandutales, in Bodnath, wird „Buddhas Geburtstag" feierlich begangen. Dabei wird eine Buddhastatue sogar auf einem Elefantenrücken rund um den Stupa transportiert, gefolgt von einer großen Menge Gläubiger. – An diesen Feierlichkeiten nehmen übrigens auch viele Hindu teil.

Gunla, der heilige buddhistische Monat

Die zwei Wochen vor und nach dem Vollmond im August bzw. zu Anfang September sind für die Buddhisten so heilig wie die Fastenzeit für die Christen oder der Ramadan für die Muslime. Während dieser „geheiligten Tage" geben sich die Buddhisten mit großem Enthusiasmus dem Fasten, Bußübungen, Pilgerfahrten und heiligen Zeremonien hin; daneben wird in typisch nepalischer Art aber auch mit Freunden und im Familienkreis gefeiert.

Im Kathmandutal konzentrieren sich die Gunla-Aktivitäten auf den Stupa von Swayambunath. Jeden Tag klimmen schon im Morgengrauen zu ihm Familien singend, musizierend und betend die 365 Stufen hinauf. Sodann umrunden sie langsam den heiligen Schrein und setzen dabei die 108 Gebetszylinder mit dem eingeschlossenen, auf Schriftrollen gedruckten *„Om mani padme hum"*, in Bewegung.

Im Haupttempel und vor den verschiedenen Idolen werden Opfergaben hinterlegt, Räucherstäbchen und Öllämpchen entzündet sowie Reis und rotes, glückbringendes Pulver verstreut. In der Ghompa hinter dem Stupa werden während der „Gunla-Tage" von den Lamas ständig Gottesdienste zelebriert.

Hunderte reihen sich in die Warteschlange vor dem kleinen, aber wichtigen Tempel der „Hariti" ein, der „Schutzgöttin gegen die Pocken". (Sie wird auch heute noch für so wichtig gehalten, daß Mütter sogleich nach der Pockenimpfung ihrer Kinder nach Swayambunath eilen, um der Göttin – „für alle Fälle" – zu opfern.)

Noch am Vormittag kehren dann die Familien wieder in ihre Häuser zurück, nicht ohne unterwegs den Hindu-Idolen des elefantenrüsseligen Gottes Ganesh oder der „Schrecklichen Bhairav", der bluttrinkenden Göttin Kali, ihre Reverenz zu erweisen. – Ein klassisches Beispiel der religiösen gegenseitigen Toleranz im Kathmandutal!

An jedem Tag des Gunla-Monats versorgen die Hausfrauen kleine, aus Ton gefertigte Buddhafiguren mit einem Reiskorn als Nahrung. Am Ende des „Heiligen Monats" werden diese Figuren in einer kleinen Prozession zum Bagmati, dem heiligen Fluß des Kathmandutales gebracht und dort feierlich versenkt.

Während des Gunla werden auch verschiedene andere Festlichkeiten begangen, so wie z. B. die Zeremonie der „Fünf Opfergaben", die vor allem in Patan, dem Zentrum der buddhistischen Newar, gefeiert wird. Zwei verschiedene Reisarten, Linsen, Weizen und Salz werden an Bettelmönche verteilt.

An einem bestimmten anderen Tag werden Wohnungen und Straßengeschäfte mit Blumen dekoriert. Von besonderer Bedeutung während des Gunla-Monats ist aber das „Mata Ya" oder „Fest des Lichtes". Es wird zwei Tage nach dem Vollmond gefeiert: Dabei ziehen Hunderte von Familien zum Gedenken an ihre Verstorbenen mit Lampen und Fackeln, begleitet von Sängern und Musikanten, durch die engen Gassen von Patan. Gleichzeitig ist

Stupa von Bodnath

dies aber auch das Fest zur Erinnerung des Sieges Buddhas über seine Feinde. Neunmal sollte man an diesem Festtag auch seine Kleidung wechseln. Während des Gunla kann man schließlich auch Männer im Lendenschurz als Büßer beobachten, die sich bei Sonnenuntergang immer wieder vor buddhistischen Schreinen und Idolen in den Staub werfen.

Der Stupa von Bodnath – heiligster Platz für die Bothia und Tibeter in Nepal

Der 40 Meter hohe Stupa, etwa sieben Kilometer nordöstlich von Kathmandu, ist nicht nur der größte Nepals, sondern von den Lamaisten auch der meistverehrte Ort.

Bodnath lag direkt an der ehemaligen Handelsstraße nach Tibet und war vom 17. bis 19. Jhdt. sogar tibetischer Rechtssprechung unterstellt. Noch heute zeugt davon die Position des obersten Repräsentanten des tibetischen Buddhismus in Nepal, des „Chini Lama", der nach Dalai- und Pantschen Lama sowie des Sakya-Oberlama hier die nächste Instanz ist. Zahlreiche tibetische Flüchtlinge haben sich in den letzten Jahrzehnten rund um Bodnath niedergelassen, und auch viele Sherpas haben sich hier ihre „Kathmandu-Villen" gebaut. Ebenso sind mehrere bedeutende lamaistische Ghompas in der letzten Zeit im „Schatten von Bodnath" erbaut worden.

Architketonisch ist der Stupa von Bodnath sehr bemerkenswert. Die Halbkugel ruht auf stufenartig ansteigenden Plattformen, wodurch die Anlage Ähnlichkeit mit dem berühmten Borobudur-Stupa auf Java hat. Im Plan von Bodnath verbirgt sich vielschichtige Symbolik, denn der Stupa ist ein echtes Mandala, das den Kosmos verkörpert.

Von den neun Ebenen, die den Weltberg Meru darstellen, symbolisiert der Sockel die Unterwelt, die rechteckigen Terrassen die diesseitige Welt, die Halbkugel mit ihrer Spitze aber die Welt der Götter. Andererseits erkennt man im Unterbau des Stupa auch die Erde, in der Halbkugel das Wasser, im gestuften Turm das Feuer und im Schirm die Luft.

Der Hauptaufgang befindet sich an der Nordseite, der Himmelsrichtung, die vom „Transzendenten Buddha" bewacht wird. In den 108 Nischen am runden Sockel sind die 108 Erscheinungsformen des Boddhisattva Avalokiteshvara (von den Bothia und Tibetern „Tschenresi" genannt) dargestellt. Der Dalai Lama gilt ja als eine freiwillige Wiedergeburt dieser Gottheit.

Die Prozession der Tausendundein Lichter in Bodnath

Beim letzten Vollmond im Februar findet in Bodnath die große Lichterprozession zu Ehren Buddhas statt. Das Fest wurde schon vor Jahrhunderten zu diesem Zeitpunkt eingeführt, weil dann die vielen Bothia, aber auch Tibeter und Sikkimesen wegen ihrer Handelsgeschäfte in Kathmandu sind.

Sie alle flüchten in dieser für die Bauern arbeitsarmen Zeit dabei nicht nur vor dem harten Winter des Himalaya, sondern benutzen die Gelegenheit auch immer zu einer Pilgerfahrt zu den heiligen buddhistsichen Stätten von Swayambunath und Bodnath.

Sobald der Vollmond aufgeht, beginnt eine schier endlose Zahl von auswärtigen Pilgern, aber auch einheimischen Newar mit Fackeln oder Laternen in den Händen den Stupa zu umrunden. Immer wieder werden dabei die außen angebrachten Gebetszylinder in Drehung versetzt, und vieltausendfach wird das *„Om mani padme hum"* gemurmelt.

Büßer messen den Umfang des Stupa mit ihrer eigenen Körperlänge aus, und viele werfen sich zumindest mehrmals in anbetender Pose auf den Boden. Schließlich erscheint auch der Oberlama des Hauptklosters von Bodnath, der „Chini Lama", wie er von den Bothia genannt

Oben: Lebensrad in der Sakya-Ghompa in Bodnath

Links: Sakya-Ghompa in Bodnath

wird (einer seiner Vorgänger war nämlich aus China / Tibet vor Jahrhunderten nach Bodnath gekommen und gilt seither als Vertreter des Dalai Lama in Nepal). Er trägt über seiner Mönchsrobe prachtvolle Festinsignien, vollführt ein eigenes Ritual, segnet die Anwesenden und verteilt rote Glücksschärpen, um die ein großes Gerangel beginnt.

Tantrisches Ritual in der Sakya-Ghompa in Bodnath

Die „Lhasa-Newar"

Schon im 7. Jhdt. gab es die ersten historisch verbürgten Kontakte zwischen Nepal und Tibet. Die Newar-Prinzessin Bhrikuti aus dem Kathmandutal heiratete den tibetischen König Songtsen Gampo. Diese Verbindung war für Tibet insoferne von weitreichender Bedeutung, weil damit gleichzeitig buddhistisches Glaubensgut nach Tibet kam.

Schon der großen Hochzeitseskorte in die tibetische Hauptstadt Lhasa hatten sich Kaufleute und Handwerker aus der Volksgruppe der Newar angeschlossen, und damit begann ein bedeutender kultureller Austausch über den Himalaya hinweg. Newar-Handwerker und Künstler ließen sich in Lhasa nieder und bereicherten vor allem auch die dortige religiöse Kunstszene durch ihr Geschick.

Nachdem viele Newari oft lange Zeit in Tibet blieben, nannte man sie daheim die „Lhasa Newar". Sie waren die Betreiber der großen Maultier-, Esel- und Yak-Karawanen nach und von Tibet; eine eigene Geschichte von Gold, Silber, Salz, Gewehren, Banditen und dramatischen Treks, gezeichnet von Schneestürmen und anderen großen Entbehrungen.

Die Händler aus dem Kathmandutal agierten hauptsächlich als Mittelsmänner der Geschäfte zwischen Indien und Tibet. Newar-Kaufleute besorgten Indigo, Textilien, Bernstein, Perlen und Korallen aus Calcutta, Brokatstoffe aus Varanasi und Tee aus Shanghai. Haushaltsgeräte aus Kupfer- und Messing, die in Kathmandu so meisterlich gefertigt wurden, waren in Tibet ebenfalls sehr gefragt.

Wenn die Maultierkarawanen zurück nach Nepal kamen, waren sie mit exotischen Schätzen aus dem Inneren Tibets beladen, mit Goldstaub, chinesischer Jade, Silbernuggets, Yakschwänzen, Wolle, Salz und Borax. Diese Güter gingen zum größten Teil dann weiter nach Indien.

Die Handelsroute verlief nördlich von Kathmandu in der Nähe des heutigen Grenzüberganges nach Tibet bei Kodari (über den Kerung- oder Kuti-Paß) und dann über die windgepeitschten Hochebenen nach Shigatse und schließlich nach Lhasa.

Während Newar-Künstler nach Tibet reisten, um die dort neu erbauten buddhistischen Klöster mit Malereien, Holzschnitzereien und Metalltreibarbeiten zu schmücken, kamen tibetische Studenten auf der Suche nach buddhistischem Glaubensgut in das Tal von Kathmandu.

Die Kunst der Newari und der Tibeter befruchtete sich gegenseitig. In dieser Zeit entstand auch die Thanka-Malerei. Bedeutende künstlerische Leistungen von Newarihand sind heute noch im Jokhang-Tempel in Lhasa zu bewundern. Er wurde ja extra errichtet, um die großartige Buddhastatue zu beherbergen, welche von Prinzessin Bhrikuti als Geschenk mitgebracht worden war. Ja sogar bis an den Hof nach Peking gelangten Newar-Künstler, wo sie die berühmte „Weiße Pagode" schufen.

Während der Regierung von König Pratap Malla von Kathmandu (1641 – 1674) waren Newarhändler in Tibet in 42 verschiedenen Handelshäusern organisiert, von denen sieben bis in unsere Zeit Bestand hatten.

Schon 1630 war ein Vertrag ratifiziert worden, der den Mallakönigen das Recht gab, Silbermünzen für Tibet zu prägen. Während eines ganzen Jahrhunderts waren die Newar-Münzen neben Goldstaub die einzige Währung in Tibet.

Dieser besonders rege Handelsverkehr hatte bis 1904 Bestand, als eine britische Streitmacht Lhasa besetzte und gleichzeitig durch Sikkim eine neue Handelsroute eröffnete, die für Indien bequemer und kostengünstiger zu erreichen war. Nepal verlor damit sein jahrhundertealtes Monopol als „Tor nach dem Süden".

Die Newari ließen sich allerdings nicht so schnell abschütteln, sondern managten nunmehr den Handel über Kalimpong, das sie per Eisenbahn über Indien her erreichten. Allerdings war die Route über Kalimpong keineswegs leicht. Sie verlangte 20 harte Tage am Pferderücken; der 5.000 Meter hohe Jarila-Paß mußte zum tibetischen Grenzposten Yatung gequert und sodann die Staub- und Schneesturm ausgesetzten Ebenen durchritten werden.

Alte Lhasa-Newari erinnern sich an die Hauptstadt Tibets als eine große „Ganzjahres-Messe": Mongolische Händler, Kaufleute aus Kasachstan, Karawanen aus Samarkand und Bhutanesen waren anzutreffen. Aus Chinesisch-Turkestan kamen Kaufleute mit Tee und Seide, Ngolok-Nomaden tauschten Goldstaub gegen Korallen und Manufakturen. Die Newari waren verwundert, daß Zivilisten in Tibet Feuerwaffen tragen durften; in Kathmandu war das Hochverrat.

Manche Newari weilten oft mehrere Jahre in Tibet, nicht wenige kamen auch bei den gefährlichen Reisen ums Leben. Es gab einen Vertrag zwischen Lhasa und Kathmandu, daß die Newari ihre Frauen nicht nach Tibet bringen und dort auch kein Land erwerben durften. So entstanden viele Balladen über das Herzeleid mancher Newar-Frauen, die oft vergeblich auf die Heimkehr ihrer Männer warteten ...

Links: Schutzgottheit Lhamö Palden in der Sakya-Ghompa in Bodnath

Unten: In der Sakya-Ghompa in Bodnath

Gedenk-Stupas an der Tsheshe-Ghompa in Bodnath

Der tibetische Buddhismus

Der tibetische Buddhismus, auch tibetischer Lamaismus genannt, ist eine der drei heute auf der Erde noch praktizierten Formen des Buddhismus.

563 v. Chr. wurde Prinz Siddharta Gautama, der spätere Buddha, in Lumbini-Kapilavastu, einem nepalisch-indischen Grenzort, geboren. Er wurde, wie jedes andere Fürstenkind, in Luxus aufgezogen, heiratete sehr früh und führte ein Leben wie alle anderen jungen Adeligen seiner Zeit.

Obwohl es ihm sein Vater untersagt hatte, verließ er eine Tages doch den Palastbezirk und wurde dort mit den menschlichen Leiden in Form des Alters, der Krankheit und des Todes konfrontiert.

Shakyamuni, der historische Buddha

Buddha – der Erleuchtete

Wie Schuppen fiel es ihm von seinen Augen, er wußte, daß jenes Leben, das er bisher geführt hatte, nicht das wahre Leben gewesen sein konnte. So verließ er mit knapp 30 Jahren seine Familie und das väterliche Fürstentum und begann nach hinduistischer Tradition fortan ein Wanderleben zu führen und Askese unter der Anleitung verschiedener Gurus zu üben. Freiheit und inneren Frieden erreichte er in den langen Wanderjahren aber weder durch Askese noch durch Meditation; so gab er das asketische Leben schließlich wieder auf.

Nochmals versuchte er in einer Meditation von 49 Tagen eine höhere Erkenntnis zu gewinnen. In diesem Zeitraum erlangte er die ersehnte Erleuchtung. Von diesem Moment an nannten ihn die anderen „Buddha“, was soviel heißt wie „Der Erleuchtete“.

Er formulierte die „vier Wahrheiten” als Ausgangspunkt seiner Lehre, die er im Grundsatz vom Leiden zusammenfaßte und in Benares verkündete:

Tsheshe-Ghompa in Bodnath

- *Alles Leben ist dem Leiden unterworfen.*
- *Die Ursache des Leidens sind die Leidenschaften.*
- *Nur die Befreiung von den Leidenschaften und auch die Befreiung vom Willen zum Leben hebt das Leiden auf.*
- *Der Weg zur Aufhebung des Leidens ist ein achtfacher:*
    - *rechte Anschauung,*
    - *aufrechte Gesinnung,*
    - *rechtes Reden,*
    - *rechtes Handeln,*
    - *rechtes Leben,*
    - *rechtes Streben,*
    - *rechtes Denken und*
    - *rechtes Sich-Versenken.*

Nur die Erfüllung dieser acht Tugenden vom Weg, der zur Beendigung des Leidens führt, leitet den Menschen zu einem Leben voller Selbstbeherrschung, guter Werke und Seelenfrieden.

Gautama Buddha hatte bereits nach seiner ersten Predigt ungeheuren Zuspruch bei den Menschen seiner Zeit gefunden, und praktisch war mit seiner ersten Predigt in Benares eine neue Religion, der Buddhismus, geboren worden.

Noch 45 Jahre lang wanderte er dann predigend und verkündend durch Indien, bis er schließlich ins Nirwana einging.

Buddha – der Humorvolle

Buddha hatte viel Sinn für Humor; dies kann aus vielen seiner Reden entnommen werden. Sein Humor ist eng verbunden mit seinem Mitleid, und beide haben ihren Ursprung im Verständnis der tieferen Zusammenhänge, in der Einsicht in die wechselnden Beziehungen aller Dinge und Lebewesen. Buddhas Lächeln kann wohl nur als Ausdruck einer Weisheit aufgefaßt werden, die alle großen und kleinen Schwächen des Menschen, aber auch die Wechselbeziehung zwischen Unwissenheit und Wissen durchschaut. Nur ein wirklich humorvoller Mensch wird immer auch genug Mitleid verspüren, denn er sieht die Dinge von einer höheren Warte aus, und eine solche Persönlichkeit wird sich auch nie zum falschen Richter über Gut und Böse erheben.

Erlösung vom Zwangskreislauf der Wiedergeburt

Der Buddhismus kennt nicht wie der Hinduismus die Seelenwanderung. Es gibt zwar die Wiedergeburt, aber nicht das Ich wird wiedergeboren, sondern Daseinsformen kommen und gehen wieder. Nicht der Wunsch, sozial immer höher wiedergeboren zu werden, ist das Ziel der Buddhisten, sondern die Befreiung vom Zwangskreislauf der Wiedergeburt, der Eingang ins Nirwana. Damit unterscheidet sich der Buddhismus grundlegend vom Hinduismus.

Alle Wesen unterstehen zwar dem Gesetz des Wiedergeborenwerdens, doch kann die strikte Befolgung der Lehre und Regeln Buddhas jeden einzelnen direkt aus dem Kreislauf der Geburten lösen und in das Nirwana, in den Zustand des endgültigen Erlöschens, hineinführen. Gautama Buddha erklärte, daß das Nirwana die Vernichtung von Gier, Haß und Wahn sei. – Diese drei Hauptlaster bzw. „Hauptirrtümer“ des Menschen – Gier, Haß und Wahn – werden übrigens symbolhaft durch das Schwein, die Schlange und den Hahn im sogenannten „Lebensrad“ an nahezu allen Eingängen zu lamaistischen Tempeln (Ghompas) dargestellt.

Die tibetische Bibel

Der Kandjur, die tibetische Bibel, enthält in 108 Bänden angeblich 80.000 kürzere und längere Äußerungen, die Buddha selbst über die Lehre getan haben soll. Der Tandjur, die Übersetzung bzw. der Kommentar hierzu, zählt 225 Bände. Beide Werke zusammen wurden 1325 abgeschlossen und umfassen mehr als 140.000 beidseitig bedruckte Blätter.

Das tibetisch-buddhistische Ritual hat einen ungeheuren Umfang. So wird manchmal sogar der gesamte tibetische Kandjur mit seinen 108 Bänden rezitiert. Zu einem solchen Zweck sind etwa dreißig bis vierzig Mönche notwendig, von denen dann jeder einzelne verschiedene Seiten liest; dies geschah früher häufig, um Zauberwirkungen hervorzubringen. Das gesamte Werk wiegt übrigens oftmals 500 und mehr Kilogramm, und seine Vorlesung durch eine einzelne Person würde ungefähr vier Jahre beanspruchen.

Nach den Anrufen der Gottheiten durch Mönche bei verschiedenen rituellen Handlungen werden auch Opfergaben dargebracht; sie werden allerdings nach der Opferhandlung zerstört oder bleiben so lange am Altar liegen, bis sie absolut ungenießbar werden. Hat man einen besonders konzentrationsfähigen Mönch als Leiter der rituellen Handlung, dann ist es oft möglich, auf materielle Opfergaben zu verzichten, weil dieser besonders befähigte Priester mit seiner „lebendigen Vorstellung der Opfergaben“ diese ersetzen kann. Es kommt also den Tibetern doch mehr auf den geistigen Inhalt der Handlung als auf den materiellen Rahmen an.

Om mani padme hum

Sowohl bei den Ritualfiguren des Totenbuches wie auch im lamaistischen Alltag spielt das sechssilbige Mantra *„Om mani padme hum“* eine überragende Rolle. Es kann sehr frei mit *„O du Juwel im Lotos“* übersetzt werden, wobei *„mani“* Juwel oder Edelstein und *„padme“* Lotosblume heißt. Die Silben *„om“* und *„hum“* sind magische Zeichen, die an sich nicht übersetzt werden können. Mit dem *„Juwel im Lotos“* ist Buddha selbst gemeint, der der Legende nach ja aus einer Lotosblüte entsprossen sein soll. Das *„Om mani padme hum“* ist aber auch die heilige Formel Tschenresis.

Der Symbolgehalt des sechssilbigen heiligen Mantras bezieht sich auch auf die sechs Welten und die sechs Lichtfarben, und zwar wie folgt:

Om	weiß	Götter
ma	grün	Titanen
ni	gelb	Menschen
pad	blau	Tiere
me	rot	Hungergeister
hum	schwarz	Hölle

Die Mandalas der Bardo-Gottheiten weisen ebenfalls symbolhafte Farben aus:

Mitte	weiß	Äther
Osten	blau	Wasser
Süden	gelb	Erde
Westen	rot	Feuer
Norden	grün	Luft

Der Tibeter hat nicht die Absicht, die Götter zu „überlisten", wenn er hunderte Male hintereinander sein *„Om mani padme hum"* spricht und die Gebetszylinder dreht, sondern durch diese meditativen Wiederholungen sollen alle Geisteskräfte zur Konzentration mobilisiert werden! Durch das Drehen der Zylinder und das Umrunden heiliger Stätten soll aber immer wieder darauf hingewiesen werden, daß das gesamte Universum auf rotierenden Bewegungen aufgebaut ist. *„Tü-khor" – „alles dreht sich",* sagt der Tibeter. Die Tibeter glauben auch, daß Materie mit psychischen Energien gekoppelt werden kann.

In Osttibet gab es früher Tschorten, neben denen zehn Meter hohe, propellergetriebene Windgebetszylinder in Betrieb waren.

Die friedvollen und die zornvollen Götter

Die Buddhas tragen immer die himmlische Buddha-Krone, die zornvollen Gottheiten haben Totenkopfkronen und Knochenschmuck, der eben immer wieder auf die Vergänglichkeit alles Irdischen hinweist. Die friedvollen Gottheiten erscheinen auf dem Losthron sitzend, die zornvollen Gottheiten zwar auch auf dem Lotos, aber mit drohender Gebärde und von einem Flammenkranz umgeben, der absoluten Schrecken ausdrücken soll.

Die fratzenhaften Darstellungen der zornvollen Gottheiten stellen die Kräfte der Auflösung und Verwandlung dar. Sie erscheinen nur jenen Personen furchtbar, die am Materiellen hängen. Der wissende Tibeter sieht in ihnen vielmehr Kräfte zur Befreiung und Erlösung. Sie sind förmliche Gleichnisse des höchsten Grades der Selbstüberwindung. In der rasenden Ekstase ihrer Darstellungsformen durchbrechen diese „schrecklichen" Figuren die Grenzen zur tieferen Erkenntnis! In den Ghompas sieht man daher auch viele derartige Bildnisse verschleiert, womit zum Ausdruck gebracht werden soll, daß sie nur dem „geistig Fortgeschrittenen" zugänglich gemacht werden sollen.

Die friedvollen Gottheiten tragen in ihren Händen meist die Lotosblüte, das Rad der Lehre, die Ritualglocke, den Donnerkeil oder die Bettelschale, und die zornvollen Gottheiten haben meist in den Händen eine Schlinge, das Schwert, eine Keule, eine Lanze, eine Axt und vor allem die tantrische Schädelschale als Gegenstück zur Bettelschale.

Die mystische Vereinigung

Viele Gottheiten sind häufig in erotischer Umarmung mit ihrem weiblichen Gegenstück, der Prajna, dargestellt. Diese erotische Darstellung weist wohl ursprünglich auf tantrische Fruchtbarkeitsriten hin, hat aber beim lamaistischen Buddhismus damit überhaupt nichts mehr zu tun. Vielmehr wird hier die große „Unio Mystica", die Polarität des Gegensätzlichen, dargestellt. Mann und Frau werden immer wieder zusammengeführt, dennoch sind sie absolut gegensätzlich, und zwischen diesem polarisierten Spannungsfeld findet jegliche Existenz statt. Beide sind bei den Lamaisten die Grundlage des Schöpfungsprozesses auf der gestaltlichen und geistigen Ebene, und nur aus der Einheit der beiden können Evolution und Entwicklung stattfinden.

Das Lebensrad

Diese Darstellung zeigt die Ursachen des Leidens und der Wiedergeburt in den sechs Welten der Lamaisten. Eine „schreckliche" Göttergestalt, der Herr der Toten, hält das Lebensrad in seinen Krallen und stellt so das Schicksal dar.

Im Zentrum des Rades sind die Ursachen des Leidens und der Wiedergeburt durch die drei Hauptlaster des Menschen, nämlich Gier, Haß und Verblendung, dargestellt. Das Schwein steht für die Gier, die Schlange für den Haß, der Hahn für die Verblendung.

Rundherum sind in sechs Segmenten die möglichen Bereiche der Wiedergeburt angeordnet: unten die Hölle mit all ihren Qualen, daneben das Reich der Hungergeister (Pretas), welche dicke Bäuche, aber nur ganz dünne Hälse haben und Tantalusqualen leiden müssen; auf der anderen Seite dann die Welt der Tiere, darüber die Welt des Krieges (bzw. der Titanen) und die Welt der Menschen und an oberster Stelle die Welt der Götter.

Die tibetische Hölle ist eher keine heiße, sondern in vielen Gegenden ist sie eine „kalte Hölle". Hier muß z. B. der Sünder bei größter Kälte so lange auf einem Eisblock sitzen, bis dieser geschmolzen ist. Ist dies geschehen, bringt ein flinker, kleiner Teufel sofort einen zweiten Eisblock daher, und so geht es sehr lange fort. Der Aufenthalt in diesen Höllen dauert allerdings nicht ewig, denn der Buddhist glaubt ja an ein neues Leben, so daß der Aufenthalt in einer Hölle, so unangenehm er auch sein mag, nur ein Zwischenspiel zweier aufeinanderfolgender Existenzen darstellt.

Ritualgegenstände des Lamaismus

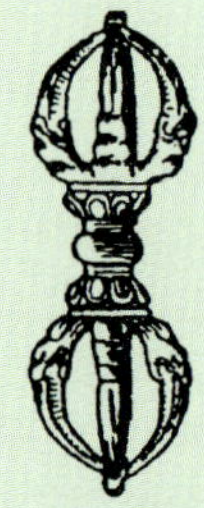
Diamantzepter oder „Donnerkeil“

Glocke

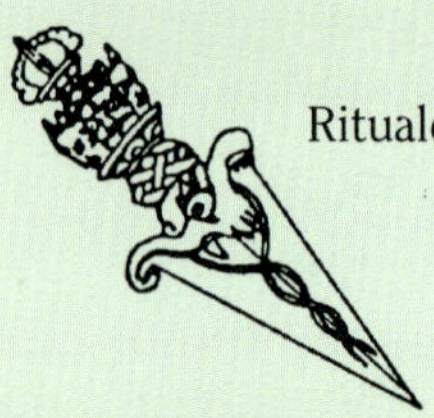
Ritualdolch

Opfermesser

Schädelschale

Die zahlreichen Zeremonien des lamaistischen Kults erfordern die Verwendung von verschiedenen Ritualgegenständen. Manche dienen zur Vorbereitung der Opfergaben für die Gottheiten, andere stellen selbst diese Opfergaben dar, und wieder andere werden zur Geisteraustreibung verwendet.

Zwei Gegenstände sind bei den meisten Zeremonien vertreten, nämlich der *„Donnerkeil“* (Dorje), eine Art Hantel, die an den Enden durchbrochen ist, als männlicher Pol, ein Symbol, das zur Erlangung der Erleuchtung gebraucht wird, und die *Glocke* (Drilbu) als weiblicher Pol, das Symbol der Erkenntnis, das für diese Erleuchtung geeignet ist. Beide Geräte werden beim Zitieren der verschiedensten „Bibeltexte“ von den Lamas immer wieder verwendet.

Der *„Ritualdolch“* (dreikantig) ermöglicht es, Dämonen und unheilvolle Mächte zu unterwerfen.

Das *„Opfermesser“* dient bei tantrischen Ritualen zum Abschneiden der Wurzeln der Unwissenheit und bei der Himmelsbestattung zum Zerstückeln der Leiche.

Größere Bedeutung hat dann noch die *„Schädelschale“*, die leer sein oder mit Opfergaben gefüllt sein kann.

Auch viele der in den Ghompas zur Schau gestellten Gottheiten halten diese Gegenstände in den Händen.

Beim Besuch von Ghompas und Klöstern wird man immer wieder mit der ungeheuer reichen Vielfalt religiöser Kunst, mit der lamaistisch-buddhistischen Symbolik und ihrer Götterdarstellung konfrontiert.

Es wären einige Jahre intensiven Studiums notwendig, um alle Zusammenhänge zu erkennen, alle Symbole zu deuten und vor allem auch die ziemlich komplizierte tibetische Schrift und Sprache zu erlernen.

Tschorten

Im ganzen tibetischen Kulturkreis findet man oft Tschorten als Wahrzeichen auf Hügeln, Berggipfeln und Paßübergängen, besonders aber in Klosternähe als Eingangsbegrenzungen oder als Erinnerungsmonumente längs der Pilgerstraßen. Der Tschorten ist ein Reliquienschrein, der den indischen Grabhügel oder Stupa zum Vorbild hat.

Meist besteht der Tschorten aus einem quadratischen Aufbau, der die Erde symbolisiert, und aus einer darauf aufgesetzten Kuppel (Symbol des Wassers), die aber nicht immer kugelförmig sein muß, sondern oft auch aus baulichen Gründen die Form eines Stufenpyramidensockels hat. Darüber erheben sich dann die 13 Stufen oder Ringe der Erleuchtung (Symbol des Feuers), die in einem Halbkreis enden und durch das Symbol von Sonne und Mond gekrönt werden.

Die Tschorten sind in Tibet ein Ausdruck religiöser Baukunst; ein Beispiel dafür, wie der unbewußt behutsame Eingriff des Menschen in die Natur diese für die Betrachtung erst vollendet harmonisch erscheinen läßt.

In Tibet gibt es Tschorten aus den verschiedensten Zeitepochen. Neue, deren Kalk noch ganz weiß leuchtet, und alte, verwitterte, die im Lauf der Jahrhunderte windschief und baufällig geworden sind. Erhebt sich so ein Tschorten vor einem der unermeßlich weiten Bergmassive mit ihren gelben, roten oder ockerfarbigen Gebirgsketten und den darüber von Eis und Schnee gekrönten Höhen, die mit dem Blau des Himmels verschwimmen, dann ist alles von unendlicher Poesie. Oft gibt ein Tschorten einem ganzen Tal sein besonderes Gepräge.

Die vier Wächter der Himmelsrichtungen

Jeder Ghompa-Eingang ist im Vorraum mit dem „Lebensrad" und den „Wächtern der vier Himmelsrichtungen" in Form von Freskodarstellungen geschmückt. Überlebensgroß sind sie meist paarweise dargestellt: Den „Wächter des Südens" erkennt man am Schwert, den „Wächter des Ostens" erkennt man an der Laute, den „Wächter des Westens" erkennt man an der Schlange und am Stupa (Tschorten), den „Wächter des Nordens" erkennt man am diamantenspeienden Mungo.

Wächter des Nordens

Wächter des Südens

Wächter des Westens

Wächter des Ostens

Die wichtigsten Heiligengestalten

Neben den verschiedenen Buddhafiguren ragen aus der für den Uneingeweihten verwirrenden Vielzahl der Götter- und Heiligenfiguren einige heraus, die immer wieder anzutreffen sind. Sie sollen hier kurz vorgestellt werden:

An erster Stelle ist der Bodhisattva **Avalokitesvara** (oder auch **Tschenresi)** zu nennen: Er ist der Gott der Barmherzigkeit, der erst dann ins Nirwana eingehen will, wenn auch der letzte Mensch erlöst ist.

Er hat tausend hilfreiche Hände und bis zu elf Köpfe, um überall seine Barmherzigkeit ausüben zu können. Meist ist er mit sechs exakt ausgeführten Händen und einem Strahlenkranz weiterer Arme und Hände dargestellt, welche die Stückanzahl 1000 symbolisieren sollen. Insgesamt manifestiert er sich in 108 (heilige Zahl!) Formen. Sein Standbild ist nahezu in jedem Kloster zu finden.

Unter **Padmasambhava** wurde der Buddhismus im 8. Jhdt. im tibetischen Bereich eingeführt und als fester Glaube verankert. Er hatte es geschickt verstanden, die Gottheiten der Bön-Religion in den buddhistischen Bereich einzubeziehen und so einen für das ganze tibetische Volk annehmbaren Glaubenshimmel zu gestalten. Er hat sich in acht verschiedenen Gestalten manifestiert, wird aber am häufigsten in seiner wichtigsten Form als **Guru Rimpoche,** als „leuchtender Lehrer“, mit Dreizack, Donnerkeil und Schädelschale dargestellt.

Am meisten wird er wohl in Bhutan verehrt und ziert dort sogar die riesige Thanka, die beim Paro-Fest einmal im Jahr für wenige Stunden dem Volk gezeigt wird.

Auch in seiner schrecklichen Form, auf einer Tigerin reitend, wird er an einem berühmten Platz in Bhutan, im schwer zugänglichen „Tigernest-Kloster“, als Plastik dargestellt.

Die Menschen unter den Füßen lamaistischer Gottheiten stellen fast immer Hindu-Gottheiten und damit den Sieg des Buddhismus über den Hinduismus dar.

Jampeyang ist die Gottheit und das Symbol des Wissens. Sie hält daher auch in der einen Hand ein Buch und in der anderen ein Schwert und ist an diesen Symbolen sowie an der roten Farbe leicht zu erkennen.

Chanadorje repräsentiert die kriegerische Seite von Jampeyang. In der rechten Hand hält sie einen Dorje, das ist ein Donnerkeil, und die Haltung der linken Hand ist dadurch charakterisiert, daß nur der kleine Finger und der Zeigefinger ausgestreckt sind und die anderen Finger eingekrümmt gehalten werden. Diese Götterfigur ist immer dunkelblau gefärbt.

Die weiße und grüne Dolma (oder Tara) sind weibliche Bodhisattvas mit großer Popularität, und beide Heiligenfiguren sollen an die Gattinnen jenes Königs erinnern, der den Buddhismus in Tibet eingeführt hat.

Die weiß bzw. grün gefärbten Figuren der Dolma oder Tara werden meist so dargestellt, daß sich ihre rechte Hand in einer Gebehaltung befindet und die linke Hand in Brusthöhe eine Lotosblüte hält.

„Dordschedschigdsche“ wird übersetzt mit „furchterregender Donnerkeil“. Es ist dies eine massige Gestalt mit blauschwarzem Leib, einem riesigen Stierkopf mit drei Augen, langen Hörnern und mit acht weiteren Gesichtern sowie sechzehn Beinen und vierundzwanzig Armen voller Symbole und Folterinstrumente. Inmitten eines Flammenkranzes umarmt er Yum, sein weibliches Gegenstück, und trampelt auf den Feinden des Glaubens umher.

In einem Nonnenkloster am Yamdok-See residierte früher als Äbtissin die „heiligste Frau Tibets“. Sie war eine Inkarnation der als schweinsköpfige Göttin dargestellten **„Dordsche Pamos“,** was übersetzt „Donnerkeilsau“ hieß. Diese Gottheit hatte viele übernatürliche Fähigkeiten. Nach einer Legende hatte sie einmal, als eine feindliche Armee das Kloster bedrohte, alle Insassen kurzfristig in Schweine verwandelt.

Der vierarmige Avalokitesvara (Tschenresi)

Padmasambhava

Die weiße Tara

Die grüne Tara

Die acht Glückssymbole der Buddhisten

Sie werden häufig alle zusammen, manchmal aber auch einzeln auf Thankas, Wandmalereien und Drucken dargestellt. Sie wurden Gautama Buddha von himmlischen Wesen zu Füßen gelegt, als er die Erleuchtung gefunden hatte:

1. der Schirm, der vor allem Übel schützt;
2. die zwei Fische, die für alle Wesen stellvertretend aus dem Ozean des irdischen Lebens gerettet wurden;
3. die Vase als Behälter geistiger Schätze;
4. die Lotosblüte als Symbol der Reinheit;
5. das Muschelhorn als Verkünder des Ruhmes der buddhistischen Heiligen;
6. der magische Knoten als Glücksbringer;
7. das Siegesbanner des Buddhismus;
8. das goldene Rad der Gesetzeslehre.

Der kostbare Schirm

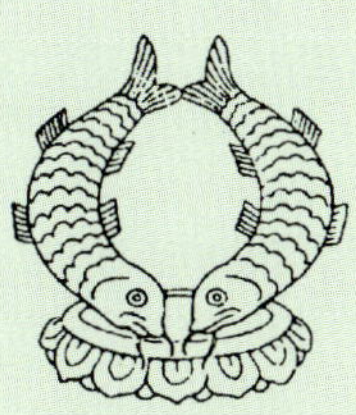

Zwei Fische

Vase

Lotosblüte

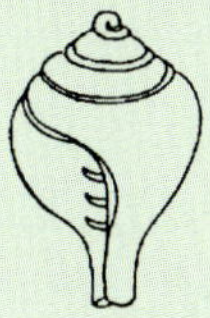

Muschelhorn

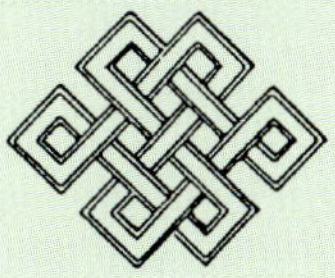

Der magische Knoten

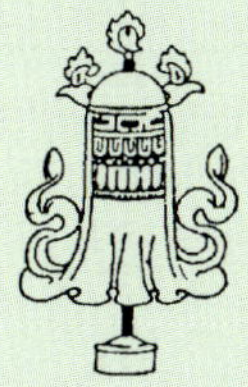

Siegesbanner

Das Rad der Lehre

Literaturhinweise

Arnington, *Trekking in the Nepal Himalaya,* Lonely Planet, 1991.
Banzhaf, *Nepal – Abenteuer Trekking,* Bruckmann, 1995.
Baumann, *Mustang,* Herbig, 1993.
Chorlton, *The Bothia,* Time Life, 1982.
Funke, *Die Sherpa,* Krüger, 1978.
Fürer, Haimendorf, *The Sherpas transformed,* Sterling, 1989.
Gellner, *Monk, Householder and Tantric Priest,* Cambridge Press, 1992.
Henss, *Mustang,* Fabri, 1993.
Karna Sakya, *Dolpo,* Nirala, 1991.
Nakano, *Trekking in Nepal,* Allied Publishers, 1984.
Nepal, Du Mont, 1992.
Senft, *Tibets Götter leben,* Stocker, 1983.
Shrestha, *Ethnic groups of Nepal,* Mandala, 1992.
Stainton, *Forests of Nepal,* Murray, 1972.
The Festivals of Nepal, Unwin, 1988.
Warth, *Der lange Abschied,* Rosenheimer, 1985.

Register

Ne

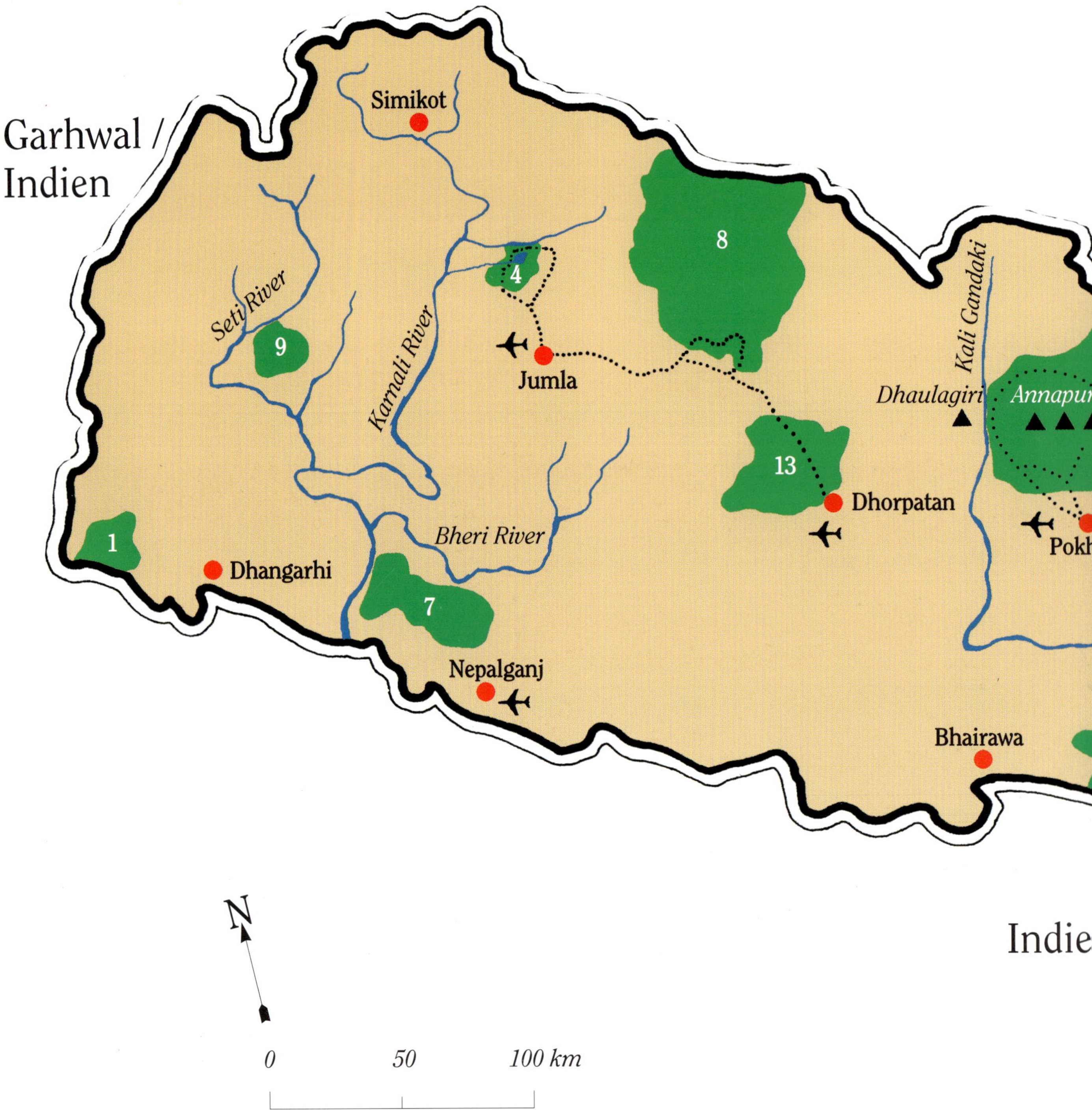
Garhwal / Indien
Simikot
Seti River
9
Karnali River
4
Jumla
8
Kali Gandaki
Dhaulagiri
Annapur
13
Dhorpatan
Pokh
1
Dhangarhi
Bheri River
7
Nepalganj
Bhairawa
Indie
N
0
50
100 km